Der Prinzipal und seine Angestellten

— Prokuristen, Handlungsgehilfen, Handlungsreisende, Handlungslehrlinge und kaufmännische Agenten —

in ihren gegenseitigen Rechten und Pflichten.

Auf Grund

des Handelsgesetzbuches vom 10. Mai 1897 und der sonstigen neuen Gesetzgebung

dargestellt von

Hermann Pilz,
Syndikus.

Leipzig,
Verlag von Veit & Comp.
1898.

Vorwort.

Mit dem 1. Januar 1900 wird ein neues Handelsgesetzbuch in Kraft treten, gleichzeitig mit dem Bürgerlichem Gesetzbuch für das Deutsche Reich. In die Wiege des neuen Jahrhunderts soll diese neue Kodifikation des deutschen Civilrechtes als Angebinde gelegt werden.

Einzelnen Bestimmungen des Handelsgesetzbuches mußte jedoch früher Rechtskraft verliehen werden. Es sind dies die Bestimmungen, welche die Rechtsverhältnisse zwischen dem Prinzipal und seinen Angestellten regeln. Sie gehören zur Sozialgesetzgebung, und alle rechtlichen Vorschriften, welche mit ihr zusammenhängen, dulden keinen Aufschub. Der sechste Abschnitt des Handelsgesetzbuches, welcher vom Prinzipal und den Handlungsgehilfen und Handlungslehrlingen handelt, wird vom 1. Januar 1898 ab, mit Ausnahme des § 65, Rechtskraft erhalten.

In diesem Werke sollen nun, auf Grund der Bestimmungen des neuen Handelsgesetzbuches und aller in Frage kommenden Nebengesetze, die Rechtsverhältnisse zwischen dem Prinzipal und seinen Angestellten eingehend erörtert werden. Der Verfasser hat aber nicht nur die neuen einschlägigen Gesetze, sondern auch die von den obersten Gerichtshöfen Deutschlands ergangenen Entscheidungen herangezogen, wo es sich um Fragen handelte, die der Gesetzgeber nicht beantworten konute, wenn er sich nicht im Detail verlieren wollte.

Der Verfasser weiß als Syndikus einer großen, kaufmännischen Vereinigung, welche Fragen sich zwischen Prinzipal und Angestellten meist zu Streitfragen gestalten. Aus allen Gegenden

Deutschlands werden ihm die Urteile der Gerichtshöfe von Mitgliedern dieser Vereinigung zugesandt, und es steht ihm daher ein reiches Material an Präjudizien zu Gebote.

Dieser Umstand wird das Werk nicht nur zu einem praktischen Rechtsbuche für Prinzipale, Prokuristen und Handlungsbevollmächtigte, Handlungsgehilfen, Reisende und kaufmännische Agenten machen, sondern auch der Jurist wird in ihm wünschenswerte Aufklärungen finden.

Da ein Übergangsgesetz leider nicht erlassen worden ist, werden sich für die Zeit des Überganges, vom 1. Januar 1898 bis 1. Januar 1900, wo das alte Handelsgesetzbuch neben den Bestimmungen des neuen über Handlungsgehilfen und Handlungslehrlinge noch seine Giltigkeit besitzt, mancherlei Schwierigkeiten bei der Handhabung der Gesetze ergeben. Es ist darüber in der achten Abteilung das Nähere ausgeführt. Die Sachdarstellung, welche in diesem Werke gegeben wird, folgt allenthalben dem neuen Handelsgesetzbuch vom 10. Mai 1897 und der sonstigen neuen Gesetzgebung.

Möge das Buch in den Kreisen der Prinzipalität und der Angestellten, deren gegenseitige Rechte und Pflichten es darstellt, freundliche Aufnahme finden, und dazu beitragen, Streitigkeiten zwischen beiden Teilen zu vermindern!

Leipzig, Ende September 1897.

Der Verfasser.

Inhalt.

Einleitung. Seite

Erste Abteilung.

Prinzipal und Handlungslehrling.

Zweite Abteilung.

Prinzipal und Handlungsgehilfe.

Seite

IV. Die Beendigung des Dienstverhältnisses.

A. Die ordnungsmäßige Beendigung.

B. Die außerordentliche Beendigung.

Dritte Abteilung.

Prinzipal und Handlungsreisender.

Einleitung.

Prinzipal und Angestellte.

Mit dem 1. Januar 1900 tritt neben dem deutschen Bürgerlichen Gesetzbuch das neue Handelsgesetzbuch vom 10. Mai 1897 in Kraft. Mit dem 1. Januar 1898 wird aber schon vorher der „soziale Teil“ des Handelsgesetzbuches, der von dem Rechtsverhältnis zwischen Prinzipal und Handlungslehrling, sowie Handlungsgehilfen handelt, Rechtskraft erlangen.

Nur einige dreißig Jahre sind geschwunden, seit das erste Allgemeine Deutsche Handelsgesetzbuch geschaffen wurde. Innere Gründe forderten aber schon jetzt ein neues Handelsgesetzbuch. Die Fortschritte, welche die Technik des Verkehrs gemacht hat, das Auftreten neuer Formen im Handelsleben zeigten, daß das Handelsrecht mit der Zeit nicht gleichen Schritt mehr hielt. Die Sozialpolitik forderte gebieterisch eine Neuregelung der Bestimmungen zwischen Prinzipal und Angestellten. Und es kam noch ein äußeres Motiv hinzu. Das Handelsgesetzbuch mußte mit dem bürgerlichen Gesetzbuche in Einklang gebracht werden. Diesen Erwägungen verdanken wir die Schaffung eines neuen handelsrechtlichen Kodex. Er ist unserer Zeit angepaßt. Wer aber glauben würde, daß nun der Handel in ihm Alles finde, was er zu seiner Kräftigung, zu seinem Schutze braucht, der würde irren. Der Gesetzgeber kann den Handel nicht schützen, wenn er sich nicht selbst schützt. Wie aber schützt er sich? Wenn er auf Treue und Glauben hält. Treu und Glauben haben den Handel groß und mächtig gemacht, sie sind es gewesen, die ihm alle Welt unterthan machten! Wenn Treue und Glauben nicht den Handelsverkehr beherrschen, so muß er, trotz aller gesetzlichen Bestimmungen, sie mögen ihm noch so vortrefflich angepaßt sein, zu Grunde gehen. Wenn Treue und Glauben schwinden, stürzen die Säulen des Handels und der Tempel Merkurs liegt in Trümmern. Ohne sie kann die ganze große Gesetzgebung der

Neuzeit den Handel nicht lebenskräftig erhalten. Die kaufmännische Ehre erheischt die Wahrung von Treue und Glauben. Was man im gewöhnlichen Leben Schlauheit und Pfiffigkeit nennen mag, ist oft genug im kaufmännischen Leben als unehrenhaft anzusehen. Jeder Kaufmann soll seinen eigenen Vorteil suchen und möglichst ausnutzen. Aber Merkur gilt heute nicht mehr als Gott der Diebe. Nicht auf Schleichwegen sollen die Vorteile gewonnen werden, der ehrliche Kaufmann soll kein Schmuggler sein. In unserer Zeit ist dies umso mehr zu betonen, als es in ihr gesetzlich möglich ist, daß unlautere Elemente in den Kaufmannsstand sich hineindrängen. Die neue Gesetzgebung, das Bürgerliche Gesetzbuch und das Handelsgesetzbuch insbesondere, sind auf Treue und Glauben aufgebaut. Sie sind auch der Kitt zwischen Prinzipal und Angestellten. Des ehrlichen Kaufmanns Parole und Feldgeschrei aber sei und bleibe: „Haltet auf Treue und Glauben! Wahret die kaufmännische Ehre!"

Wer ist Prinzipal? Wer ist Angestellter im Handelsbetriebe? Die Frage ist nicht so leicht beantwortet, als es erscheint. Beginnen wir beim Prinzipal. Als solcher kommt in erster Linie der selbständige Kaufmann in Frage. Wer ist nun Kaufmann?

Kaufmann im Sinne des Handelsgesetzbuches (H. G. B. § 1) ist, wer ein Handelsgewerbe betreibt. Als Handelsgewerbe aber gilt jeder Gewerbebetrieb, der die nachstehenden Arten von Geschäften zum Gegenstande hat:

1. Die Anschaffung und Weiterveräußerung von beweglichen Sachen (Waren) oder Wertpapieren, ohne Unterschied, ob die Waren unverändert oder nach einer Bearbeitung oder Verarbeitung weiter veräußert werden.

Dahin gehört in erster Linie natürlich der Kauf.

2. Die Übernahme der Bearbeitung oder Verarbeitung von Waren für Andere, sofern der Betrieb über den Umfang des Handwerks hinausgeht.

Der gewerbsmäßige Betrieb von Ankäufen und Verarbeitungen oder Bearbeitungen in größerem Umfange macht auch den Handwerker zum Kaufmann.

3. Die Übernahme von Versicherungen auf Prämie.

4. Die Bankier- und Geldwechslergeschäfte.

5. Die Übernahme der Beförderung von Gütern oder Reisenden zur See, die Geschäfte der Frachtführer oder der zur Beförderung von Personen zu Lande oder auf Binnengewässern bestimmten Anstalten sowie die Geschäfte der Schleppschiffahrtsunternehmer.

6. Die Geschäfte der Kommissionäre, der Spediteure oder der Lagerhalter.

7. Die Geschäfte der Handlungsagenten oder der Handelsmäkler.

8. Die Verlagsgeschäfte, sowie die sonstigen Geschäfte des Buch- oder Kunsthandels.

9. Die Geschäfte der Druckereien, sofern ihr Betrieb über den Umfang des Handwerks hinausgeht.

Wer ein solches Geschäft betreibt, und zwar in eigenem Namen, ist Kaufmann. Aber das neue Handelsgesetzbuch geht noch weiter. Es soll nach ihm (H. G. B. § 2) auch Jeder als Kaufmann angesehen werden, der ein gewerbliches Unternehmen hat, das nach Art und Umfang einen in kaufmännischer Weise eingerichteten Geschäftsbetrieb erfordert, sofern die Firma des Unternehmers ins Handelsregister eingetragen ist. Damit aber letzteres nicht außer Acht gelassen werden kann, ist weiter bestimmt, daß ein solcher Unternehmer verpflichtet ist, seine Firma eintragen zu lassen wie ein Kaufmann. Für den Betrieb der Land- und Forstwirtschaft gelten diese Bestimmungen nicht.

Wohl aber sind nunmehr die industriellen Betriebe dem Handelsrecht unterstellt und ihre Inhaber als Kaufleute charakterisiert worden.

Es sind also auch Kaufleute: Thon- und Porzellanwarenfabriken, Ziegeleien, Bergwerke, Handelsgärtnereien, Eisengießereien, Auskunftsbureaus, die größeren Leihbibliotheken, Rübenzuckerfabriken, Bauunternehmer u. s. w., wenn das Unternehmen, was meist der Fall sein wird, einen kaufmännischen Geschäftsbetrieb erfordert und die Eintragung ins Handelsregister erfolgt ist.

Unser Handelsrecht ist somit den neueren Handelsgesetzgebungen in Italien, Spanien, Portugal, Belgien, der Schweiz und Ungarn gefolgt.

Zu diesem erweiterten Kreise der Vollkaufleute kommt nun noch ein größerer Kreis von sogenannten Minderkaufleuten.

Als Minderkaufleute sind alle diejenigen anzusehen (H. G. B. § 4 Abs. 1), deren Gewerbebetrieb nicht über den Umfang des Kleingewerbes hinausgeht. Alle Vorschriften über Firmierung, Handelsbücher und die Prokura, welche das Handelsgesetzbuch enthält, finden auf sie ebensowenig Anwendung, wie auf die Handwerker, deren Betrieb nicht über den Umfang des Handwerkes hinausgeht. Die Grenze, wo das Kleingewerbe und die Qualität als Minderkaufmann aufhört, soll von den Landesregierungen auf der Grundlage der Besteuerung festgestellt werden.

Prinzipale können natürlich auch Frauen sein, sogenannte Handelsfrauen. Früher durfte nach Handelsrecht eine Ehefrau ohne Zustimmung des Ehemannes nicht Handelsgeschäfte treiben. Diese Einschränkung ist jetzt aus dem Handelsrecht ausgeschieden, weil sie schon im bürgerlichen Recht enthalten ist (B.G.B. § 1354), nach welchem dem Manne die Entscheidung in allen das gemeinschaftliche eheliche Leben betreffenden Angelegenheiten zusteht. Er kann also recht wohl der Frau den Betrieb eines Handelsgewerbes untersagen. Ist dies nicht geschehen, so steht sie als Prinzipalin ihren Angestellten mit allen Rechten und Pflichten eines Prinzipals gegenüber.

Es ist ferner die Frage zu erörtern, wer bei Handelsgesellschaften oder einer stillen Gesellschaft als Prinzipal anzusehen ist, wem gegenüber in solchem Falle der Angestellte seine Rechte und Pflichten wahrzunehmen hat. Der Prinzipal ist die Gesellschaft selbst. Wer übt aber für sie die Rechte des Prinzipals aus, wer erfüllt die Pflichten desselben?

Bei einer offenen Handelsgesellschaft wird zumeist eine Mehrheit von Prinzipalen vorhanden sein, bei einer Kommanditgesellschaft kann es wenigstens der Fall sein.

Welcher Gesellschafter in solchem Falle die Rechte des Prinzipals gegenüber dem Personal wahrnehmen soll, wird zunächst vom Gesellschaftsvertrag abhängen. Ist im Gesellschaftsvertrage nichts vorgesehen, so sind sämtliche Gesellschafter, bei der Kommanditgesellschaft natürlich abgesehen von den Kommanditisten, den Angestellten gegenüber als Prinzipale berechtigt und verpflichtet, weil nach dem Gesetz (H. G. B. § 114) alle Gesellschafter zur Führung der Geschäfte der Gesellschaft berechtigt und verpflichtet sind. Bei einer Kommanditgesellschaft sind die Kommanditisten ausdrücklich davon ausgeschlossen (H. G. B. § 164).

Die Befugnis zur Geschäftsführung aber erstreckt sich auf alle Handlungen, die der gewöhnliche Betrieb des Handelsgewerbes mit sich bringt, also auch auf die Annahme und Entlassung, Besoldung u. s. w. der Handelsangestellten (H. G. B. § 116).

Schließlich ist noch der Aktiengesellschaften, der Kommanditgesellschaften auf Aktien und der Genossenschaften zu gedenken.

Bei Aktiengesellschaften und Kommanditgesellschaften auf Aktien steht bekanntlich ein Vorstand und ein Aufsichtsrat an der Spitze der Gesellschaft. Es werden jedoch diese Gesellschaften gerichtlich und außergerichtlich nur durch den Vorstand, der aus einer oder mehreren Personen bestehen kann, vertreten. Sind mehrere vorhanden, so müssen sie gemeinschaftlich handeln, es kann jedoch der Vorstand einzelne Mitglieder zur Vornahme bestimmter Geschäfte oder bestimmten Arten von Geschäften ermächtigen. Eine Erklärung, welche der Gesellschaft gegenüber abzugeben ist, genügt, wenn sie nur einem Mitgliede des Vorstandes abgegeben wird. Eine etwaige Beschränkung der Vertretungsbefugnis des Vorstandes ist Dritten gegenüber unwirksam (H. G. B. § 232, 235, 320 Abs. 3).

Aus diesen Bestimmungen geht hervor, in welchem Verhältnis die Gesellschaften zu ihren Angestellten stehen. Der Vorstand, nicht der Aufsichtsrat, ist hier derjenige, welcher die Rechte des Prinzipals, der Gesellschaft, ausübt. Der Vorstand nimmt Hilfskräfte an und entläßt sie. Er bestimmt ihr Salär, erteilt Urlaub u. s. w. Dem Vorstande gegenüber, bez. schon einem Mitglied desselben, kann der Angestellte seine Kündigung anbringen, um Erhöhung des Salärs einkommen u. s. w., und was in dieser Beziehung zwischen Vorstand und Angestellten verhandelt wird, würde letzteren gegenüber selbst dann verbindlich sein, wenn die eben genannten Befugnisse dem Vorstand aus irgendwelchem Grunde entzogen sein sollten, ohne daß es dem Angestellten bekannt wäre. In einem Falle, wo von Seiten des Aufsichtsrates einem Handlungsreisenden höhere Provision zugebilligt war, die jedoch nachmals vom Direktor der Gesellschaft nicht gewährt wurde, entschied das Gericht in dem dieserhalb ausgebrochenen Rechtsstreit, daß die Erklärung des Aufsichtsrates unverbindlich sei, da er die Gesellschaft dem Angestellten gegenüber nicht zu vertreten hatte.

Bei der sogenannten stillen Gesellschaft kommt selbstverständlich der stille Gesellschafter als Prinzipal nicht in Frage.

Was die sogenannten Erwerbs- und Wirtschaftsgenossenschaften, deren Rechtsverhältnisse im Reichsgesetz vom 1. Mai 1889 und verschiedentlichen Novellen zu demselben geregelt sind, anlangt, so müssen auch sie nach dem Gesetz einen Vorstand und einen Aufsichtsrat besitzen (Ges. v. 1. Mai 1889 § 9). Sie gelten als Kaufleute im Sinne des Handelsgesetzbuches (§ 17) und werden gerichtlich und außergerichtlich wie die oben erwähnten Gesellschaften durch den Vorstand vertreten (§ 24). Er übt also die Rechte der Prinzipalität aus. Zu diesen Genossenschaften gehören die Vorschuß- und Kreditvereine, Rohstoffvereine, Absatzgenossenschaften, Magazinvereine, Produktengenossenschaften (Winzervereine, Molkereiverbände u. s. w.), Konsumvereine, Werkgenossenschaften, Bau- und Wohngenossenschaften (§ 1).

Zahlreiche andere Genossenschaften mit den Rechten einer juristischen Person kommen als Kaufleute nicht in Frage und bedürfen daher hier keiner Erwähnung.

Haben wir nunmehr die Frage, wer Prinzipal ist, erörtert, so tritt jetzt die leichtere Frage an uns heran: Wer sind die Angestellten?

Sie bilden die Handlungsgehilfen im weiteren Sinne. Zu ihnen gehören:

- Die Lehrlinge.
- Die Handlungsgehilfen im engeren Sinne (Kommis, Lageristen, Buchhalter, Kassierer, Korrespondenten, Kontoristen und Disponenten).
- Die Handlungsreisenden.
- Die Prokuristen und sonstigen Handlungsbevollmächtigten.
- Die, welche Gewerbe- und Gesindedienste im kaufmännischen Betriebe verrichten.

In loserem Zusammenhange mit einem kaufmännischen Geschäft stehen die von demselben engagierten Handlungsagenten (kaufmännische Agenten), welche im früheren Handelsgesetzbuche überhaupt unberücksichtigt gelassen worden waren. Sie sind selbständige Kaufleute und haben, sobald ihr Geschäftsbetrieb umfänglich ist, selbst ihre Angestellten. Aber sie sind doch gerade durch das neue Handelsgesetzbuch enger als bisher mit dem Hause verbunden worden, insofern zwischen ihnen und ihrem Hause eine Kündigungsfrist gesetzlich eingeführt wurde.

Erste Abteilung.

Prinzipal und Handlungslehrling.

§ 1. Begriff des Handlungslehrlings und Form des Lehrvertrags.

Das Handelsgesetzbuch unterscheidet im Gegensatz zu dem früheren Handelsrecht zwischen Handlungsgehilfen im engeren Sinne und Handlungslehrlingen.

Handlungslehrling ist derjenige, welcher bei einem Kaufmann eintritt, um die Handlung zu erlernen. Es ist gleichgiltig für den Begriff eines Handlungslehrlings, ob vom Prinzipal von vornherein oder erst bei vorgerückter Lehrzeit ein Entgelt oder der Unterhalt gewährt wird, und ob vom Lehrling Lehrgeld gezahlt wird oder nicht. Man unterscheidet vielfach vom Handlungslehrling noch den Praktikanten, der eine auf einer Handelslehranstalt erworbene theoretische Vorbildung mitbringt, und den Volontär, eine zumeist ältere, oft aus einem anderen Beruf in den Handel übertretende Person, welche, ohne für einen bestimmten Posten bestellt zu sein, ihre Dienste unentgeltlich leistet, entweder in der Erwartung, einen später offen werdenden Platz im Geschäft zu erhalten, oder nur, um sich Geschäftskenntnisse zu erwerben, ohne in ein Lehrverhältnis einzutreten. Indessen diese im Handelsverkehr üblichen Unterschiede sind rechtlich ohne Bedeutung.

Die Form des Lehrvertrages ist an keine besonderen Bedingungen geknüpft. Es herrscht vielmehr Formfreiheit. Der Lehrvertrag kann mündlich oder schriftlich abgeschlossen werden. Gewisse Rechte des Lehrherrn können freilich, wie wir sehen werden, nur dann geltend gemacht werden, wenn eine schriftliche Fixierung des Lehrvertrages erfolgt. Dieselbe ist daher mündlichen Abmachungen vorzuziehen. Im beiderseitigen Interesse liegt es bei einem so wichtigen Vertrage, wie es der Lehrvertrag ist, die Abmachungen schriftlich niederzulegen, und alle Differenzen abzuschneiden, da durch solche nur zu leicht das Verhältnis des Lehrlings zum Lehrherrn getrübt und die Lehre beeinträchtigt wird.

Was die Natur des Lehrvertrages anlangt, so ist er ein Handelsgeschäft im Sinne des Handelsgesetzbuchs und zweiseitiger Natur. Selbst wenn ein Lehrgeld nicht bedungen ist, muß doch als Regel angenommen werden, daß der Lehrherr den Vertrag lediglich mit Rücksicht auf die Gegenleistungen abschließt, welche für ihn in den Diensten und Arbeiten, die er von dem Lehrling fordern und erwarten darf, liegen. Dies gilt ganz besonders von den kaufmännischen Lehrverträgen.

Die Personen, welche den Lehrvertrag abschließen, sind der Prinzipal und der Lehrling bezw. sein gesetzlicher Vertreter, da er ja meist selbständig den Vertrag infolge seines jugendlichen Alters nicht abschließen kann. Der Vater, der seinen unerwachsenen, minderjährigen Sohn einem Kaufmann zur Erlernung der Kaufmannschaft in die Lehre giebt, kann den Lehrvertrag so abschließen, daß er sich dabei nur als Vertreter seines Sohnes zu erkennen giebt, und nur in dessen Namen handelt, oder er kann als Selbstkontrahent auftreten und im eigenen Namen abschließen, so daß er dann selbst die Verbindlichkeiten aus dem Lehrvertrag, wenn der Lehrling die Lehre unbefugt verläßt u. s. w., zu erfüllen hat.

Ist darüber, ob der Vater Vertreter seines Sohnes oder Selbstkontrahent sein will, nichts verabredet, so ist der Vater als Selbstkontrahent anzusehen. Als solcher muß er betrachtet werden, einmal wegen der Natur und des Zweckes des Vertrages, in Verbindung mit der moralischen und juristischen Verpflichtung des Vaters, aus eigenen Mitteln für die Ausbildung des Sohnes zu sorgen, ferner wegen der unsicheren Rechtsstellung des Lehrherrn, wenn nur der Sohn als Gegenkontrahent zu gelten hätte (Entsch. des R. O. H. G. Bd. XIV S. 16). Beim Vormund aber, der für seinen Mündel den Lehrvertrag abschließt, ist im Gegenteil vorauszusetzen, daß er nur Vertreter und nicht Selbstkontrahent sein will, also auch aus dem Lehrvertrag nicht in Anspruch zu nehmen ist.

§ 2 Rechte und Pflichten des Lehrherrn und Lehrlings.

Falls die gegenseitigen Rechte und Pflichten des Lehrherrn und Lehrlings nicht durch Vertrag bestimmt sind, werden sie durch Ortsgebrauch geregelt. So ist es, im Mangel besonderer Vereinbarung, vielfach ortsüblich, daß dem Lehrling z. B. neben Wohnung und Kost ein kleines Taschengeld gewährt wird, und was derartige kleine Nebenleistungen mehr sind.

Die Pflicht des Lehrherrn besteht vornehmlich darin, Fürsorge zu treffen, daß der Lehrling in allen den kaufmännischen Arbeiten nach und nach unterwiesen wird, welche der ordnungsmäßige Betrieb des Geschäftes mit sich bringt. Er muß den Lehrling überwachen und ihn zu einem tüchtigen Kaufmann ausbilden, soweit es die Veranlagung des Lehrlings überhaupt zuläßt.

Der Lehrherr hat die Ausbildung des Lehrlings entweder selbst oder durch einen von ihm bestimmten Vertreter zu leiten. Er haftet dafür, daß die Person, welcher er die Ausbildung überträgt, auch eine geeignete Persönlichkeit ist, d. h. eine Persönlichkeit, welche selbst in allen geschäftlichen Angelegenheiten tüchtige Kenntnis und Erfahrung besitzt. Nur wer gelernt hat, soll lehren! Die Ausbildung würde leiden, wenn der Lehrling nicht einem geordneten Lehrgange unterworfen wäre, sondern heute mit den, morgen mit jenen Arbeiten beschäftigt würde, wie sie vielleicht gerade der Geschäftsgang notwendig macht. Daher bestimmt das Gesetz (H. G. B. § 76), daß die Unterweisung des Lehrlings in der durch den Zweck der Ausbildung gebotenen Reihenfolge und Ausdehnung zu geschehen hat.

Der Lehrherr darf auch dem Lehrlinge die zu seiner Ausbildung erforderliche Zeit und Gelegenheit durch Verwendung zu anderen Dienstleistungen nicht entziehen. Es liegt namentlich bei einem Lehrling, der in die häusliche Gemeinschaft aufgenommen worden ist, außerordentlich nahe, daß er auch zu häuslichen Verrichtungen herangezogen wird. Das ist nicht verboten, sobald dadurch nur die kaufmännische Ausbildung des Lehrlings nicht in Frage gestellt wird. Kurzzeitige Botengänge im Interesse des Haushaltes, vorübergehende Dienstleistungen in der Wirtschaft, können dem Lehrling recht wohl zugemutet werden. Dagegen ist es als Verletzung der Pflicht des Lehrherrn angesehen worden, wenn derselbe den Lehrling alltäglich mehrere Stunden in seiner Behausung als Ersatz für einen Dienstboten verwendete, und ihm das Zuputzen von Gemüse, Kartoffeln schälen und Reinigen von Zimmern übertrug. Die Verwendung zu Geschäftsgängen ist dagegen nicht zu beanstanden (Entsch. des L. G. Nürnberg). Der Lehrling hat sich allen geschäftlichen Arbeiten mit Fleiß und Pünktlichkeit zu unterziehen, Gehorsam zu leisten und seine Dienste allein dem Lehrherrn zu widmen. Geschäfte für eigene oder fremde Rechnung im Handelszweige seines Lehrherrn sind ihm untersagt (H. G. B. § 60, 61). Des Verrates von Geschäfts- und Betriebsgeheimnissen hat er sich wie der Handlungsgehilfe zu enthalten. Das Nähere ist unter II § 3 der zweiten Abteilung S. 38 ff. beim unlauteren Wettbewerb gesagt. Zu diesen allgemeinen Vorschriften kommen noch einige besondere Verpflichtungen des Lehrherrn.

§ 3. Die Fürsorgepflicht.

Eine der wichtigsten Pflichten, welche dem Lehrherrn auferlegt worden sind, ist die Pflicht für das leibliche und geistige Wohl seines Lehrlings besorgt zu sein. Das folgt aus dem erziehlichen Charakter, der dem Lehrlingsverhältnis innewohnt. Von besonderer Bedeutung wird diese Verpflichtung da, wo der Lehrling in die häusliche Gemeinschaft seines Lehrherrn aufgenommen worden ist.

Die Fürsorgepflicht erstreckt sich:

a. auf das leibliche Wohl des Lehrlings. Demgemäß ist der Lehrherr verpflichtet, seine Geschäftsräume und die für den Geschäftsbetrieb bestimmten Vorrichtungen und die Gerätschaften, welche in diesem Betriebe benutzt werden, so einzurichten und dauernd zu erhalten, daß eine Gefährdung der Gesundheit des Lehrlings nicht eintreten kann. Natürlich muß das eine Ausnahme insoweit erleiden, als etwa die Natur des Betriebes es gar nicht ermöglicht, den Lehrling vor schädlichen Einflüssen ganz zu schützen, z. B. im Handel mit gifthaltigen Stoffen u. s. w.

Es muß ferner vom Lehrherrn der Geschäftsbetrieb und die Arbeitszeit so geregelt werden, daß die Kräfte des Lehrlings geschont und nicht zum Nachteil seiner körperlichen Wohlfahrt ausgenutzt werden. Der Lehrherr darf keine Überbürdung hinsichtlich der dem Lehrling zu überweisenden Arbeiten eintreten lassen. Er muß ihm die nötigen Erholungs- und Ruhepausen gönnen, die entsprechende Zeit zum Essen und Schlafen gewähren (H. G. B. §§ 62, 82).

Hat der Lehrherr den Lehrling in seine häusliche Gemeinschaft aufgenommen, wie das z. B. in kleineren Orten die Regel zu sein pflegt, so erstreckt sich die Fürsorgepflicht von den Geschäftsräumen und dem Geschäftsbetrieb aus auch auf den häuslichen Verkehr. Wohnung und Schlafraum des Lehrlings, die ihm gewährte Verpflegung, die tägliche Kost müssen so beschaffen sein, daß sie der Gesundheit des Lehrlings nicht nachteilig sind. Die Wohn- und Schlafräume müssen die nötige Luft- und Lichtzufuhr besitzen, die Kost so beschaffen sein, daß der Lehrling gesättigt und gekräftigt wird. Ortsgebrauch wird in dieser Hinsicht meist wieder entscheidend sein, wie auch die körperliche Beschaffenheit des Lehrlings im einzelnen Falle.

b. auf das geistige Wohl des Lehrlings. Der Lehrherr muß im Geschäftsbetrieb und den Geschäftsräumen dafür sorgen, daß die guten Sitten und der Anstand aufrecht erhalten werden.

Lebt der Lehrling in seiner häuslichen Gemeinschaft, so muß er auch in seiner Häuslichkeit dafür sorgen, daß die Sittlichkeit seines Schützlings nicht gefährdet ist, und daß die Religion des Lehrlings in der erforderlichen Weise beachtet wird. Das wird namentlich hinsichtlich der Lehrlinge von Bedeutung sein, welche katholischen Glaubens oder mosaischer Religion sind (H. G. B. § 62 Abs. 2). Alle diese Verpflichtungen können nicht im voraus durch Vertrag beseitigt werden. Der Lehrherr wird schadensersatzpflichtig, wenn er sie vernachlässigt (vgl. zweite Abt. III, § 6), und kann überdies mit Geldstrafe bis zu 150 Mark belegt werden (H. G. B. § 82).

Der Lehrherr hat ferner den Lehrling zur Arbeitsamkeit und zu den guten Sitten anzuhalten. Es wird ihm also stillschweigend eine gewisse väterliche Gewalt übertragen, wenn auch das Handelsgesetzbuch nicht wie die Gewerbeordnung ausdrücklich sagt, daß der Lehrling der väterlichen Zucht des Lehrherrn unterworfen sei (Gew. O. § 127). Der Lehrherr muß also auch, wenn er der eben erwähnten Verpflichtung nachkommen will, die Disziplinargewalt über den Lehrling haben, wie der Vater selbst, dem natürlich neben dem Lehrherrn alle seine väterlichen Rechte, soweit er sich deren nach dem Lehrvertrag und der Natur des Lehrverhältnisses nicht begeben hat, verbleiben. Die viel erörterte Frage, ob dem Lehrherrn auch das Recht zur körperlichen Züchtigung zustehe, wird bei einem Handlungslehrling in dieser Allgemeinheit zu verneinen sein. Doch kann es besondere Fälle geben, wo eine mäßige körperliche Züchtigung des Lehrlings auch dem Lehrherrn zugestanden werden muß. Nach dem Gesetz kann allerdings bei Thätlichkeiten schon die Aufhebung des Vertrages gefordert werden (vgl. § 9 unter b).

Mit der Sorge für das geistige Wohl hängt eng die Pflege der Religiosität beim Lehrling zusammen. Wir kommen damit zur Sonntagsruhe.

§ 4. Die Sonntagsruhe des Handlungslehrlings.

Der Lehrherr hat seinem Lehrling zunächst die zum Besuche des Gottesdienstes an Sonntagen und Festtagen erforderliche Zeit und Gelegenheit zu gewähren (H.G.B. § 76 Abs. 2). Natürlich ist auch diese Vorschrift nicht so zu verstehen, daß z. B. ein katholischer Handlungslehrling nun jeden Feiertag, den die katholische Kirche kennt, zum Kirchgang und zur Aussetzung der Geschäftsthätigkeit beanspruchen könnte. Das würde in katholischen Ländern, wo diese Feiertage sehr zahlreich sind, zu unhaltbaren Zuständen führen. Es sind vielmehr nur die Sonntage und die großen Festtage der Kirche gemeint. Größere Schwierigkeiten entstehen bei der Durchführung der gesetzlichen Bestimmungen, wenn der Lehrling ein Jude und der regelmäßige, für den Gottesdienst bestimmte Tag demnach der Sonnabend ist. Es kann in alle Wege von einem Prinzipal nicht verlangt werden, daß er, wenn er nicht selbst Jude ist und den Sonnabend als Ruhetag hält, nun an jedem Sonnabend den Lehrling, um seines mosaischen Glaubens willen, den Tempel besuchen und feiern läßt. Wohl aber wird er in angemessenen Zwischenräumen dem Lehrling Gelegenheit geben müssen, den Vorschriften seiner Religion Genüge thun zu können und er wird ihn auch an den zwei „hohen Festtagen" der Juden, dem Neujahrs- und Versöhnungsfest, von der Arbeit entbinden müssen. Er wird auch in der Kost darauf Rücksicht nehmen müssen, daß ein katholischer Lehrling seine Fastengebote halten kann und ein jüdischer Lehrling die Speiseverbote nicht verletzen muß. Das Letztere dürfte nur dann in Wegfall kommen, wenn gleich beim Abschluß des Lehrvertrages in dieser Hinsicht erklärt worden ist, daß der betreffende Lehrling nicht alle Satzungen seiner Religion streng befolge. Namentlich die Speiseverbote werden ja gegenwärtig von der größten Anzahl der Juden nicht mehr mit biblischer Strenge beobachtet.

Was nun die Sonntagsruhe anlangt, welche durch die Reichsgewerbeordnung eingeführt worden ist, so zerfallen die Bestimmungen über dieselbe in drei große Gruppen, diejenigen für den eigentlichen Gewerbebetrieb, d. h. das produzierende Gewerbe, diejenigen für das Handelsgewerbe, also das den Warenabsatz vermittelnde Gewerbe, und diejenigen für den Gewerbebetrieb im Umherziehen. Wir haben es bei unseren Betrachtungen nur mit den beiden letzten Gruppen zu thun, und zwar zunächst nur mit der an zweiter Stelle genannten.

Für das Handelsgewerbe gilt als Regel, daß Lehrlinge am ersten Weihnachts-, Oster- und Pfingstfeiertag überhaupt nicht beschäftigt werden dürfen. An den Sonn- und Festtagen dürfen sie nur fünf Stunden außerhalb der Zeit des Gottesdienstes beschäftigt werden. Diese Verkaufszeit von fünf Stunden, während welcher die Beschäftigung nachgelassen ist, kann für einzelne Gemeinden oder für weitere Kommunalverbände verkürzt oder sogar ganz aufgehoben werden, sodaß völlige Sonntagsruhe eintritt, andererseits ist es aber auch nachgelassen, an einzelnen Sonn- und Festtagen die Arbeitsstunden auf 10 zu erhöhen (Gew. O. § 105 b).

Daß während der Zeit, wo diese Beschäftigung untersagt ist, ein Gewerbebetrieb überhaupt nicht stattfinden darf, soweit offene Verkaufsstellen in Frage kommen, also auch der Prinzipal von der Ruhepflicht mit erfaßt wird, sei hier nur nebenbei erwähnt.

Als offene Verkaufsstellen sind dabei alle zum Feilhalten und Verkaufen von Waren bestimmten, allgemein zugänglichen Räume der Kaufleute und sonstigen Gewerbetreibenden zu verstehen. Auch die Marktbuden und Verkaufsautomaten fallen unter das Verbot.

Eine weitere Frage ist nun, welche Tage neben den Sonntagen als „Festtage" anerkannt werden müssen. Selbstverständlich handelt es sich gesetzlich nur um die staatlich anerkannten Festtage. Diese Anerkennung ist aber seitens der deutschen Landesregierungen nicht etwa gleichmäßig geregelt, sondern überaus verschiedenartig erfolgt, da die örtlichen und konfessionellen Verhältnisse berücksichtigt sein wollten.

In Preußen sind die einzelnen Festtage sogar in den Provinzen verschieden festgesetzt. Doch gelten allgemein Neujahr, Charfreitag, Ostermontag, Himmelfahrtstag, Bußtag und die beiden Weihnachtsfeiertage als Festtage.

In Bayern kommen zu den genannten an katholischen Orten noch der Frohnleichnamstag und verschiedene andere katholische Feiertage hinzu (§ 8 der Verordn. v. 30. Juli 1862 und § 2 der II. Verf.-Beilage).

In Sachsen gelten als Festtage: der Neujahrstag und das Fest der Erscheinung Christi (Hohneujahr, 6. Januar), die Bußtage der evangelisch-lutherischen Landeskirche, der Charfreitag, die beiden Osterfesttage, Himmelfahrtstag, die beiden Pfingstfeiertage, das Reformationsfest, die beiden Weihnachtsfeiertage und außerdem in der Kreishauptmannschaft Bautzen in Orten, wo die katholische Bevölkerung überwiegt, die auch in Bayern geltenden Festtage: Mariä Verkündigung, 25. März; das Frohnleichsnamsfest; das Fest Peter und Paul, 29. Juni; das Fest Mariä Himmelfahrt, 15. August; das Fest Mariä Geburt, 8. September; das Fest Aller Heiligen, 1. November; und das Fest Mariä Empfängnis, 8. Dezember, zusammen 16 Festtage (Ausf.-Verordn. zur Gew.O. vom 28. März 1892 § 59).

In Württemberg gelten neben den regelmäßig auf den Sonntag fallenden christlichen Festtagen noch folgende Festtage: Christfest, Neujahrsfest, Erscheinungsfest (Hohneujahr), Charfreitag, Himmelfahrtstag, und bei Katholiken Frohnleichnam und Mariä Himmelfahrt (Verf. des Min. des Innern v. 26. März 1892 § 3).

In Baden gelten als Festtage im Sinne der Gewerbeordnung die Oster- und Pfingstfeiertage, der Christtag und Stephanstag (k. Weihnachtsfeiertag), der Neujahrstag, der Himmelfahrtstag, der Charfreitag und in Orten mit katholischen Pfarrrechten der Frohnleichnamstag (Landesherrl. Verordn. v. 18. Juni 1892 § 1).

In Hessen gelten als Festtage neben den Oster-, Pfingst- und Weihnachtsfeiertagen der Neujahrstag und Himmelfahrtstag, der Charfreitag und für Katholiken Frohnleichnam, Mariä Himmelfahrt und Allerheiligentag (Verordn. v. 26. Mai 1856).

Der Charfreitag wird als Festtag überall nur von den Evangelischen gefeiert.

Die übrigen Staaten schließen sich den genannten mehr oder weniger an.

Wir erwähnten schon, daß die zulässige Sonntagsarbeit von fünf Stunden verkürzt, ganz aufgehoben oder auf zehn Stunden verlängert werden kann. Die Einschränkung oder gänzliche Aufhebung der Sonntagsarbeit kann statutarisch für einzelne Gemeinden oder Kommunalverbände (in Bayern: Distriktsgemeinden, in Sachsen: Bezirksverbände, in Württemberg: Amtskörperschaften u. s. w.) erfolgen.

Die Vermehrung bis zu 10 Stunden kann durch die Polizeibehörde zugelassen werden, jedoch nur für die letzten vier Wochen vor Weihnachten, sowie für die Sonn- und Festtage, an welchen ein erweiterter Geschäftsverkehr ortsüblich stattfindet.

Welche Sonn- und Festtage das sind, entscheidet in Preußen der Oberpräsident und Regierungspräsident; in Bayern die Distriktspolizeibehörde, für München die Polizeidirektion, in Sachsen in Städten mit revidierter Städteordnung der Stadtrat, sonst die Amtshauptmannschaft, in Württemberg das Oberamt, in Baden das

Bezirksamt, in Hessen das Kreisamt, für Städte mit Städteverwaltung die Bürgermeisterei, eventuell die staatliche Polizeiverwaltung u. s. w.

Die Sonn- und Festtage können für verschiedene Zweige des Handelsgewerbes verschieden bestimmt werden, doch sind sie für Geschäfte derselben Art einheitlich für den Bezirk festzusetzen.

Alle diese Bestimmungen über die Sonntagsruhe aber finden keine Anwendung auf Arbeiten, welche in Notfällen oder im öffentlichen Interesse unverzüglich vorgenommen werden müssen, sowie für einen Sonntag auf Arbeiten zur Durchführung einer gesetzlich vorgeschriebenen Inventur. Ein Erlaubnisschein dazu ist nicht einzuholen, doch muß ein Verzeichnis über diese Arbeiten, Zahl der Beschäftigten, Dauer der Beschäftigung und Art derselben geführt werden (Gew.O. § 105 c).

Schließlich ist es der höheren Verwaltungsbehörde überlassen, für bestimmte Handelsgewerbe, deren vollständige oder teilweise Ausübung an Sonn- und Festtagen zur Befriedigung täglicher oder an diesen Tagen besonders hervortretender Bedürfnisse der Bevölkerung erforderlich ist, Ausnahmen zuzulassen. Solche Ausnahmen sind in der Regel nur für Blumenbindereien, Milchhandlungen, Bäckereien und Konditoreien, Fleischereien, Eishandlungen und solche Geschäfte zugelassen, bei denen der Bedarf an dem Tage selbst gedeckt werden muß.

Preußen giebt für den ersten Weihnachts-, Oster- und Pfingsttag auch den Handel mit Kolonialwaren, Tabak und Cigarren, Bier und Wein während zweier Stunden außerhalb der Gottesdienstzeit frei.

Höhere Verwaltungsbehörde ist in Preußen der Regierungspräsident (in Berlin der Polizeipräsident), in Bayern die Kreisregierung mit Kammer des Innern, in Sachsen die Kreishauptmannschaft, in Württemberg das Oberamt, in Baden das Bezirksamt, in Hessen das Kreisamt, in Mecklenburg das Domanialamt, in Sachsen-Weimar die Bezirksdirektion, in den übrigen thüringischen Staaten das Landratsamt, desgleichen in den beiden Lippe, in Oldenburg das Amt, in Braunschweig die Kreisdirektion, desgleichen in Anhalt, in Waldeck das Kreisamt, in den freien Städten der Senat und in den Reichslanden der Kreisdirektor (Gew.O. § 105 e).

Die untere Verwaltungsbehörde kann im Handelsgewerbe nur Ausnahmen hinsichtlich des Gewerbebetriebs im Umherziehen, bez. des Hausierhandels gestatten.

Diese allgemeinen Bestimmungen sind rücksichtlich aller Handelsangestellten zu beobachten.

Es ist dabei auch darauf zu achten, daß die Sonntagsruhe nicht etwa an die Geschäftsräume geknüpft ist. Auch die Beschäftigung der Lehrlinge im Hause mit geschäftlichen Arbeiten (Adressenschreiben, Dütenkleben, Sortieren u. s. w.) ist verboten.

Dagegen kann der Lehrling, der in die häusliche Gemeinschaft aufgenommen worden ist, in der freien Zeit mit nichtgeschäftlichen Arbeiten, häuslichen Verrichtungen wohl vorübergehend beschäftigt werden, soweit dadurch nicht seine Gesundheit beeinträchtigt wird. So ist z. B. für unbedenklich erachtet worden, daß ein Kaufmann seinen Lehrling während der freien Sonntagszeit mit leichteren Gartenarbeiten beschäftigte.

§ 5. Die Fortbildungsschulpflicht.

Das neue Handelsgesetzbuch hat Bestimmungen über die Verpflichtung des Lehrherrn, dem Lehrlinge zum Besuch der Schule die erforderliche Zeit zu gewähren, nicht aufgenommen, verweist vielmehr in dieser Beziehung auf die Gewerbeordnung (H. G. B. § 76 Abs. 4).

Danach sind die Prinzipale verpflichtet, ihren Lehrlingen unter 18 Jahren, „welche eine von der Gemeindebehörde oder vom Staate als Fortbildungsschule anerkannte Unterrichtsanstalt besuchen“, die freie Zeit zum Schulbesuch, die erforderlichenfalls von der Behörde festgesetzt werden kann, einzuräumen. Die Fortbildungsschulpflicht kann entweder gesetzlich oder durch statutarische Bestimmungen einer Gemeinde oder eines weiteren Komunalverbandes ausgesprochen werden (Gew. O. § 120).

Durch statutarische Bestimmungen oder durch Schulgesetze sind auch in den einzelnen Ländern Vorkehrungen zur Sicherung eines regelmäßigen Schulbesuches seitens der Schulpflichtigen getroffen worden. Eltern, Vormünder, Lehrherren, oder wer sonst die erziehliche Gewalt über den Lehrling hat, werden mit Strafen bedroht, wenn sie den Lehrling nicht zum Schulbesuch anhalten oder gar davon abhalten.

So sind Prinzipale schon deshalb in Strafe genommen worden, weil sie den Lehrling, als die Zeit zum Schulbesuch herankam, nicht aufgefordert haben, zur Schule zu gehen, sondern ihn ruhig bei der Arbeit ließen.

Zu den Entschuldigungsgründen, welche vom Schulbesuch dispensieren, gehört der Umstand, daß der Geschäftsbetrieb gerade in den Stunden, welche der Lehrling in der Schule zu verbringen hat, ein sehr reger war und daher die Arbeitskraft des Lehrlings dringend bedurft wurde, nicht. Nur Krankheit entschuldigt. Die entsprechenden Vorschriften befinden sich in besonderen Schulordnungen, in denen auch die Disziplinargewalt der Lehrer, die ein gebührliches Verhalten der Schüler sichern soll, geregelt ist. Es ist jedoch mit Rücksicht darauf, daß der Lehrherr den Lehrling im allgemeinen zur Arbeitsamkeit und zu guten Sitten anzuhalten hat, keine Frage (H.G.B. § 76 Abs. 2), daß der Lehrherr auch dem Lehrer in der Aufrechterhaltung der Schulordnung zur Seite stehen und dafür sorgen muß, daß der Lehrling seinen Pflichten der Schule gegenüber pünktlich und gewissenhaft nachkommt. Leider wird dies nur allzuoft verabsäumt.

Die Verpflichtung, eine Fortbildungsschule zu besuchen, erstreckt sich in der Regel auf die Zeit vom 14. bis 16. oder 17. Lebensjahre.

Lehrlinge, die an dem Orte ihrer Lehre nicht staatsangehörig sind, werden nicht immer zur Fortbildungsschulpflicht herangezogen. So sind sie z B. in Sachsen davon befreit, wenn sie durch ein Zeugnis der zuständigen heimischen Behörde sich darüber ausweisen, daß sie der Schulpflicht, wie sie nach der Gesetzgebung ihrer Heimat vorgeschrieben ist, vollständig Genüge geleistet haben.

Der vorherige Besuch einer höheren Lehranstalt, eines Gymnasiums, Progymnasiums, einer Realschule I. oder II. Ordnung, oder eines Seminars bis zum 15. Lebensjahre befreit in der Regel vom Besuch der Fortbildungsschule, wenn der Lehrling dabei das Ziel erreicht hat, welches als das normale anzusehen ist. Andernfalls kann er der Fortbildungsschule z. B. in Sachsen noch ein Jahr überwiesen werden. Befreiung vom Besuch der Fortbildungsschule gewährt auch der Besuch einer Handelsschule.

Bei vorhandener Tüchtigkeit und geistiger Reife kann der Lehrling auf Antrag auch ganz oder vor Ablauf der Zeit vom Besuch der Fortbildungsschule entbunden werden.

§ 6. Die Versicherung der Lehrlinge gegen Krankheit, Alter und Invalidität.

Eine besondere Art der Fürsorgepflicht des Lehrherrn seinem Lehrling gegenüber ist die, daß er denselben gegen Krankheit, nach Maßgabe des Krankenversicherungsgesetzes vom 15. Juli 1883, bez. 10. April 1892, versichern muß.

Zwar unterliegen dem Versicherungszwange nur solche Personen, welche gegen Gehalt oder Lohn beschäftigt sind, aber als Gehalt oder Lohn sind nach dem Gesetz auch Tantieme und Naturalbezüge zu rechnen. Ein Lehrling, der also Kost und Wohnung bei dem Lehrherrn hat, ist versicherungspflichtig, wenn er auch keine Entlohnung erhält, ja vielleicht gar seinerseits noch Lehrgeld zahlt (K.V.G. § 1 Abs. 5).

Nur dann ist aber der Handlungslehrling versicherungspflichtig, wenn im Lehrvertrag ausgemacht ist, daß ihm im Falle einer Erkrankung der Anspruch auf etwaigen Gehalt oder Unterhalt ganz entzogen sein oder nur auf eine kürzere Zeit als sechs Wochen gewährt werden soll.

Der Handlungslehrling, der sechs Wochen lang vom Lehrherrn Unterhalt und etwaige sonstige Remuneration im Krankheitsfalle fortbezieht, unterliegt der Versicherungspflicht nicht und dieser Fortbezug ist, wenn nichts Anderes vereinbart, gesetzlich vorgeschrieben (H.G.B. § 63).

Für die rechtzeitige Anmeldung hat der Prinzipal besorgt zu sein, dafern eine Versicherungspflicht vorliegt. Vernachlässigungen in dieser Beziehung werden bestraft, auch wird der Prinzipal wegen gehabter Aufwendungen von der Krankenkasse zum vollen Betrage herangezogen.

Die Unfallversicherung ist auf das Handelsgewerbe zur Zeit noch nicht ausgedehnt und kommt daher hier nicht in Frage.

Dagegen sind Handlungslehrlinge nach Maßgabe des Gesetzes vom 22. Juli 1889 gegen Alter und Invalidität versichert.

Versicherungspflichtig sind sie jedoch nur, wenn sie das 16. Lebensjahr vollendet haben, und wenn sie Lohn oder Gehalt beziehen. Als Lohn oder Gehalt gelten auch nach diesem Gesetz (§ 3) Tantiemen und Naturalbezüge, doch wird hier ausdrücklich hinzugefügt, daß eine Beschäftigung, für welche als Entgelt nur freier Unterhalt gewährt wird, nicht als eine solche gelten soll, welche eine Versicherungspflicht begründe.

Demnach ist in der Regel ein Handlungslehrling in den ersten zwei Jahren überhaupt nicht versicherungspflichtig, in den letzten Jahren aber nur, wenn er Gehalt bezieht, wie dies ja im letzten Jahre, oder bei vierjähriger Lehrzeit in den beiden letzten Jahren meist der Fall ist. Wo ein Gehalt oder sonstiger Bezug 2000 Mark jährlich übersteigt, fällt die Versicherungspflicht überhaupt weg.

Neben der gesetzlichen Versicherungspflicht kann bei der Krankenversicherung noch eine statutarische in Frage kommen, insofern eine Gemeinde oder ein weiterer Kommunalverband, wie wir sie schon erwähnten, die Bestimmung treffen kann, daß auch solche Handlungslehrlinge versicherungspflichtig sein sollen, welche nach der gesetzlichen Vorschrift nicht versicherungspflichtig sein würden, weil ihnen im Krankheitsfalle auf 6 Wochen Gehalt und Unterhalt gewährleistet ist. Auch ein solcher statutarischer Versicherungszwang ist seitens des Prinzipals zu respektieren.

§ 7. Von der Dauer der Lehrzeit.

Die Dauer der Lehrzeit hat der Gesetzgeber nicht bestimmt und nicht bestimmen können, da sie ja in den einzelnen Handelsgewerbezweigen je nach den Anforderungen, welche dieselben stellen, eine verschiedene sein muß. „Die Dauer der Lehrzeit bestimmt sich," heißt es in § 77 Abs. 1 des H. G. Bs., „nach dem Lehrvertrag, in Ermangelung vertragsmäßiger Festsetzung nach den örtlichen Verordnungen oder dem Ortsgebrauche."

Ortsüblich sind drei und vier Jahre, je nach den Anforderungen, welche der Betrieb an die Ausbildung des jungen Kaufmanns stellt.

§ 8. Von der Haftpflicht des Lehrlings.

Neben den allgemeinen Pflichten, welche der Lehrling seinem Lehrherrn gegenüber zu erfüllen hat, ist auch auf seiner Seite noch eine besondere Pflicht zu erwähnen, die Haftpflicht bei einem durch den Lehrling angerichteten Schaden, bei Veruntreuungen u. s. w. Wenn der Handlungsgehilfe schadensersatzpflichtig bei jedem Schaden ist, der durch sein Verschulden dem Prinzipal zugefügt wird, so kann dies nicht ohne weiteres vom

Lehrling gesagt werden. Es liegt in der Natur des Lehrvertrages, daß der Lernende für Schaden, den er aus der ihm noch anhaftenden Unkenntnis oder Ungeschicklichkeit begeht, nicht haftbar gemacht werden kann. Es fällt kein Meister vom Himmel. Der Lehrling will sich erst die Fähigkeiten während der Lehrzeit erwerben, die ihn in den Stand setzen, die kaufmännischen Dienste ohne Fehler zu verrichten. Andererseits darf man billiger Weise dem Prinzipal nicht zumuten, daß er jeden Schaden, der ihm vom Lehrling schuldhafter Weise zugefügt wird, selbst tragen soll, namentlich dann, wenn grobe Nachlässigkeit, Unaufmerksamkeit oder gar ein doloses Verhalten des Lehrlings vorliegt. Wenn sich auch das Gesetz über diese Schadensersatzpflicht nicht ausspricht, so wird man doch nach Recht und Billigkeit folgendes als Norm gelten lassen können:

Der Lehrling haftet nicht für einen Schaden, den er durch Unkenntnis und Ungeschicklichkeit bei Ausführung der ihm übertragenen Arbeiten anrichtet.

Der Lehrling haftet für jeden Schaden, den er in Folge von grober Nachlässigkeit und Unachtsamkeit, Trägheit oder bösem Willen anrichtet. Hierher gehören insbesondere die Veruntreuungen (Diebstahl, Unterschlagung u. s. w.).

Aber auch im letzteren Falle, wie im ersten, wird dann eine Schadensersatzpflicht des Lehrlings nicht angenommen werden können, wenn der Lehrherr selbst den Schaden dadurch verschuldet hat, daß er dem Lehrling Arbeiten übertrug, die einem Lehrling nicht zugemutet werden können, daß er es an der nötigen Anweisung und Beaufsichtung u. s. w. fehlen ließ und dadurch seinerseits den ihm aus dem Lehrvertrag obliegenden Verpflichtungen nicht nachkam.

So hat das Gericht die Schadensersatzverbindlichkeit in einem Falle aberkannt, wo dem Lehrling die selbständige Leitung einer Filiale an einem anderem Orte übertragen worden war, in welcher er Veruntreuungen vorgenommen hatte. Desgleichen in einem anderen Falle, wo einem Lehrling eine hohe Geldsumme zur Beförderung übergeben worden war, von welcher ein Teil verloren ging. Hier ging das Gericht davon aus, daß eine so erhebliche Geldsumme einem unerfahrenem Lehrling nicht zur Beförderung eingehändigt werden dürfe, und daß der Prinzipal, welcher dem Lehrling ohne Rücksicht auf dessen Jugend und Unerfahrenheit ein so wichtiges Geschäft übertrug, sich den Schaden selbst zuzuschreiben habe.

Wie jeder Handlungsgehilfe ist schließlich der Handlungslehrling auch in dem bereits oben erwähnten Falle dem Prinzipal schadensersatzpflichtig, wenn er nämlich ohne Einwilligung seines Lehrherrn für eigene oder fremde Rechnung im Handelszweige seines Prinzipals Geschäfte macht oder ein eignes Handelsgewerbe betreibt. Es wird dies ja selten genug vorkommen, ist aber, namentlich bei älteren Lehrlingen, insbesondere solchen, die erst später zum Handel übergehen, nicht ausgeschlossen, und darum vom Gesetzgeber mit unter den Bestimmungen über die Lehrlingsverhältnisse berücksichtigt (§§ 76, 61 des H. G. B.'s.) Der Prinzipal kann verlangen, daß die Geschäfte als für seine Rechnung gemacht gelten oder daß die aus einem Geschäft für fremde Rechnung bezogene Vergütung an ihn herausgegeben oder der Anspruch auf dieselbe an ihn abgetreten wird. Der Prinzipal muß jedoch seinen diesbezüglichen Anspruch in drei Monaten, von dem Zeitpunkte an, an welchem er Kenntnis von dem Abschlusse des Geschäfts erlangte, geltend machen. Nach fünf Jahren kann der Anspruch überhaupt nicht mehr geltend gemacht werden, gleichviel, wann der Prinzipal Kenntnis von dem Abschlusse des betreffenden Geschäftes erlangt hat (H. G. B. § 61 Abs. 2.). Das Nähere wird in der zweiten Abteilung noch ausgeführt werden. Die Haftpflicht geht übrigens in den Fällen, wo der Vater nicht als Vertreter, sondern als Selbstkontrahent im Lehrvertrag anzusehen ist, auf diesen dergestalt über, daß er aus eignen Mitteln für den Schaden aufkommen muß, während andererseits nur das Vermögen des Lehrlings in Anspruch zu nehmen wäre.

§ 9. Von der Beendigung des Lehrverhältnisses.

a) Beendigung durch Tod.

Das Lehrlingsverhältnis erlischt naturgemäß durch den Tod des Lehrlings. Aber man hat auch beim Tode des Lehrherrn es in den Willen der Parteien gestellt, ob das Lehrverhältnis fortgesetzt werden soll oder nicht. Innerhalb eines Monats kann dasselbe ohne Einhaltung einer Kündigungsfrist gekündigt werden. (H. G. B. § 77 Abs. 4.)

b) Beendigung durch Kündigung.

Das Lehrverhältnis kann während des ersten Monats nach dem Beginn der Lehrzeit ohne Einhaltung einer Kündigungsfrist gekündigt werden, sofern nicht eine längere Probezeit vereinbart ist.

Im übrigen gelten hinsichtlich der Kündigung des Lehrverhältnisses dieselben Bestimmungen wie für Handlungsgehilfen. Demnach kann das Lehrverhältnis, ohne daß eine Kündigungsfrist eingehalten wäre, beiderseits aus wichtigen Gründen für sofort aufgekündigt werden.

Es sei gleich hier bemerkt, daß das Handelsgesetzbuch auch da, wo eine sofortige Aufhebung eines Dienstverhältnisses, ohne Einhaltung einer Kündigungsfrist, stattfindet, entgegen dem bisherigen Gebrauch, von einer Kündigung spricht.

Als ein wichtiger Grund soll es insbesondere für den Lehrling angesehen werden, wenn der Lehrherr seine Verpflichtungen gegen den Lehrling in einer dessen Gesundheit, Sittlichkeit oder Ausbildung gefährdenden Weise vernachlässigt (H.G.B. § 77 Abs. 3).

Im übrigen kann das Lehrverhältnis seitens des Lehrlings gekündigt werden, wenn der Lehrling zur Fortsetzung desselben durch Krankheit unfähig wird;

wenn der Lehrherr oder seine Vertreter oder Familienangehörige den Lehrling zu Handlungen verleiten oder zu verleiten suchen, welche wider die Gesetze oder die guten Sitten laufen;

wenn der Lehrherr den schuldigen Unterhalt oder den ausbedungenen Gehalt nicht in der vereinbarten Weise gewährt;

wenn bei Fortsetzung der Arbeit das Leben oder die Gesundheit des Lehrlings einer ernstlichen Gefahr ausgesetzt sein würde, welche bei Eingehung des Lehrvertrages nicht zu erkennen war, sich z. B. ein Lungenleiden zeigt u. s. w.;

wenn der Lehrherr seine gesetzlichen Verpflichtungen gegen den Lehrling in einer die Gesundheit, die Sittlichkeit oder die Ausbildung des Lehrlings gefährdenden Weise vernachlässigt oder das Recht der väterlichen Zucht mißbraucht, oder selbst zur Erfüllung der ihm vertragsmäßig obliegenden Verpflichtungen unfähig wird.

Diese Bestimmungen finden sich zwar nur in der Gewerbeordnung vor (Gew. O. § 128, § 124 Nr. 1, 3—5), aber die Denkschrift zur Reichstagsvorlage des Handelsgesetzbuches nimmt ausdrücklich auf sie Bezug, und man wird sie analog anzuwenden haben. Sie entsprechen auch teilweise ganz den Bestimmungen des Handelsgesetzbuches, welches die Aufhebung auch schon bei Thätlichkeiten, erheblichen Ehrverletzungen oder unsittlichen Zumutungen gegen den Lehrling und dann zuläßt, wenn der Lehrherr den Lehrling gegen solche Handlungen eines anderen Angestellten oder eines seiner Familienangehörigen nicht schützt. Wenn demnach schon Thätlichkeiten und erhebliche Ehrverletzungen zur Aufhebung des Dienstverhältnisses seitens des Lehrlings berechtigen, so wird dadurch allerdings die Disziplinarbefugnis des Lehrherrn in einer ganz unhaltbaren Weise eingeschränkt, ja verkümmert. Man wird deshalb die Vorschriften, welche für Handlungsgehilfen gelten und am Platze sind, auf Lehrlinge nicht mit derselben Strenge anwenden können, namentlich was die Ehrverletzungen anlangt. Bestehen bleibt aber der Zustand, daß der Lehrvertrag, obwohl eine mäßige Züchtigung als Folge der Disziplinarbefugnis des Lehrherrn an sich zulässig sein muß, doch, sobald von dieser Befugnis Gebrauch gemacht wird, gebrochen werden kann, weil die diesbezüglichen Bestimmungen für Handlungsgehilfen ohne weiteres auch Anwendung auf Handlungslehrlinge finden sollen. In Wahrheit wird allerdings bei Thätlichkeiten, welche das Maß der väterlichen Zucht nicht überschreiten, kaum eine Aufhebung des Vertrages seitens des Lehrlings, bez. seines gesetzlichen Vertreters, gefordert werden.

Seitens des Lehrherrn kann die Lösung des Lehrverhältnisses erfolgen, wenn Untreue oder Vertrauensmißbrauch, Dienstverweigerung oder Dienstverlassung während einer erheblichen Zeit, anhaltende Krankheit, längere Freiheitsstrafe, Thätlichkeiten oder erhebliche Ehrverletzungen gegen den Prinzipal oder dessen Vertreter vorliegen, oder der Lehrling Geschäfte für fremde oder eigene Rechnung ohne Einwilligung des Lehrherrn gemacht hat oder ein eignes Handelsgewerbe betreibt (H. G. B. §§ 70—72).

Im Interesse des Lehrlings und des Lehrherrn ist ferner eine Bestimmung über die Probezeit getroffen. Während der Dauer der Probezeit fällt nämlich das Recht, innerhalb eines Monats beliebig kündigen zu können, weg. Die Probezeit muß ausgehalten werden. Um jedoch Härten zu vermeiden, ist bestimmt, daß die Probezeit nicht länger als drei Monate betragen darf.

c) Beendigung bei Übergang zu anderem Beruf.

Wie die Gewerbeordnung (Gew. O. § 131), so hat auch das neue Handelsgesetzbuch eine Bestimmung für den Fall getroffen, daß der Lehrling zu einem anderen Gewerbe oder einem anderen Berufe übergehen will (H. G. B. § 78).

In diesem Falle endigt nämlich das Lehrverhältnis, wenn der Lehrling nicht früher entlassen wird, nach Ablauf eines Monats und zwar von dem Tage ab, wo von dem Lehrling, dafern er volljährig, oder von seinem gesetzlichen Vertreter die Erklärung des Berufswechsels an den Prinzipal abgegeben worden ist.

Die Erklärung ist schriftlich abzugeben.

Um nun dem vorzubeugen, daß der Berufswechsel nur vorgeschoben wird, um irgend ein anderes, günstigeres Lehrverhältnis anzutreten, ist weiter gesetzlich bestimmt, daß der Lehrling in demselben Gewerbe oder demselben Berufe innerhalb von neun Monaten nicht wieder eintreten darf und zwar weder als Lehrling noch als Handlungsgehilfe.

Thut er es trotzdem, so ist er dem Lehrherrn zum Ersatze des diesem durch die Beendigung des Lehrverhältnisses entstandenen Schadens verpflichtet, und mit ihm haftet zugleich als Gesamtschuldner der neue Lehrherr oder Prinzipal, wenn er von dem Sachverhalte Kenntnis gehabt hat (H. G. B. § 78 Abs. 2).

Die Strafvorschrift der Gewerbeordnung, wonach ein Lehrherr, der diese Vorschrift verletzt, mit Geldstrafe bis zu 150 Mark und im Unvermögensfalle mit Haft bis zu vier Wochen bestraft werden kann, ist in das Handelsrecht nicht mit aufgenommen worden und erleidet auch keine analoge Anwendung.

d. Unbefugter Austritt aus der Lehre.

Ansprüche wegen unbefugtem Austritt aus der Lehre kann der Lehrherr gegen den Lehrling, bezw. seinen Vertreter nur dann geltend machen, wenn der Lehrvertrag schriftlich abgeschlossen wurde (H. G. B. § 79).

Hat der Vater ausdrücklich nur in Vertretung seines Sohnes abgeschlossen, so ist er nur haftpflichtig, wenn ihn selbst gleichfalls ein Verschulden trifft, weil er es daran fehlen ließ, den Sohn vom Vertragsbruche abzuhalten, oder wenn er ihm vielleicht noch beim Entlaufen aus der Lehre behilflich gewesen ist (Entsch. des R. O. H. G. XIII. 106. 107). Hat der Vater in eigenem Namen abgeschlossen, so ist er, auch wenn ihn ein Verschulden nicht trifft, verbindlich.

Dasselbe gilt beim Vormund und seinem Mündel.

Es fragt sich nun, welche Ansprüche der Prinzipal wegen dem unbefugten Austritt aus der Lehre erheben kann.

Zunächst ist die Klage wegen Schadensersatz gerechtfertigt. Wenn nicht eine besondere Ausnahme vorliegt, so ist es als eine auf allgemeiner Erfahrung beruhende Regel anzusehen, daß auch nach dem Maßstabe gewöhnlicher Befähigung des Lehrlings durch dessen ordnungsmäßige Ausbildung dem Lehrherrn eine Arbeitskraft gewonnen wird, deren unentgeltliche oder unerheblich vergütete Leistungen, namentlich in den späteren Lehrjahren, einen entsprechenden Ersatz für die zuvor im erhöhten Grade aufgewendete Mühe der Unterweisung und Überwachung gewähren sollen. Als Gegenstand des Schadens bei unbefugtem Austritt aus der Lehre kann infolgedessen die Erstattung desjenigen Aufwandes gefordert werden, welcher für die Honorierung des zum Ersatz des abgegangenen Lehrlings angenommenen Kommis gemacht wurde. Hierbei ist auch nicht zu berücksichtigen, daß der Prinzipal etwa durch die Gewinnung der wertvolleren Dienste des Kommis größeren Nutzen erlangt hat, als er aus der Fortsetzung der Dienstleistung des abgegangenen Lehrlings gezogen haben würde. Abgesehen davon, daß durch die Annahme eines neuen Lehrlings die Leistungen eines bereits kürzere Zeit geschulten Lehrlings nicht vollständig zu ersetzen sind, so ist ein Prinzipal auch nicht einmal immer in der Lage, einen neuen Lehrling zu bekommen. Der Lehrling, bezw. sein Vertreter müßten beweisen, daß der Prinzipal zur Zeit einen gleich gut ausgebildeten Lehrling hätte erhalten können, was unmöglich erscheint.

Natürlich muß sich bei der Berechnung des Schadens der Prinzipal den Geldwert derjenigen Gegenleistungen in Abzug bringen, welche er dem Lehrling im Falle des Aushaltens in der Lehre hätte gewähren müssen. Doch ist der Prinzipal nicht berechtigt, den Lehrling, bezw. seinen Vertreter, noch außerdem für Versehen oder Unterlassungen verantwortlich zu machen, welche der an des Lehrlings statt engagierte Kommis wegen Mangel an Geschäftskenntnis oder Erfahrung etwa begangen hat (Entsch. des R.O.H.G. I. 32—37. XIII. 106—108. XIV. 16—23).

Sehr bestritten ist die Frage, ob auch Rückkehr in die Lehre gefordert werden kann.

Diese Frage ist namentlich dann wichtig, wenn der Anspruch auf Schadensersatz wegen Vermögenslosigkeit des Lehrlings, bez. seines Vertreters, nicht geltend gemacht werden kann, denn an sich wird ja kein Prinzipal eine Interesse daran haben, einen entlaufenen Lehrling in die Lehre zurückgeführt zu sehen, da das Vertrauen zn demselben meist erloschen sein wird.

Nach dem Handelsrecht ist aber eine Zurückführung des Lehrlings in die Lehre mit Hilfe des Gerichts oder der Polizeigewalt überhaupt nicht möglich. Wenn der Vater oder Vormund den Lehrling nicht selbst zurückführt, so kann gegen denselben der Prinzipal die Erfüllung des Lehrvertrages durch Rückkehr in die Lehre nicht erzwingen. „Der Abschluß des Lehrvertrages bedingt keineswegs eine Übertragung der dem Vater als solchem zustehenden höchsten persönlichen Rechte an den Lehrherrn, sondern lediglich die Einräumung gewisser Disziplinarbefugnisse über den Lehrling, soweit dieselben zur Erreichung des Zweckes des Lehrvertrages erforderlich sind. Die hiernach dem Vater unbeschränkt verbleibende väterliche Gewalt oder Vormundschaft schließt aber wegen der darin enthaltenen Befugnis, über die Erziehung, den Aufenthalt und den späteren Beruf des minderjährigen Hauskindes Dritten gegenüber ausschließlich zu bestimmen, notwendig das Recht in sich, den Lehrling, ungeachtet des bestehenden Lehrvertrages, jederzeit von dem Lehrherrn zurückzufordern, sich daher von dem Lehrvertrage einseitig loszusagen, und den Lehrherrn dadurch in die Lage zu versetzen, nur sein Interesse wegen Nichteinhaltung des Lehrvertrages geltend machen zu können." (Entsch. des R.O.H.G. IX. 280. 341.) Der Lehrherr hat der Regel nach kein Recht, auf unmittelbarer Fortsetzung des Vertrages durch den Lehrling zu bestehen, sondern kann nur Entschädigung wegen einseitiger Vertragsbrechung fordern, denn nach heutiger Rechtsanschauung tritt beim Lehrvertrage das Interesse des Lehrherrn hinsichtlich des Rechtes auf unmittelbare Vertragserfüllung gegenüber dem Interesse des Lehrlings an dieser zurück (R.O.H.G. XVI. 206. 208. IX. 282).

Wo besondere landesgesetzliche Vorschriften bestehen sollten, nach welchen die Erfüllung des Vertrages im Klagewege erzwungen werden könnte, bewendet es natürlich dabei. So kann die Zurückschaffung des Lehrlings in Mecklenburg nach dortigem Landrecht im Civilprozeß erstritten werden.

In anderen Bundesstaaten ist diese Zwangsmaßregel unseres Wissens nicht gegeben.

§ 10. Konkurrenzverbote im Lehrvertrag.

Nach dem Austritt des Lehrlings aus der Lehre, mag derselbe nun während oder nach Beendigung der Lehre erfolgen, trifft ihn, wenn er großjährig ist und sich einem sogenannten Konkurrenzverbote unterworfen hat, die Verpflichtung, in keinem Konkurrenzgeschäft die Lehre fortzusetzen oder als Handlungsgehilfe in ein solches einzutreten.

Die sogenannte Konkurrenzklausel in Dienstverträgen enthält eine Beschränkung der gewerblichen Thätigkeit des Verpflichteten nach Beendigung des Dienstverhältnisses. Damit durch diese Beschränkung derselbe nicht in seiner Existenz bedroht ist, hat das Handelsgesetzbuch bestimmt, daß das Konkurrenzverbot nach Zeit, Ort und Gegenstand so geartet sein muß, daß das Fortkommen des Verpflichteten nicht in unbilliger Weise erschwert wird. Zeitlich darf die Beschränkung nicht länger als drei Jahre von der Beendigung des Dienstverhältnisses an dauern.

Ausgeschlossen ist die Geltendmachung des Konkurrenzverbotes, wenn der Prinzipal kündigt oder zur Kündigung des Lehrverhältnisses Anlaß giebt.

Bei erfolgter Kündigung Seitens des Prinzipals erhält die Konkurrenzklausel nur Rechtskraft, wenn der Verpflichtete die Kündigung veranlaßte, oder wenn ihm vom Prinzipal auf die Dauer der Beschränkung der zuletzt bezogene Gehalt fortgezahlt wird. Vereinbarungen, welche dem zuwiderlaufen, sind nichtig.

Das Konkurrenzverbot hat keine Verbindlichkeit, wenn der Lehrling zur Zeit des Abschlusses des Lehrvertrages minderjährig war.

Bei minderjährigen Lehrlingen ist die Vereinbarung nichtig.

Das weitere über die Konkurrenzverbote wird in der zweiten Abteilung unter C S. 93 ausgeführt werden.

§ 11. Das Zeugnis des Lehrlings.

Das Handelsgesetzbuch bestimmt, daß der Lehrherr dem Lehrling bei der Beendigung des Lehrverhältnisses ein schriftliches Zeugnis auszustellen hat (H. G. B. § 80). Das Zeugnis hat sich nicht nur über die Dauer der Lehrzeit, sondern auch über die während der Lehrzeit erworbenen Kenntnisse und Fähigkeiten, sowie über das Betragen zu erstrecken.

Auf Antrag des Lehrlings hat die Ortspolizeibehörde das Zeugnis kosten- und stempelfrei zu beglaubigen.

Von dem Zeugnis, welches dem Handlungsgehilfen ausgestellt werden muß, unterscheidet sich das Lehrzeugnis dadurch, daß es Auskunft über Kenntnisse, Fähigkeiten und sittliches Verhalten enthalten muß, während dem Handlungsgehilfen die Führung und die Leistungen nur auf Verlangen zu bezeugen sind.

Das Zeugnis muß wahrheitsgemäß sein. Enthält es unrichtige Angaben, so haftetet der Prinzipal dem Dritten, der dadurch Schaden erleidet. Das Nähere vergl. unter 6 S. 99 ff. der zweiten Abteilung.

§ 12. Verbot der Lehrlingsausbildung.

Nur solche Prinzipale sollen Lehrlinge halten dürfen, von denen zu erwarten steht, daß der Lehrling bei ihnen in guten Händen ist, die richtige Erziehung, Pflege und Ausbildung findet. Darum muß es unzuverlässigen Personen verwehrt sein, Lehrlinge zur Ausbildung anzunehmen. Das Gesetz hat dies in solcher Allgemeinheit nicht ausgesprochen, sondern nur einen Fall hervorgehoben, in welchem die Garantie einer zuverlässigen Ausbildung des Lehrlings nicht gegeben ist.

„Personen, die nicht im Besitze der bürgerlichen Ehrenrechte sind, dürfen Handlungslehrlinge weder halten noch sich mit der Anleitung von Handlungslehrlingen befassen. Der Lehrherr darf solche Personen zur Anleitung von Handlungslehrlingen nicht verwenden.“ (H.G.B. § 81.)

Es ist danach auch unstatthaft, daß der Lehrherr Handlungsgehilfen mit der Anleitung des Lehrlings betraut, welche nicht im Vollbesitze bürgerlicher Ehrenrechte sind, und zwar wird man soweit gehen müssen, daß der Lehrvertrag schon dann gelöst werden kann, wenn überhaupt ein solcher Handlungsgehilfe im Hause beschäftigt wird, da es, wie die praktische Erfahrung lehrt, nach dem Geschäftsbetrieb unerläßlich ist, daß er betreffende Kommis, Buchhalter u. s. w. mit dem Lehrling in Berührung kommt und ihm Anweisungen erteilt. Es würde der Umstand, daß eine solche anrüchige Person im Geschäftsbetrieb beschäftigt wird, ohnehin ein „wichtiger Grund“ zur Auflösung des bestehenden Lehrverhältnisses sein.

Hält ein Prinzipal diesem Verbote zuwider doch Lehrlinge, so kann die Entlassung derselben von der Polizeibehörde erzwungen werden, auch ohne daß ein besonderer Antrag des Lehrlings bez. seines Vertreters notwendig wäre. Auch kann derjenige, welcher der Vorschrift zuwider Handlungslehrlinge hält, oder durch einen

Gehilfen, der nicht im Besitze der bürgerlichen Ehrenrechte ist, ausbilden läßt, und mit ihm ein solcher Gehilfe selbst, mit einer Geldstrafe bis zu 150 Mark belegt werden (H. G. B. § 82 Abs. 2). Die betreffenden Bestimmungen sind im Anschluß an die Gewerbeordnung gegeben, gehen aber noch weiter als diese (Gew. O. § 106).

Zweite Abteilung.

Prinzipal und Handlungsgehilfe.

I.

Begriff des Handlungsgehilfen und Abschluß des Dienstvertrages.

Handlungsgehilfe ist derjenige, welcher in einem Handelsgewerbe zur Leistung kaufmännischer Dienste gegen Entgelt angestellt ist. Bei ihm ist das Entgelt, im Gegensatz zum Handlungslehrling, ein wesentliches Merkmal (H. G. B. § 59).

Ein Unterschied des Geschlechts besteht nicht. Die Handlungsgehilfinnen unterstehen denselben gesetzlichen Bestimmungen.

Notwendig ist, wenn der Angestellte als Handlungsgehilfe im Sinne des Handelsgesetzbuches angesehen werden soll, folgendes:

1. Die Beschäftigung muß in einem Handelsgewerbe, also bei einem Prinzipal stattfinden, der die Kaufmannsqualität hat (vergl. darüber Einleitung S. 9 ff.).

Daher sagte eine frühere Entscheidung: „Handlungsgehilfe ist nur derjenige Gewerbegehilfe, welcher einem Kaufmann bei dem Betriebe des Handelsgewerbes kaufmännische Dienste leistet“ (Entsch. des R. O. H. G. XVII. 307).

Kaufmännische Dienste bei einem Nichtkaufmann geben also nicht die Handlungsgehilfenqualität.

2. Die Beschäftigung muß kaufmännische Dienstleistungen darstellen.

Nichtkaufmännische Dienste bei einem Kaufmann geben also die Handlungsgehilfenqualität ebenfalls nicht, selbst wenn der Dienstleistende die Handlung ordnungsmäßig erlernt hat.

3. Die Beschäftigung muß, wie schon erwähnt, gegen Entgelt erfolgen.

Bei der Entscheidung, welche Dienste als kaufmännische anzusehen sind, ist selbstverständlich auf die Verkehrsauffassung Rücksicht zu nehmen. Hat der Angestellte außer seinen kaufmännischen Dienstleistungen nebenbei noch gewisse technische Arbeiten, z. B. behufs der Erhaltung leicht verderblicher Waren, zu verrichten, so schließt dies den Begriff des Handlungsgehilfen nicht aus (Entw. Reichstagsvorlage, Denkschrift S. 60), es wird vielmehr entscheidend sein, welche Art der Beschäftigung die überwiegende ist. Es kann z. B. der Werkmeister einer Fabrik, die Kaufmannsqualität hat, nicht als Handlungsgehilfe angesehen werden, wenn er auch nebenbei einzelne kaufmännische Dienste gegen Entgelt mit verrichtet. Er wird trotz dieser Dienstleistungen lediglich der Gewerbeordnung unterstellt bleiben. „Was unter kaufmännischen Diensten zu verstehen ist, hierüber läßt sich ein bestimmter Satz nicht aufstellen, sondern es ist nach den Umständen des einzelnen Falles zu beurteilen, ob eine Person als Handlungsgehilfe anzusehen ist." (Entsch. des R.O.H.G. XVII. 307—312.)

Daß der Handlungsgehilfe in den Räumen des Prinzipals arbeitet, ist nicht notwendig (Entsch. des R.O.H.G. VII. 307).

Das Reichsoberhandelsgericht hat den Unterschied zwischen einem Handlungsgehilfen und einem Gewerbegehilfen dahin bestimmt: „Unter Handlungsgehilfen werden diejenigen Hilfspersonen verstanden, welche einem Kaufmann bei dem Betriebe des Handelsgewerbes kaufmännische Hilfsdienste leisten, bei dem Ankaufe der Waren oder deren Veräußerung und den übrigen, den Warenumsatz betreffenden Geschäften, einschließlich der Kontorgeschäfte, mitwirken, überhaupt im Betriebe des Handelsgewerbes behilflich sind, nicht aber auch diejenigen Gewerbsgehilfen, welche bei der Gewerbsleitung oder Verbreitung durch technische Dienstleistungen thätig sind." (Entsch. des R.O.H.G. XIV. 113. 118. X. 299. IX. 306. XI. 387. XVI. 23. XVII. 301.)

Demnach sind als Handlungsgehilfen die Kommis (Verkäufer), Buchhalter, Kassierer, Lageristen, Disponenten, Korrespondenten, Handlungsreisenden, Prokuristen anzusehen, falls die obigen drei Merkmale vorhanden sind.

Es hat sich jedoch im Handelsleben ein engerer Begriff des Handlungsgehilfen herausgebildet, den wir in Folgendem nicht aus rechtlichen, sondern aus praktischen Gründen gelten lassen. Man scheidet nämlich aus dem großen Kreise der Handlungsgehilfen die Prokuristen und Handlungsreisenden aus und bezeichnet als Handlungsgehilfen „im engeren Sinne“ nur die Kommis, Buchhalter, Kassierer, Lageristen, Disponenten und Korrespondenten. Man scheidet die Prokuristen um ihrer bevorzugten Stellung im Handelsbetriebe willen aus, und die Handelsreisenden, weil sie dem Innendienste gegenüber den Außendienst versehen und sich dadurch von den übrigen Gehilfen absondern.

Nicht als Handlungsgehilfen sind anzusehen die Provisionsreisenden, welche für ihre Dienstleistungen lediglich Provision erhalten und die kaufmännischen Agenten die ebenfalls nur provisionsweise für ein Haus thätig sind. Sie sind selbständige Kaufleute, wenn sie auch zu einem Hause in ein gewisses Abhängigkeitsverhältnis treten, während das Handelsrecht unter den Handlungsgehilfen nur solche verstanden wissen will, welche zu dem Prinzipale in ein Dienstverhältnis getreten sind und innerhalb der Grenzen des Dienstvertrages ihre Selbständigkeit aufgegeben haben.

Dagegen gehört zu den Handlungsgehilfen der Commis intéressé, d. h. der Kommis, welcher neben seinen festen Bezügen an Gehalt und Unterhalt, noch eine Quote vom Reingewinn (Tantieme) bezieht, denn trotz dieser Tantieme bleibt der Kommis in einer Dienststellung wie jeder andere Handlungsgehilfe.

Was den Abschluß des Dienstvertrages mit dem Handlungsgehilfen anlangt, so herrscht wie beim Lehrvertrag völlige Formfreiheit, und es wird auch nicht, wie bei jenem, für Ansprüche wegen Vertragsbruches u.s.w. die Schriftlichkeit des Vertrages vorausgesetzt. Soweit bestimmte Abmachungen, mündlich oder schriftlich, nicht getroffen sind, erleiden auf das Dienstverhältnis die gesetzlichen Bestimmungen Anwendung. Besondere Vereinbarungen aber, soweit sie nicht im Gesetz etwa für nichtig erklärt werden, schließen die gesetzlichen Bestimmungen aus.

Klarheit des Ausdruckes und Bestimmtheit der Vorschriften ist die erste Bedingung eines Engagementsvertrages. Sind Undeutlichkeiten in demselben enthalten, so wird im Zweifel zu Ungunsten dessen entschieden, welcher die Verpflichtung hatte, sich deutlicher auszudrücken. Das wird bei mündlichen Abmachungen oder Briefwechsel derjenige sein, welcher die betreffende Erklärung abgegeben hat, bei einem schriftlich festgesetzten Vertrage derjenige, welcher die betreffende Urkunde verfaßt hat.

Die Kosten der Vorstellung, um einen Vertrag abzuschließen, hat im Mangel anderer Vereinbarung, der Handlungsgehilfe zu tragen, da die Vorstellung in seinem Interesse, in der Hoffnung auf den Abschluß eines Vertrages, vorgenommen wird.

II.

Rechte des Prinzipals und Pflichten des Handlungsgehilfen.

§ 1. Dienstleistungen des Handlungsgehilfen.

Wenn nicht besondere Vereinbarungen über die Art und den Umfang der Dienstleistungen getroffen sind, so sind die dem Ortsgebrauch entsprechenden Dienste zu leisten, und in Ermangelung eines solchen Ortsgebrauches gelten die den Umständen nach angemessenenen Leistungen als vereinbart (H. G. B. § 59). Schon das frühere Handelsgesetzbuch bestimmte, daß für die „Natur der Dienste" in Ermangelung einer Übereinkunft Ortsgebrauch oder Ermessen des Gerichts, nötigenfalls nach Einholung eines Gutachtens von Sachverständigen, maßgebend sein solle. Letzteres wird jetzt nicht mehr besonders hervorgehoben, wird jedoch immer noch bei Streitigkeiten über die Angemessenheit der Leistungen maßgebend sein.

Selbstverständlich können vom Handlungsgehilfen nur kaufmännische Dienste verlangt werden. Es kann dem Handlungsgehilfen einer Weinhandlung nicht zugemutet werden, Flaschen zu spülen und zu etikettieren (Entsch. des Landgerichts Hamburg). Es kann ihm nicht angesonnen werden, Warenpakete zur Post zu fahren, die Schaufenster zu putzen, den Laden zu reinigen und was dergleichen untergeordnete Dienstleistungen mehr sind. Doch muß immer die Billigkeit entscheidend sein. Wenn Not am Mann ist, kann auch vom Handlungsgehilfen eine kaufmännische Dienstleistung gefordert werden, die sonst vielleicht der Lehrling ausführt. Vielseitig wie das Handelsleben sind auch die Dienstleistungen des Handlungsgehilfen, und es wird nur von Fall zu Fall zu entscheiden sein, ob die geforderte Dienstleistung eine solche ist, wie sie gesetzlich gefordert werden konnte oder nicht.

Das Kriterium wird immer bilden, daß die Dienstleistung dem Stande und der Würde des Handlungsgehilfen entspricht.

Der Handlungsgehilfe hat alle kaufmännischen Dienste, welche von ihm im kaufmännischen Betriebe seitens des Prinzipals gefordert werden, zu verrichten.

Eine besondere Frage ist es dabei, ob er verantwortlich gemacht werden kann, wenn seine Hilfeleistungen mit Bezug auf eine strafbare Handlung des Prinzipals erfolgen. Ist der Handlungsgehilfe für strafbare Handlungen seines Chefs verantwortlich? Er ist es, wenn er wußte, daß eine strafbare Handlung vorlag, denn er leistete dann Beihilfe zu ihr oder ist vielleicht gar als Mitthäter anzusehen. Er mußte in diesem Falle die Dienstleistung zurückweisen. Wenn er jedoch nicht wußte, daß eine strafbare Handlung seines Prinzipals in Frage kam, so ist er von der Verantwortlichkeit befreit: „Würde man verlangen, daß der Handlungsgehilfe die Anordnungen seines Prinzipals auf ihre Redlichkeit hin untersuchen soll, so würde man fordern, daß der Prinzipal sich seinem Angestellten unterordnen soll.“ (Entsch. der Strafkammer des Landgerichts Hamburg.)

Auch wie es mit den sogenannten Überstunden zu halten ist, und mit der Sonntagsarbeit, bedarf an dieser Stelle noch einer kurzen Erörterung. Dienstleistungen an Sonn- und Festtagen können nur innerhalb der für die Sonntagsruhe vorgesehenen Grenzen beansprucht werden. Davon war S. 11 ff. schon die Rede. Was die Arbeiten in „Überstunden“ anlangt, so braucht der Handlungsgehilfe dieselben nicht zu leisten, wenn eine bestimmte Geschäftszeit vereinbart oder ortsüblich ist, und durch die Überstunden diese Geschäftszeit überschritten wird. Der Handlungsgehilfe kann also die Dienstleistungen außerhalb der für ihn in Frage kommenden Geschäftszeit verweigern, ohne daß ihn dieserhalb etwa der Prinzipal sofort entlassen könnte. Auch diese Bestimmung wird jedoch eine Einschränkung erleiden müssen. Wo nämlich in einem einzelnen Falle geschäftlicher Dringlichkeit vom Handlungsgehilfen gefordert wird, über die festgesetzte oder übliche Zeit hinaus ausnahmsweise eine Dienstleistung zu thun, kann er sich derselben nicht entziehen, denn die Treue zum Geschäft verlangt es, daß er in solchem Falle das Interesse des Geschäftes wahrnimmt. Eine Dienstverweigerung in solchem Falle würde zur Entlassung berechtigen. Daß der Prinzipal, wenn er von dem Handlungsgehilfen die Leistung von Überstunden in einem besonderem Falle erheischt, demselben das vorher in angemessener Frist mitteilen muß, ist eine Pflicht der Billigkeit, damit der Handlungsgehilfe nicht etwa in den Dispositionen, welche er für seine freie Zeit treffen will oder getroffen hat, gehindert ist, bez. dieselben noch rechtzeitig ändern kann.

Der Beginn der Dienstleistungen fällt auf den vereinbarten Tag. Tritt der Handlungsgehilfe ohne rechtmäßigen Hinderungsgrund nicht zur rechten Zeit ein, so ist das, wenn die Zeitversäumnis eine erhebliche ist, ein Grund, das Dienstverhältnis sofort wieder zu lösen.

Eine Streitfrage ist es, ob eine neue Stellung an Sonn- und Feiertagen angetreten werden muß. Diese Frage ist von der erheblichsten praktischen Bedeutung sowohl für den Prinzipal als auch für die im Geschäfte Angestellten.

Wäre sie zu bejahen und demnach der Neuengagierte verpflichtet, auch am Sonntag oder Feiertag seinen Dienst anzutreten, so würde der Prinzipal berechtigt sein, den Handlungsgehilfen, wenn er erst am nächsten Werktage zum Dienstantritt sich meldet, als verspätet zurückzuweisen. Der Handlungsgehilfe würde alsdann keinerlei Schadensersatz- oder Gehaltsansprüche erheben können. Ist dagegen der Handlungsgehilfe berechtigt, erst am nächsten Werktage statt am Sonn- oder Feiertage seine neue Stellung anzutreten, so würde die Zurückweisung des Dienstantrittes zwar den Angestellten von weiteren Dienstleistungen entbinden, jedoch den Prinzipal verpflichten, dem Handlungsgehilfen für die vertragsmäßige oder gesetzliche Vertragsdauer den vereinbarten Gehalt auszuzahlen, selbst wenn derselbe infolge der Zurückweisung seitens des Prinzipals während des genannten Zeitraums im Geschäft gar nicht thätig geworden wäre. Für Beantwortung der oben aufgeworfenen Frage kommt zunächst in Betracht, ob nicht das Handelsgesetzbuch selbst für dieselbe irgendwelche Anhaltspunkte bietet. Man hat auf Art. 329 des früheren Handelsgesetzbuchs verwiesen, an Stelle dessen § 193 des B. G. B. getreten ist, welcher bezüglich der Erfüllung von Leistungen bestimmt, daß, wenn der Zeitpunkt der Erfüllung eines Handelsgeschäfts auf einen Sonntag oder staatlich verordneten allgemeinen Feiertag fällt, der nächste Werktag als der Tag der Erfüllung gilt. Diese Bestimmung ist, da das Handelsgesetzbuch irgend welche besonderen Vorschriften nicht enthält, für den angezogenen Fall auch maßgebend. Nach ihr werden die Handlungsgehilfen, sofern nicht eine besondere Vereinbarung mit dem Prinzipal hierüber getroffen ist, nicht gehalten sein, am Sonntage oder sonstigen allgemeinen Feiertagen (vergl. § 4 S. 13) ihre neue Stellung anzutreten.

Trotz dieser gesetzlichen Bestimmungen dürfte es sich aber im Interesse sowohl des Prinzipals als auch des Neuangestellten empfehlen, daß der Handlungsgehilfe schon vorher seinem Prinzipal anzeigt, daß er am Ersten, als einem Sonntage oder allgemeinen Feiertage, seine neue Stellung nicht antreten werde, sondern dies erst am nächsten Werktage zu thun beabsichtige. Durch eine solche kurze Mitteilung werden einerseits dem Prinzipal oftmals Ungelegenheiten erspart werden, die das nicht erwartete Ausbleiben des Neuengagierten gerade an einem Sonntage mit sich bringt, andererseits wird es auch für die Stellung des Handlungsgehilfen in Zukunft nur vorteilhaft sein, wenn er auf diese Weise jeglichen Grund zu einer Mißstimmung gegen ihn benimmt.

§ 2. Geschäfte für eigene und fremde Rechnung.

Zu den Verpflichtungen, welche der Handlungsgehilfe hinsichtlich seiner Dienstleistungen übernimmt, gehört auch die, ohne Einwilligung des Prinzipals, weder selbst ein Handelsgewerbe zu betreiben, noch für eigene oder fremde Rechnung Geschäfte zu machen.

Die letztere Bestimmung erfährt nur insoweit eine Einschränkung, als das Verbot, Geschäfte für eigene oder fremde Rechnung zu machen, sich auf den Handelszweig des Prinzipals beschränkt. Das ist ein wesentlicher Unterschied von dem bisher geltenden Recht (H. G. B. § 60 Abs. 1).

Der Prinzipal, welcher dem Handlungsgehilfen den Unterhalt gewährt, hat deshalb auch Anspruch auf dessen regelmäßige, hauptsächliche, geschäftliche Thätigkeit. Es kann nicht angehen, daß derselbe seine Aufmerksamkeit teilt, seine Kräfte zersplittert. Darum ist ihm zunächst untersagt, ohne Einwilligung seines Prinzipals ein Handelsgewerbe zu betreiben. Diese Verpflichtung trifft jedoch nur seine Person. Betreibt die Frau ein Handelsgewerbe, so kann dagegen nichts eingewendet werden. Man wird aber erwägen müssen, ob in der Errichtung des Geschäftes für die Ehefrau oder ein Kind des Handlungsgehilfen nicht etwa nur eine Umgehung der gesetzlichen Vorschrift zu erblicken ist, welche unzulässig wäre. Ist das Geschäft nur auf den Namen der Frau oder des Kindes eingetragen, in Wahrheit aber der Handlungsgehilfe der Leiter desselben, so wird man trotzdem eine Verletzung des Gesetzes anzunehmen haben.

Der Prinzipal muß aber auch dagegen geschützt sein, daß ihm nicht von seinem eigenen Handlungsgehilfen im Geschäft Konkurrenz gemacht wird. Darum ist dem letzteren auch untersagt Geschäfte zu machen, welche den Handelszweig seines Prinzipals berühren. Inwieweit das anzunehmen ist, wird nach dem einzelnen Fall zu beurteilen sein. Der Handlungsgehilfe ist durch diese Bestimmung besser gestellt als vordem. Früher war jedes Handelsgeschäft für eigene oder fremde Rechnung ein verbotenes Geschäft für den Handlungsgehilfen, wenn die Einwilligung des Chefs nicht eingeholt war. Auch der gelegentliche, dem Handelszweige ganz fremde Ankauf eines Gegenstandes zum Zwecke der Weiterveräußerung war ohne eingeholte Genehmigung verboten. Jetzt sind solche Geschäfte, welche zu dem Handelszweig des Prinzipals in keiner Beziehung stehen, frei. Es kann der Handlungsgehilfe einer Tuchhandlung z. B. gelegentlich, ohne sich einer Verletzung seiner Pflichten schuldig zu machen, einzelne Geschäfte eines Versicherungsagenten machen.

Die Geschäfte, welche untersagt sind, sind sowohl für eigene wie für fremde Rechnung untersagt. Ob der Handlungsgehilfe bei einem Geschäft für fremde Rechnung für das Geschäft ein Entgelt erhalten hat, ist dabei gleichgiltig. Auch unentgeltliche Geschäfte für fremde Rechnung sind untersagt. Der Handlungsgehilfe soll in keinem Falle als Wettbewerber seines Prinzipals auftreten, weil dies wider Treu und Glauben wäre.

Was die Einwilligung des Prinzipals anlangt, so kann dieselbe ausdrücklich oder stillschweigend erteilt werden. Als stillschweigende Einwilligung, aber nur zum Betriebe eines Handelsgewerbes, soll es anzusehen sein, „wenn dem Prinzipal bei der Anstellung des Gehilfen bekannt ist, daß er das Gewerbe betreibt und der Prinzipal die Aufgabe des Betriebes nicht ausdrücklich vereinbart“ (H. G. B. § 60 Abs. 2). Es gilt diese stillschweigende Einwilligung also nicht, wenn das Handelsgewerbe erst nach der Anstellung begründet wird, sie gilt auch nicht für einzelne Geschäfte im Handelszweige des Prinzipals.

Hinsichtlich der Ansprüche und Befugnisse, welche dem Prinzipal aus einem verbotswidrigen Verhalten des Handlungsgehilfen erwachsen, sind im wesentlichen die schon jetzt geltenden Bestimmungen maßgebend geblieben. In dieser Beziehung ordnet das Handelsgesetzbuch (H. G. B. § 61 Abs. 1) folgendes an:

„Verletzt der Handlungsgehilfe die ihm nach § 60 obliegende Verpflichtung, so kann der Prinzipal Schadensersatz fordern; er kann statt dessen verlangen, daß der Handlungsgehilfe die für eigene Rechnung [nicht aber die für fremde Rechnung] gemachten Geschäfte als für Rechnung des Prinzipals eingegangen gelten lasse und die aus Geschäften für fremde Rechnung bezogene Vergütung herausgebe oder seinen Anspruch auf die Vergütung abtrete."

Hat also das verbotswidrige Geschäft dem Prinzipal Schaden, dem Angestellten aber Vorteil eingetragen, so hat der erstere nach dem neuen Gesetze die Wahl, ob er jenes Geschäft an sich ziehen d. h. die aus ihm erzielten Vorteile sich aneignen, oder ob er es dem Gehilfen überlassen und statt dessen von letzterem Ersatz des eigenen Schadens beanspruchen will. Früher konnte er das Geschäft an sich ziehen und nebenbei Schadensersatz fordern. Hat der Handlungsgehilfe einen Nutzen aus dem Geschäft nicht gezogen, so wird natürlich nur die Schadensersatzverpflichtung bestehen bleiben. Hat der Prinzipal aus dem Geschäft einen Schaden nicht erlitten, so kann er das Geschäft trotzdem an sich ziehen, wenn er sich einen Nutzen von demselben verspricht.

Schließlich ist der Prinzipal außerdem noch berechtigt, den Handlungsgehilfen sofort, ohne Einhaltung einer Kündigungsfrist, zu entlassen, worüber weiter unten noch zu sprechen sein wird (H. G. B. § 72 Abs. 4 Nr. 1).

Zum Vorteil für den Handlungsgehilfen hat das neue Handelsgesetzbuch eine Verjährungsfrist eingeführt. Die Verjährung beträgt drei Monate und beginnt mit dem Zeitpunkt, in welchem der Prinzipal Kenntnis von dem Abschlusse des Geschäfts erlangt. Um den Gehilfen aber unter allen Umständen gegen die Geltendmachung von Forderungen aus lange Zeit zurückliegenden Vorkommnissen zu schützen, ist weiter bestimmt, daß die Ansprüche des Prinzipals, ohne Rücksicht auf dessen Kenntnis von der Verbotswidrigkeit, in fünf Jahren von dem Abschlusse des Geschäftes an verjähren.

„Zweifelhaft könnte es erscheinen, ob diese Verjährungsfrist auch gilt für das Recht des Prinzipals zu sofortiger Entlassung des Angestellten. Da dort, wo diese für zulässig erklärt wird (§ 72 Nr. 1) hiervon nicht die Rede ist, so wird man diese Frage zu verneinen haben. Immerhin aber wird aus dem Umstande, daß der entlassungsberechtigte Prinzipal das Dienstverhältnis längere Zeit nach erlangter Kenntnis von dem Entlassungsgrunde d. h. von dem pflichtwidrigen Verhalten des Handlungsgehilfen mit diesem fortgesetzt hat, auf eine von ihm dem letzteren gewährte Verzeihung schließen und ihm deshalb die Möglichkeit versagen dürfen, noch später sich auf diesen Entlassungsgrund zu berufen" (Biberfeld, Geschäfte für eigene oder fremde Rechnung seitens der Handlungsgehilfen).

Daß es für den Handlungsgehilfen unter Umständen sehr verhängnisvoll werden kann, wenn er wider das Verbot handelt, geht schließlich noch aus einer weiteren Bestimmung hervor, die hier zum Schutze des Prinzipals Anwendung findet. Es heißt nämlich in § 70 Abs. 2 des Handelsgesetzbuches: „Wird die Kündigung durch vertragswidriges Verhalten des andern Teils veranlaßt, so ist dieser zum Ersatze des durch die Aufhebung des Dienstverhältnisses entstehenden Schadens verpflichtet."

Also neben der sofortigen Entlassung noch die Schadensersatzpflicht für den aus der Entlassung für den Prinzipal entstehenden Schaden! Und dazu noch Verlust des Gewinnes aus dem Geschäft oder weiteren Schadensersatz wegen des durch das Geschäft für den Prinzipal erwachsenen Verlustes!

Über das Konkurrenzverbot, wie es sich in den sogenannten „Konkurrenzklauseln" vorfindet, wird, obwohl dasselbe Pflichten der Handlungsgehilfen berührt, erst weiter unten gehandelt werden, da diese Verpflichtung erst zur Geltung kommt, wenn das Dienstverhältnis beendigt ist. Wir folgen in dieser Beziehung der naturgemäßen Anordnung des Handelsgesetzbuches.

Dagegen ist hier die Verpflichtung des Handlungsgehilfen sich alles unlauteren Wettbewerbes zu enthalten, die schon während des Dienstverhältnisses in Betracht kommt, zu erörtern.

§ 3. Unlauterer Wettbewerb des Handlungsgehilfen.

Wir haben bereits erwähnt (vergl. § 1 S. 33), daß der Handlungsgehilfe für die unerlaubten Handlungen seines Prinzipals mit verantwortlich gemacht werden kann, wenn er wußte, daß unerlaubte Handlungen vorlagen und trotzdem sich an der Durchführung derselben beteiligte.

Das gilt auch vom strafbaren, unlauteren Wettbewerb, und

es ist daher angebracht, an dieser Stelle zunächst einen Überblick über die Bestimmungen des Gesetzes vom 27. Mai 1896 zu geben, dann aber im Besonderen die Bestimmungen zu behandeln, welche speziell für Handlungsgehilfen geschaffen worden sind.

1. Verboten ist das Reklamemachen in unlauterer Weise. Es darf in öffentlichen Bekanntmachungen (Annoncen) oder Mitteilungen sonstiger Art, welche für einen größeren Kreis von Kunden bestimmt sind (Plakate, Preiskurants, Kataloge, Geschäftsbriefe, Ausrufen u. s. w.), keine unrichtige Angabe thatsächlicher Art gemacht werden über:

a. geschäftliche Verhältnisse aller Art, z. B. Vermögensverhältnisse, Umfang des Geschäftes, Alter desselben, Menge der Vorräte. Insbesondere aber weiter über:
b. die Beschaffenheit von Waren,
c. die Herstellungsart von Waren,
d. die Preisbemessung von Waren oder gewerblichen Leistungen,
e. die Art des Bezuges oder der Bezugsquelle,
f. den Besitz von Auszeichnungen und
g. den Anlaß oder Zweck des Verkaufes.

Es müssen aber, wie gesagt, unwahre Thatsachen sein, die behauptet werden, und diese Thatsachen müssen geeignet sein, den Anschein eines besonders günstigen Angebots hervorzurufen. Nur direkt „unrichtige" Angaben, die unwahre Thatsachen enthalten, sind also zu beanstanden, nicht aber etwaige Übertreibungen, wie „Beste Qualität", „Billige Preise", „Reiche Auswahl". Hat der Richter erkannt, daß die Angaben zur Täuschung „geeignet" sind, so müssen sie unterbleiben und können Schadensersatzpflicht begründen. Der Nachweis, daß eine Täuschung beabsichtigt oder thatsächlich erreicht worden ist, ist nicht erforderlich; allerdings kann ein Anspruch auf Schadensersatz nur dann erhoben werden, wenn der Urheber der unrichtigen Angaben die Unrichtigkeit kannte oder kennen mußte (§ 1 des Ges. v. 27. Mai 1896).

Im einzelnen ist zu beachten, daß es künftig z. B. verboten ist, halbseidene Stoffe als reinseidene, Fabrikware für Handarbeit, fremdes Erzeugnis für eigenes, Kunstprodukte für Naturprodukte auszugeben. Es ist nicht gestattet, im Widerspruch mit den Thatsachen, zu erklären, man verkaufe die Waren unter Einkaufspreis; es ist auch nicht erlaubt, mit falschen Preisbezeichnungen im Ladenfenster Kunden in den Laden zu locken und ihnen dann die

„billigen“ Waren vorzuenthalten. Man darf auch nicht mehr sagen, die Ware sei ohne Zwischenhändler bezogen, sie trage die Originalverpackung des Erzeugungsortes, sie sei, wie z. B. beim Thee, „durch Karawane“ herbeigeschafft, wenn alles dies nicht wahr ist. Die Bezeichnungen „Domänenbutter“, „Aus einem Konkurse“, „Aus einem Nachlaß“ sind unstatthaft, wenn die Ware den besagten Ursprung nicht hat. Ferner wird der Schwindel verfolgt, der mit Medaillen und Ausstellungsdiplomen getrieben wird. Wie oft liest man jetzt nicht in Anzeigen und auf Plakaten: „Wegen Aufgabe des Geschäfts“, „Wegen Abbruch des Hauses“, „Fortzugshalber“, „Anläßlich des Ankaufs einer Konkursmasse“, womit jedesmal der Anschein besonderer Preiswürdigkeit erweckt werden soll, obwohl in Wahrheit von einer solchen gar nicht die Rede sein kann.

Gegen alle diese Formen unlauteren Wettbewerbs geht das Gesetz vor. Ja, es bekämpft mit der besprochenen Einschaltung der Worte „über geschäftliche Verhältnisse“ auch noch andere, nicht ausdrücklich bezeichnete Erscheinungsformen des Reklameschwindels, z. B. unwahre Angaben über die Menge der vorhandenen Vorräte (1000 Schlafröcke, wenn keine 100 vorhanden sind), über das Alter, die Ausdehnung, den Umfang des Geschäftes, über die Zahl der Filialen, über den Besitz von Anerkennungsschreiben ꝛc; bei Druckschriften und Zeitungen über die Verbreitung und Zahl der Auflage.

Dagegen fällt die Verwendung von Namen, welche nach dem Handelsgebrauch zur Benennung gewisser Waren dienen, ohne deren Herkunft bezeichnen zu sollen, nicht unter die Verbotsbestimmungen. Zeigt z. B. Jemand „Lübecker Marzipan“, „Wiener Wurst“, „Berliner Blau“, an, so ist das statthaft, selbst wenn die Sachen auch nicht aus Lübeck, Wien oder Berlin stammen, da jene Bezeichnungen weniger die Herkunft als die Art der Herstellung, nach Lübecker Art ꝛc ausdrücken sollen.

Im übrigen aber ist es gleichgiltig, ob die unlautere Reklame auf schriftlichem Wege, durch Annoncen, Zirkulare, Plakate, Kataloge, oder ob sie mündlich etwa durch Ausrufen, durch Reisende ꝛc gemacht wird.

Jeder, der geschädigt wird, auch ein Verband zur Förderung gewerblicher Interessen, kann im Wege einer einstweiligen Verfügung und Klage gegen den unlauteren Konkurrenten vorgehen. Zu klagen ist auf Unterlassung und Schadensersatz, wenn der Konkurrent wider besseres Wissen, also ehrlos gehandelt hat. Im letzteren Falle tritt auch Geldstrafe bis 1500 Mark, im Wiederholungsfalle Haft oder Gefängnis bis zu sechs Monaten ein.

2. Verboten ist die sogenannte Quantitätsverschleierung im Handel mit Garn, Bier, Stecknadeln, Posamenten, Chokolade, Zucker, Kerzen, Seife, Bleistiften ꝛc, hinsichtlich deren sich der Handlungsgehilfe, wenn er sie kennt, der Beihilfe schuldig machen kann. Die Quantitätsverschleierung liegt darin, daß der Kaufmann durch eine für die Abnehmer der Ware schwer bemerkbare Verkürzung des im Einzelverkaufe allgemein üblichen Maßverhältnisses den irreführenden Anschein einer besonderen Billigkeit erweckt. (§ 5 des Ges. v. 27. Mai 1896.)

Der Kleinhandel mit Strickgarn vollzieht sich z. B. im allgemeinen nach Gewicht, jedoch in der Weise, daß die abzugebende Menge nicht in jedem einzelnen Falle zugewogen, sondern in kleinen Bünden oder Strähnen, welche eine gewisse Gewichtsmenge darstellen sollen, bereitgehalten wird. Macht nun Jemand aus dem Pfunde statt, wie üblich, 10 Bünde, deren 12, 13 oder 14, so kann er diese Bünde, unter Verschleierung des Mindergewichtes, zu Preisen abgeben, die scheinbar günstiger sind, als die des reellen Kaufmanns.

Zur Bekämpfung solcher und ähnlicher Mißbräuche ist nun festgesetzt worden, daß durch Beschluß des Bundesrates bestimmt werden kann, daß Waren im Einzelverkehr nur in vorgeschriebenen Einheiten der Zahl, der Bünde und des Gewichts, oder mit einer auf der Ware oder ihrer Aufmachung anzubringenden Zahl, Länge oder Gewicht gewerbsmäßig verkauft oder feilgehalten werden.

Das Verbot trifft nicht Fabrikanten, Großhändler und Exporteure, denn es bezieht sich nur auf den Einzelverkehr zwischen Kleinhändler und Konsumenten. Zuwiderhandlungen werden mit Geldstrafe bis zu 150 Mark oder Haft bestraft.

Werden seitens des Prinzipals derartige strafbare Handlungen vorgenommen, so darf sich der Handlungsgehilfe in keiner Weise an denselben beteiligen, wenn er nicht als Mitthäter oder Gehilfe sich der Strafbarkeit aussetzen will. Dienstleistungen, welche mit solchem unlauteren Wettbewerb zusammenhängen, kann er berechtigter Weise zurückweisen.

3. Verboten ist die sogenannte Geschäftsverleumdung, deren sich ein Prinzipal oder Handlungsgehilfe schuldig macht,

der über das Erwerbsgeschäft eines Anderen, über die Person des Inhabers oder Leiters des Geschäfts, über die Waren oder gewerblichen Leistungen eines Anderen Behauptungen thatsächlicher Art aufstellt oder verbreitet, welche geeignet sind, den Erwerb des Geschäfts oder den Kredit des Inhabers zu schädigen, obwohl diese Behauptungen nicht erweislich wahr sind. Der Zweck der Bestimmung ist also, unwahre Behauptungen zu treffen (Ges. v. 27. Mai 1896 § 6), welche eine Kreditgefährdung herbeiführen können. Dieselben müssen natürlich zu Zwecken des eigenen oder des Wettbewerbs eines Dritten ausgesprochen oder verbreitet sein. Der Handlungsgehilfe kann sie zu Gunsten des unlauteren Wettbewerbs seines Prinzipals aufgestellt haben. Sind die Behauptungen aus anderen Gründen, z. B. um sich an Jemandem zu rächen, aufgestellt, so greifen die Bestimmungen des Gesetzes nicht ein.

Der Betrieb eines Geschäftes oder der Kredit des Inhabers müssen durch die Behauptungen Schaden erleiden können. Es kann Beides zugleich der Fall sein. Es kann aber auch der Betrieb eines Geschäftes geschädigt werden, ohne daß der Kredit des Geschäftsinhabers berührt wird. Behauptungen, wie eine Fabrik sei durch Feuer zerstört, eine Kohlengrube von eindringenden Wassermassen betroffen, die Herstellung oder der Vertrieb eines bestimmten Erzeugnisses habe eine Anklage oder eine Verurteilung wegen Patentverletzung hervorgerufen, ein Färber brauche giftige Stoffe, ein Konservenfabrikant bleihaltige Gefäße, werden in manchen Fällen den Kredit des betroffenen Geschäftes unberührt lassen, die bisherigen Abnehmer aber doch bestimmen, ihren Auftrag einem anderen Geschäft zuzuwenden (Motive zum Ges. vom 27. Mai 1896, S. 105).

Es genügt die Möglichkeit, daß das Geschäft oder der Kredit geschädigt werden kann. Es braucht also kein bestimmter Schaden nachgewiesen zu werden.

Wer in dieser Weise durch unlauteren Wettbewerb geschädigt wird, kann verlangen, daß die Wiederholung oder Verbreitung solcher Behauptungen unterbleibt. Ist ihm bereits ein Schaden entstanden, so kann er Schadensersatz fordern.

Nicht belangt kann derjenige, welcher die verletzenden Behauptungen aufgestellt oder verbreitet hat, werden, wenn er selbst oder der, dem er Mitteilung machte, an dieser Mitteilung ein berechtigtes Interesse hatte. Sie begründet dann keine Haftung, selbst wenn sie nicht als wahr erwiesen werden sollte. Dabei ist natürlich vorausgesetzt, daß die Behauptungen in gutem Glauben aufgestellt oder verbreitet worden sind. An wissentlich falschen Mitteilungen kann kein berechtigtes Interesse bestehen. Die Bestimmung ist namentlich getroffen, um die für die kaufmännischen Kreditgewährungen nützliche Einrichtung von Auskunftserteilung, mag diese Einrichtung von einzelnen Personen als besonderes Erwerbsgeschäft oder von kaufmännischen und gewerblichen Schutzvereinen zur Sicherung ihrer Mitglieder gegen Verluste betrieben werden (Auskunftsbureaus, Verband der Vereine Kreditreform, u. s. w.), zu schonen. (Motive S. 106.)

Werden unwahre Behauptungen wider besseres Wissen aufgestellt, so kann auf Geldstrafe von 3 Mark bis zu 1500 Mark oder Gefängnis von 1 Tag bis zu einem Jahr erkannt werden. Nebenbei bleibt selbstverständlich die Schadensersatzpflicht. Die unwahren Behauptungen brauchen, wenn sie wider besseres Wissen aufgestellt oder verbreitet werden, nicht zum Zwecke des Wettbewerbes zu dienen, um strafbar zu sein. Auch Behauptungen, die man wider besseres Wissen aufstellt, um Jemand zu ärgern, sich an ihm zu rächen u. s. w. sind strafbar. Betroffen muß von den Behauptungen der Geschäftsbetrieb sein, nicht der Kredit des Inhabers. Der letztere ist schon gegen Verleumdungen durch § 187 des Reichsstrafgesetzbuches geschützt, nach welchem die wider besseres Wissen erfolgte Kreditgefährdung durch Behauptung oder Verbreitung unwahrer Thatsachen mit Gefängnis nicht unter einem Monat, und bei mildernden Umständen mit Gefängnis von einem Tag ab, oder mit Geldstrafe von 3 Mark bis zu 900 Mark bestraft wird.

4. Verboten ist jede Täuschung bezüglich der Geschäftsbezeichnung, welche dann vorliegt, wenn Jemand im geschäftlichen Verkehr einen Namen, eine Firma oder die besondere Bezeichnung eines Erwerbsgeschäftes, eines gewerblichen Unternehmens oder einer Druckschrift in einer Weise benutzt, welche darauf berechnet und geeignet ist, Verwechselungen mit dem Namen der Firma oder der besonderen Bezeichnung hervorzurufen, deren sich ein Anderer befugter Weise bedient.

Die Täuschung muß im geschäftlichen Verkehr, also zu Zwecken des Wettbewerbes erfolgen. Im Publikum soll ein Irrtum erregt und dadurch die fremde Kundschaft angelockt werden.

Zu den besonderen Bezeichnungen eines Erwerbsgeschäftes gehören: „Goldene 110“, „Zum Kleiderengel“ u. s. w., nicht aber ganz allgemeine Bezeichnungen, wie z. B. „Kleiderbazar“.

Verboten ist es auch, zum Zwecke der Irreführung eine Person nur scheinbar zum Geschäftsinhaber zu machen, weil deren Name mit einem anderen berühmten Namen identisch ist. So wurde es der Firma F. Blüthner in Leipzig, zu welcher ein Arbeiter den Namen hergegeben hatte, und welche den Pianofortebau und -Handel betrieb verboten, „Blüthner-Flügel“ in Handel zu bringen und feilzubieten, weil dadurch eine Verwechselung mit dem bekannten Welthause Blüthner herbeigeführt werden konnte und sollte.

Der Verletzte kann Schadensersatz fordern und kann auch Anspruch auf Unterlassung der mißbräuchlichen Art der Benutzung erheben (Ges. vom 27. Mai 1896 § 8).

5. Verboten ist der Verrat von Geschäfts- oder Betriebsgeheimnissen, wozu der Kundenkreis eines Geschäftes, Liste der Bezugsquellen, Muster, Bilanz u. s. w. gehören, seitens eines Angestellten während der Geltungsdauer des Dienstverhältnisses.

Verboten ist desgleichen die Benutzung solcher Geheimnisse, die durch Verrat oder sonst eine gegen die guten Sitten verstoßende eigene Handlung des Benützenden erlangt worden sind.

Auch die Anstiftung zum Verrat solcher Geheimnisse ist selbstverständlich untersagt.

Ein Handlungsgehilfe in Berlin wurde z. B. verurteilt, weil er einem Konkurrenten seines Prinzipals die an sich wahre Mitteilung gemacht hatte, daß sein Dienstherr nicht mit eigenem, sondern ausschließlich nur fremdem Kapitale das Geschäft betreibe, und jeden Augenblick Gefahr laufe, daß ihm diese Betriebsmittel durch Kündigung der dargeliehenen Gelder entzogen würden. Kenntnis von diesem Umstande hatte der Handlungsgehilfe durch die ihm obliegende Führung der Geschäftsbücher und durch unbefugten Einblick in das Geheimbuch seines Prinzipals erlangt. Der Handlungsgehilfe hatte eingewandt, daß seine Angaben ja mehr die Person als das Geschäft des Prinzipals beträfen. Das Gericht ging darauf nicht ein. „Schutzfähig und schutzbedürftig,“ heißt es in dem Erkenntnis „ist jede Thatsache und Beziehung, die mit einem gewerblichen Unternehmen im Zusammenhang steht, sofern dessen Konkurrenten der Kenntnis derselben sich zum eigenen Vorteil, bez. zum Schaden des Verratenen bedienen könnten.“ (Entsch. des Berliner Kammergerichts.)

Ein Handlungsgehilfe, der sich etablieren wollte, und deshalb am 1. Juni für den 1. Juli vertragsmäßig kündigte, sandte am 9. Juni, also während er noch im Geschäft thätig war, an viele Kunden seines Prinzipals und andere Interessenten Zirkulare mit der Mitteilung, daß er sich etabliert habe und in der Lage sei, dieselben Waren, welche in dem Musterbuche seines Prinzipals verzeichnet seien, wegen weit geringerer Fabrikations- und Betriebsspesen auch weit billiger verkaufen zu können. Er hatte hierbei das Geheimnis des Geschäftes hinsichtlich der Herstellungskosten u. s. w. verraten und wurde zur Leistung eines Schadensersatzes von 500 Mark verurteilt (Entsch. des Kammergerichts Berlin).

Ein Kaufmann in Ulm bestach den Buchhalter einer anderen Handlung, damit er ihm nicht nur das Kundenverzeichnis, die Bezugsquellen der Maschinen, die Baupläne zu einer Neuanlage, sondern auch die tägliche laufende Korrespondenz und die Fakturen des Geschäfts zur Einsicht überließ. Der Kaufmann sowohl wie der ungetreue Buchhalter wurden mit mehrwöchiger Gefängnisstrafe belegt.

Nicht jede Mitteilung aus den Büchern des Prinzipals ist übrigens schon als ein Verrat eines Geschäftsgeheimnisses anzusehen. Das Reichsgericht hat in dieser Frage folgende Entscheidung in einem Prozesse gegen zwei Angestellte eines Geschäftes, die in einer Streikversammlung Mitteilungen über die außergeschäftlichen Ausgaben ihres Prinzipals gemacht hatten, gefällt:

„Es unterliegt keinem Bedenken, daß die kaufmännische Buchführung ihrem allgemeinen Charakter nach als Geschäftsgeheimnis gelten muß. Die Individualität eines Geschäfts findet ihren schärfsten Ausdruck in der Buchführung; geschäftliche Stellung und geschäftliches Ansehen hängen an den aus den Handelsbüchern zu entnehmenden Grundlagen und Ergebnissen der kaufmännischen Thätigkeit; eine Verletzung des Büchergeheimnisses greift in dasjenige ein, was der Handlung eigentümlich und der Geheimhaltung bedürftig ist. Der allgemeine Charakter des kaufmännischen Buchgeheimnisses kann nun zwar nicht dahin führen, daß jede in ein Handelsbuch eingetragene Einzelheit blos wegen dieser Eintragung geheim zu halten ist, es muß vielmehr die Frage geprüft werden, ob eine solche einzelne Eintragung ein Geschäftsgeheimnis enthält. Ein Jahresabschluß ist ein Geschäftsgeheimnis, und die Mitteilung des Jahresabschlusses, auch nur eines Teiles desselben, ist daher strafbar; dagegen haben die außergeschäftlichen Ausgaben des Geschäftsinhabers an sich nicht den Charakter eines Geschäftsgeheimnisses."

Der Prozeß endete in diesem Falle mit der Freisprechung der beiden Angeklagten. Es sind das nur ein paar Fälle, die wir hier angezogen haben. Dieselben können bei der Vielseitigkeit des Handelslebens außerordentlich mannigfaltig sein.

Übertretungen der Vorschrift werden mit Geldstrafe bis zu 3000 Mark oder Gefängnis bis zu einem Jahr bestraft. Auch ist Schadensersatz zu leisten. Mehrere haften als Gesamtschuldner. Die Anstiftung wird mit Geldstrafe bis zu 2000 Mark oder mit Gefängnis bis zu neun Monaten geahndet.

6. Die Ansprüche auf Unterlassung und Schadensersatz verjähren in sechs Monaten, von dem Zeitpunkte ab, wo der Berechtigte Kenntnis von der rechtswidrigen Handlung erhielt.

7. Die Strafverfolgung in allen genannten Fällen des unlauteren Wettbewerbes tritt nur auf Antrag ein, der rücknehmbar ist. Nur in Fällen der Quantitätsverschleierung wird von Amtswegen eingeschritten. Der Antrag ist bei der Staatsanwaltschaft einzureichen oder im Wege der Privatklage zu verfolgen, für welche die Schöffengerichte zuständig sind.

Die Staatsanwaltschaft erhebt die öffentliche Klage auf den gestellten Antrag hin nur, wenn dies im öffentlichen Intresse liegt. Zuständig zur Übernahme der Verfolgung ist die Staatsanwaltschaft beim Landgericht.

Die Frist für die Antragstellung und die Erhebung der Privatklage beträgt drei Monate und beginnt mit dem Tage, an welchem der Berechtigte von der Handlung und dem Thäter Kenntnis erlangt hat. Im Urteil kann auch die öffentliche Bekanntmachung angeordnet und neben der Strafe auf Verlangen des Verletzten auch noch auf eine an diesen zu erlegende Buße erkannt werden (§ 13 des Ges. vom 27. Mai 1896).

III.

Pflichten des Prinzipals und Rechte des Handlungsgehilfen.

§ 1. Zahlung des Gehaltes und Gewährung sonstiger ordnungsmäßiger Bezüge.

Auch bezüglich der Rechte des Handlungsgehilfen und Pflichten des Prinzipals sind in erster Linie die Abmachungen des Vertrages, soweit sie den gesetzlichen Bestimmungen nicht widersprechen, und, in Ermangelung von getroffenen Vereinbarungen, der Ortsgebrauch maßgebend. Fehlt es auch an einem Ortsgebrauche, so ist hinsichtlich der Vergütung eine den Umständen nach angemessene Vergütung zu leisten. Es gilt in dieser Beziehung dasselbe, was bereits von den Dienstleistungen der Handlungsgehilfen gesagt ist (H. G. B. § 59).

Die Bezüge des Handlungsgehilfen können bestehen:

a. in festem Gehalt,
b. in Tantieme am Reingewinn,
c. in Provision für gemachte Geschäfte,
d. in Gratifikation,
e. in Naturalbezügen.

Sie können natürlich auch in Verbindung miteinander gewährt werden.

a.

Gehalt (Salär).

Der Gehalt ist in der Regel am Schlusse jeden Monats zu zahlen. Es kann auch vereinbart werden, daß eine frühere Zahlung erfolgen soll, dagegen ist eine Vereinbarung, nach der die Zahlung des Gehaltes später als am Schlusse jeden Monats stattfindet, nach dem Gesetz nichtig (§ 64 des H. G. B.). Der Handlungsgehilfe soll gegen eine ungebührliche Verzögerung der Zahlung geschützt sein.

Eine Herabsetzung des vereinbarten Gehaltes braucht sich der Handlungsgehilfe nicht gefallen zu lassen. Will der Prinzipal den Gehalt herabsetzen, so kann er das nur in der Weise thun, daß er die zu beobachtende, gesetzliche oder vertragsmäßige Kündigungsfrist einhält und für den Zeitpunkt des Ablaufs dieser Frist die Minderung eintreten läßt, falls der Handlungsgehilfe nicht vorzieht, an diesem Zeitpunkte das Dienstverhältnis aufzulösen.

Es kann also ein Prinzipal dem Handlungsgehilfen am 15. Januar etwa mitteilen, daß er vom 1. April ab nur noch einen geringeren Gehalt zu geben in der Lage sei. Der Handlungsgehilfe kann dann am 1. April ausscheiden, oder er muß mit der Herabsetzung des Gehaltes zufrieden sein. Natürlich kann der Handlungsgehilfe auch schon für einen früheren Zeitpunkt in die Herabsetzung willigen, er muß es jedoch nicht thun.

Eine Erhöhung des vereinbarten Gehaltes kann von

Seiten des Handlungsgehilfen vom Prinzipal unter gleichen Bedingungen gefordert werden. Wird sie verweigert, so kann unter Beobachtung der Kündigungsfrist das Dienstverhältnis nur gelöst werden. Nur in dem Falle, wo eine Erhöhung des Salärs fest vereinbart ist, kann der Handlungsgehilfe den Prinzipal zu dieser Erhöhung zwingen. Nach einer Entscheidung des vormaligen Reichsoberhandelsgerichtes muß jedoch die Höhe der Zulage, der Zeitpunkt, ob und wann sie erfolgen soll und die etwaige Bedingung, unter der sie gewährt wird, klar und bestimmt festgelegt sein. Wird nur gesagt, daß mit der Zeit eine Aufbesserung eintreten werde, daß bei guten Erfolgen zugelegt werden solle, daß sich der Prinzipal hinsichtlich des Gehaltes anständig zeigen werde, und was dergleichen Redensarten mehr sind, so kann auf Grund dieser eine Erhöhung des Gehaltes nicht erzwungen werden.

Es liegt dann keine Verpflichtung, sondern nur die unverbindliche Eröffnung einer Aussicht vor.

b.
Tantieme vom Reingewinn.

Der Handlungsgehilfe, welcher statt des Gehaltes oder neben dem Gehalte eine Tantieme vom Reingewinn bezieht, wird commis intéressé genannt. Über den Begriff desselben haben wir schon unter I (S. 31) gesprochen. An dem Dienstverhältnis wird durch die Zusicherung einer Quote des Reingewinns nichts geändert. Der Dienstherr braucht sich keinen Widerspruch in seinen Unternehmungen seitens seines Kommis gefallen zu lassen und letzterer hat den Anordnungen des ersteren unbedingt Folge zu leisten. Der Kommis ist zwar befugt, vom Prinzipal am Schlusse des Geschäftsjahres behufs Ermittelung seiner Tantieme einen Nachweis des Reingewinns des vorausgegangenen Geschäftsjahres zu verlangen, allein er ist ebensowenig wie vorher berechtigt, gegen die allgemeine Leitung des Geschäftes oder die einzelnen Unternehmungen Monita zu erheben, weil er seine Tantieme gefährdet sieht. Der Handlungsgehilfe tritt durch den Tantiemenbezug nicht etwa in die Stellung eines stillen Gesellschafters. Er bleibt Angestellter. Die Bilanz muß ihm vorgelegt werden, da ihm nicht angesonnen werden kann, sich unbedingt und ohne jede eigene Prüfung bei dem Gewinnnachweise des Prinzipals zu beruhigen. Es müssen ihm die Bilanz und behufs deren Prüfung die Geschäftsbücher und

Papiere, sowie die Inventur aus dem betreffenden Zeitraume vorgelegt werden. Allein da ihm Ausstellungen wider die Geschäftsführung nicht zustehen, so kann sich die Prüfung der Richtigkeit der Bilanz nur auf deren Übereinstimmung mit den Büchern, auf Irrtümer, Unrichtigkeiten beschränken, die etwa auf Unredlichkeit oder grobem Verschulden beruhen. Zur Prüfung der Richtigkeit der Bilanz ist aber in der Regel nur ein Vergleichen und Nachrechnen mit den ordnungsmäßig geführten Handlungsbüchern und der Inventur erforderlich. Neben dem Einblick in die Bücher noch Beläge für die einzelnen Ansätze zu verlangen, ist der Handlungsgehilfe nicht berechtigt (Ensch. des R.O.H.G. I. 194—197. XVII. 276. 277).

Daß der Prinzipal keine Manipulationen vornehmen darf, in doloser Weise dem Handlungsgehilfen die Tantieme zu verkümmern, bedarf keiner weiteren Erwähnung.

Dagegen ist es notwendig, noch Einiges über die Art der Berechnung des Gewinnes und die Rechnungsperioden an dieser Stelle zu sagen.

Zunächst werden die Vereinbarungen maßgebend sein, welche zwischen den Beteiligten über die Zeitpunkte getroffen worden sind, an welchen eine Berechnung der Tantieme stattfinden soll. Dieser Zeitpunkt ist der maßgebende. Ist z. B. vierteljährlich oder halbjährlich die Tantieme fällig, und es ergiebt sich in einem Viertel- oder Halbjahr ein Gewinn, im nächsten aber ein Verlust, so partizipiert an dem Verluste der Handlungsgehilfe nicht. Es kann ihm also von der Tantieme des früheren, günstigeren Viertel- oder Halbjahres nichts wieder abgeschrieben werden.

Schwierigkeiten kann die Berechnung auch bereiten, wenn der Handlungsgehilfe, der Tantieme bezieht, während des Laufes des Geschäftsjahres abgeht. Ist vereinbart, daß viertel- oder halbjährliche Verrechnung der Tantieme erfolgen soll, so macht die Berechnung ja keine Schwierigkeiten, wohl aber, wenn die Verrechnung, was meistens der Fall sein wird, erst am Ende des Geschäftsjahres zu erfolgen hatte. Hier fragt es sich, ist dem Handlungsgehilfen auch für die Zeit, bis zu welcher er noch in Diensten stand, die Tantieme anteilig zu gewähren, oder kann man davon ausgehen, daß die Tantieme nur dann zu zahlen ist, wenn der Handlungsgehilfe am Ende des Geschäftsjahres noch im Dienstverhältnis zu dem Prinzipal steht? Eine bestimmte, für alle Fälle maßgebende Antwort, läßt sich auf diese Frage nicht geben. Sie wird in jedem einzelnen Falle besonders zu geben sein. Ist z. B. die Tantieme ohne weitere Nebenbestimmungen zugesichert, so wird sie als ein Teil der festen Bezüge anzusehen und daher anteilig zu gewähren sein. Ist sie als Entschädigung für die erhöhte Thätigkeit vereinbart, welche zu gewissen Zeitpunkten in dem betreffenden Geschäft an den Handlungsgehilfen herantritt, so ist sie nur dann zu gewähren, wenn er zu dieser Zeit noch im Geschäfte thätig war, und ist sie nur für den Fall zugebilligt, daß der Handlungsgehilfe das Geschäftsjahr bis zu Ende aushält, so kann sie ganz in Wegfall gebracht werden (Entsch. des R.O.H.G. XIX. 122).

c.

Provision.[1]

Wenn ein Handlungsgehilfe neben seinen sonstigen Bezügen, oder auch allein, für Geschäfte, die von ihm geschlossen oder vermittelt werden, laut Vereinbarung Provision erhält, so gelten insoweit für ihn die Bestimmungen, welche das Handelsgesetzbuch für die kaufmännischen Agenten aufgestellt hat. Ist über die Fälligkeit der Provision nichts vereinbart, so ist dieselbe erst nach Eingang der Zahlung als erworben anzusehen, soweit Verkaufsabschlüsse in Frage kommen. Soweit es sich nur um den Nachweis von Kunden handelt, ist die Provision mit diesem Nachweis als verdient anzusehen. Ist die Höhe der Provision nicht bestimmt, so ist die übliche Provision zu entrichten. Die Abrechnung findet, soweit nicht etwas Anderes vereinbart wurde, am Schlusse eines jeden Kalenderhalbjahres statt. (H.G.B. §§ 65. 88.)

Ist ein Geschäft vom Prinzipal nicht zur Ausführung gebracht, obwohl der Kunde zu etwaigen Bedenken nicht Anlaß giebt, so ist dem Handlungsgehilfen trotzdem die volle Provision zu zahlen.

Einem provisionsberechtigten Handlungsgehilfen ist bei der Abrechnung ein geordneter Bücherauszug vorzulegen, aus welchem sich ergiebt, welche Provisionen der Handlungsgehilfe zu fordern hat. (H.G.B. § 91.)

Die Bestimmungen werden namentlich bei Handlungsreisenden in Frage kommen. Auch die Provision darf natürlich nicht doloser, chikanöser Weise verkümmert werden.

---

[1] Laut Einführungsgesetz tritt der die Provision behandelnde § 65 des H.G.B.'s erst am 1. Januar 1900 in Kraft.

d.

Gratifikationen.

Gratifikationen können fest vereinbart werden, dann hat der Handlungsgehilfe einen Anspruch auf dieselben, oder sie können in einer freiwilligen Zuwendung, Schenkung bestehen, hinsichtlich deren eine Verpflichtung zu ihrer Gewährung nicht vorliegt. Beide Fälle kommen im Dienstverhältnis zwischen Prinzipal und Angestellten gleich häufig vor. Namentlich wird eine Neujahrs- oder Weihnachtsgratifikation, wohl auch eine bei Beendung der Inventur u. s. w. zugesichert. Notwendig ist, wenn der Handlungsgehilfe einen Anspruch auf die Gewährung der Gratifikation haben soll, daß dieselbe fest zugebilligt, der Zeitpunkt und die Höhe derselben auch festgesetzt ist, denn sonst wird es sich auch hier immer nur um die unverbindliche Eröffnung einer Aussicht auf eine Gratifikation handeln. Um den Anspruch auf die Gratifikation verfolgen zu können, ist notwendig, daß der Handlungsgehilfe auch zu dem Zeitpunkte, zu welchem dieselbe gewährt werden sollte, noch in dem Geschäft angestellt ist. Ist eine Weihnachtsgratifikation fest ausgemacht und der Handlungsgehilfe verläßt z. B. den 30. Juni die Stellung, so kann er nicht etwa vom Prinzipal die Auszahlung des Betrages des Weihnachtsgeschenkes zur Hälfte verlangen. Ist einem Handlungsgehilfen eine Gratifikation fest zugesichert, so kann ihm dieselbe nicht etwa vorenthalten werden, wenn er seine Stellung gekündigt hat und mit Neujahr aufgiebt. Auch kann die Schenkung, wenn sich die Gratifikation als solche erweist, nicht etwa widerrufen werden, wenn der Handlungsgehilfe kündigt oder sich sonst etwas gegen den Prinzipal zu Schulden kommen läßt. So urteilte das Berliner Kammergericht in einem Falle, wo der Handlungsgehilfe schon vier Tage nach Weihnachten austrat, um sich selbst zu etablieren. Wegen Undank kann die Schenkung nur in ganz bestimmten Fällen, welche zivilrechtlich festgesetzt sind, widerrufen werden. Nach dem deutschen Bürgerlichen Gesetzbuch kann der Widerruf erfolgen, „wenn der Beschenkte durch eine schwere Verfehlung gegen den Schenker oder einen nahen Angehörigen des Schenkers sich groben Undankes schuldig gemacht" hat (B. G. B. § 530).

e.

Naturalbezüge.

Hinsichtlich der Naturalbezüge, die beim Handlungsgehilfen seltener in Frage kommen, wie beim Handlungslehrling, da er weniger als dieser in die häusliche Gemeinschaft des Prinzipals aufgenommen wird, gilt das schon in der ersten Abteilung § 3 S. 10 ff. Gesagte. Wohnung und Kost muß so beschaffen sein, daß sie der Gesundheit des Handlungsgehilfen nicht nachteilig ist; die letztere muß kräftig und reichlich bemessen sein, und darf nicht in außergewöhnlichen Speisen bestehen, die nicht zur landläufigen Kost gerechnet werden können. Die Wohnung muß auch so beschaffen sein, daß Unsittlichkeiten nicht vorkommen können und der nötige Anstand gewahrt wird. Es hängt dies Alles mit der gleich noch weiter zu erörternden Fürsorgepflicht zusammen.

§ 2. Gewährung von Entgelt für die Überstunden.

Über die Verpflichtung zur Leistung von Überstunden haben wir bereits gesprochen. Es ist nun noch die Frage zu beantworten, ob für einzelne Überstunden seitens des Handlungsgehilfen, auch ohne daß eine diesbezügliche Vereinbarung vorliegt, eine Vergütung, ein Entgelt gefordert werden kann. Die Frage wird, soweit sich der Handlungsgehilfe nicht auf anderen Ortsgebrauch berufen kann, zu verneinen sein. Das Berliner Gewerbegericht hat zwar entschieden, daß der Angestellte, wenn ihm für geleistete Überstunden nicht etwa eine Weihnachtsgratifikation gewährt werde, seine Überstunden-Leistung besonders bezahlt verlangen könne, indessen ist dieses Urteil nicht einwandfrei und es kann nicht angeraten werden, sich auf dasselbe zu stützen.

§ 3. Gewährung der Bezüge bei unverschuldetem Unglück.

Wenn ein Handlungsgehilfe durch unverschuldetes Unglück an der Leistung der Dienste verhindert wird, so behält er seinen Anspruch auf Gehalt und Unterhalt, jedoch nicht über die Dauer von sechs Wochen hinaus (H.G.B. § 63 Abs. 1).

Diese Bestimmung unterscheidet sich von derjenigen des früheren Handelsgesetzbuches (Art. 60) dadurch, daß die Verhinderung nicht nur eine „zeitweise" sein darf, um zum Bezuge des Gehaltes und Unterhaltes zu berechtigen. Bislang erhielt wohl der Handlungsgehilfe, welcher nur „zeitweise" durch unverschuldetes Unglück an der Dienstleistung verhindert war, Gehalt und Unterhalt auf sechs Wochen fort, wer aber in eine andauernde

Krankheit verfiel, konnte sofort entlassen werden, ohne daß ihm seine Bezüge auf sechs Wochen weiter gewährt werden mußten. Das war ein unhaltbarer Zustand.

Das neue Handelsgesetzbuch sagt dagegen ausdrücklich, daß, wenn die sofortige Lösung des Dienstverhältnisses deshalb erfolgt, weil der Handlungsgehilfe durch unverschuldetes Unglück längere Zeit an der Verrichtung seiner Dienste verhindert ist, der Anspruch des Handlungsgehilfen auf Gehalt und Unterhalt während der Dauer von sechs Wochen nicht berührt wird (H. G. B. § 72 Abs. 2).

Wie auch nach bürgerlichem Recht (B. G. B. § 616) ist der Anspruch davon abhängig, daß ein unverschuldetes Unglück vorliegt und die Dienstverhinderung herbeigeführt hat.

Welches Unglück ist nun ein unverschuldetes? Das Handelsgesetzbuch giebt in dieser Beziehung keine Definition. Haase („Der Handlungsgehilfe und sein Chef") bezeichnet im allgemeinen als unverschuldetes Unglück „jedes, die Person des Handlungsgehilfen betreffende Ereignis, welches nach dem gewöhnlichen Lauf der Dinge nicht vorauszusehen war, und denselben an der Ausübung seiner Berufsthätigkeit hindert."

Dahin gehört natürlich in erster Linie die Erkrankung, welche nicht verschuldet und auch nicht nur unerheblicher Art ist. Es ist dabei stets festgehalten worden, daß vorübergehende Indispositionen, wie Heiserkeit, Husten und Schnupfen u. s. w., wenn sie nicht in hohem Grade auftreten, ein Fortbleiben des Gehilfen von der Arbeit nicht ohne weiteres rechtfertigen.

Zweifelhafter und schwieriger ist die Entscheidung der Frage, welche Krankheit als „unverschuldet" zu erachten ist, denn nur eine solche rechtfertigt den Anspruch des § 63. In diesem Punkte nehmen die Gerichte an, daß eine Erkrankung dann als unverschuldet gilt, wenn sie trotz normaler Lebensweise eingetreten ist. Dabei ist jedoch nicht jedes Vergnügen als Abweichung von normaler Lebensweise anzusehen, so z. B. wenn der Kommis sich beim Tanzen das Bein bricht, oder beim Rudern, Springen oder Turnen den Arm verstaucht. Dagegen werden Geschlechtskrankheiten, auch leichte, stets als verschuldet erachtet. Als Grund hierfür wird in einer Entscheidung des Reichsoberhandelsgerichts ausgeführt, daß der außereheliche Beischlaf, ob man in moralischer Hinsicht strenge oder milde denken mag, doch immer eine Extravaganz bleibe, deren Folgen der tragen muß, der sie sich gestattet. Dabei wird also präsumiert, daß auch bei einem erwachsenen Manne, der unverheiratet ist, ein zeitweiliger Geschlechtsgenuß schon als unzulässige Lebensweise anzusehen sei. Dem pflichten wir nicht bei. Wo bei einer außerehelichen Beiwohnung eine Krankheit entsteht, ohne daß dem Handlungsgehilfen ein ausschweifender, liederlicher Lebenswandel zur Last fällt, ohne daß er es dabei an der nötigen Vorsicht hat fehlen lassen, wird doch wohl von einem unverschuldeten Unglück gesprochen werden können, wenn trotzdem eine Krankheit aus der Beiwohnung entsteht. Indessen sind, wie gesagt, die Gerichte meist anderer Meinung.

Die **Einberufung zu einer militärischen Dienstleistung** ist nicht als unverschuldetes Unglück anzusehen (vgl. S. 85).

In neuester Zeit ist auch mehrfach die Frage, ob unverschuldete Untersuchungshaft des Handlungsgehilfen demselben den Anspruch auf Gehalt und sonstige Bezüge nimmt, verneinend entschieden worden, so daß der Prinzipal in diesem Falle Gehalt und sonstigen Bezug dem Handlungsgehilfen fortgewähren muß.

Was von der eigenen Erkrankung des Angestellten gilt, ist auch auf die Erkrankung der nächsten Angehörigen, etwa von Frau oder Kind zu erstrecken, so daß schwere Erkrankung dieser ebenfalls zeitweiliges Fernbleiben des Handlungsgehilfen entschuldigt.

Einem Handlungsgehilfen war sein Kind überfahren worden, und er blieb deshalb einige Tage fern von dem Geschäft. Für diese Tage wurde ihm der Gehalt gekürzt; auf die von ihm angestrengte Klage hin entschied das Gericht, daß der lebensgefährliche Unfall des Kindes recht wohl als unverschuldetes Unglück im Sinne des Handelsgesetzbuches anzusehen sei. Der Kläger könne aber, wenn seine Anwesenheit zum Zwecke der Pflege notwendig wäre, wohl zu Hause verweilen, die Weiterzahlung des Gehaltes seitens der Firma jedoch nur für die Zeit verlangen, in der nach ärztlicher Begutachtung Gefahr für das Leben des Kindes vorhanden war. Die etwa später noch notwendige Pflege hätte auch von einem Krankenpfleger oder irgend einem anderen Manne versehen werden können (L. G. Frankfurt a. M.).

Zieht eine Krankheit den Tod des Handlungsgehilfen nach sich, so sind alle Ansprüche erloschen. Die Erben können die Bezüge, dafern sie noch nicht auf sechs Wochen gewährt sein sollten, nicht bis zum Ablauf der sechsten Woche nachfordern.

Liegt eine Dienstverhinderung nicht wegen unverschuldeten Unglücks, sondern aus einem anderen vom Handlungsgehilfen nicht verschuldeten Grunde vor, so kommt § 616 des B. G. B. zur Anwendung: „Der zur Dienstleistung Verpflichtete wird des Anspruchs auf die Vergütung nicht dadurch verlustig, daß er für eine verhältnismäßig nicht erhebliche Zeit durch einen in seiner Person liegenden Grund ohne sein Verschulden an der Dienstleistung verhindert wird."

Nach dem Bürgerlichen Gesetzbuch (B. G. B. § 616) muß sich im Falle einer Krankheit oder eines Unfalles der Betroffene den Betrag anrechnen lassen, welcher ihm für die Zeit der Verhinderung aus einer auf Grund gesetzlicher Verpflichtung bestehenden Kranken- oder Unfallversicherung zukommt. Das ist bei dem Handlungsgehilfen nicht der Fall. Er bezieht Gehalt und Unterhalt auf sechs Wochen neben dem, was ihm aus einer Kranken- oder Unfallkasse etwa gewährt wird.

Eine Vereinbarung, welche dieser Vorschrift zuwiderläuft, ist nichtig.

§ 4. Ansprüche des Handlungsgehilfen beim Ausbruch des Konkurses.

Wenn über das Vermögen des Prinzipals der Konkurs ausbricht, so steht dem Handlungsgehilfen wegen seines rückständigen Gehaltes und sonstiger Bezüge für das letzte Jahr vor der Eröffnung des Konkursverfahrens oder dem Ableben des Gemeinschuldners ein Vorrecht zu, insofern er für seine Forderung an erster Stelle aus der Masse befriedigt wird. Voraussetzung ist, daß er fest angestellt ist, „sich zu dauerndem Dienste verdungen hat." (K. O. § 54 Nr. 1.) Vor der Konkurseröffnung entlassene Handlungsgehilfen haben das Vorrecht nicht mehr. (Entsch. des Kammergerichts zu Berlin.)

Die Ansprüche, welche dem Handlungsgehilfen vom Tage der Konkurseröffnung ab für die Zukunft noch erwachsen, Gehalt und sonstige Bezüge bis zur Auflösung des Dienstverhältnisses, sind als Masseschuld zu berücksichtigen und werden vom Konkursverwalter vorweg aus der Masse berichtigt. Die letzteren Ansprüche brauchen daher auch nicht zur Konkurstabelle angemeldet zu werden, wohl aber die ersteren, welche ausdrücklich „mit Vorrecht" angemeldet werden müssen, da das Vorrecht sonst nicht gewährt wird. (K. O. § 127.) Alle anderen Ansprüche des Handlungsgehilfen sind gewöhnliche Konkursforderungen.

Eine besondere Frage ist es, welche Ansprüche dem Handlungsgehilfen zustehen, welcher auf Lebenszeit engagiert war. Die Frage ist durch Urteil des hanseatischen Oberlandesgerichtes Hamburg, zweiten Zivilsenates, vom 2. Dezember 1891 entschieden worden. Eine Bremer Firma, die in Konkurs geriet, hatte einen Handlungsgehilfen auf Lebenszeit engagiert. Der Verwalter kündigte ihm und zahlte Gehalt bis zum Tage der Beendigung des Dienstverhältnisses mit Rücksicht auf die Kündigung. Damit war der Handlungsgehilfe nicht zufrieden. Er forderte 60560 Mark, um sich dafür eine Leibrente von 8000 Mark pro Jahr kaufen zu können. Der Prozeß fiel zu Gunsten des Handlungsgehilfen aus.

Ebenso wie das bisher bei Mietsverträgen der Fall gewesen ist, so wurde für Dienstverträge anerkannt, daß das in der Konkursordnung festgesetzte Recht des Verwalters, solche laufende Verträge zu kündigen, nicht den Sinn habe, den anderen Teil seiner Forderung zu berauben. Die Bedeutung des Kündigungsrechts sei die, daß nicht der Andere seinerseits sagen könne, das Verhältnis sei durch den Konkurs aufgehoben, sondern daß vielmehr der Verwalter sich darüber entscheiden könne. Hebe er den Vertrag auf, so habe der andere Teil dieselbe Entschädigung zu beanspruchen, wie außerhalb des Konkurses — sie stehe ihm aber eben nur als gewöhnliche (nicht etwa, wie die Forderung auf rückständiges Salair, privilegierte) Konkursforderung zu.

§ 5. Verjährung der Ansprüche des Handlungsgehilfen.

Das Handelsgesetzbuch enthält keine Vorschriften über die Verjährung der Ansprüche des Handlungsgehilfen auf Gehalt und sonstige Bezüge. Es kommen also bezüglich der Verjährung die Vorschriften des bürgerlichen Rechtes zur Anwendung, die jetzt sehr verschiedenartige sind.

Die Verjährungfrist der Forderungen der Handlungsgehilfen an den Prinzipal beträgt bislang in

1. Preußen, 4 Jahre; 2. Sachsen, 3 Jahre; 3. Bayern, 3 Jahre; 4. Württemberg, 3 Jahre; 5. Mecklenburg, 3 Jahre; 6. Oldenburg, 5 Jahre; 7. Großherzogtum Hessen, 1 Jahr; 8. Baden, 6 Monate; 9. Anhalt-Bernburg und Dessau, 3 Jahre; 10. Braunschweig, 2 Jahre; 11. Lippe-Detmold, 4 Jahre; 12. Lippe-

Schaumburg, 3 Jahre; 13. Reuß ältere und jüngere Linie, 3 Jahre; 14. Sachsen-Koburg-Gotha, 3 Jahre; 15. Sachsen-Meiningen, 3 Jahre; 16. Sachsen-Altenburg, 3 Jahre; 17. Sachsen-Weimar, 4 Jahre; 18. Schwarzburg-Rudolstadt, 3 Jahre; 19. Schwarzburg-Sondershausen, 4 Jahre; 20. Waldeck, 4 Jahre; 21. Bremen, 3 Jahre; 22. Hamburg, 2 Jahre; 23. Lübeck, 2 Jahre.

In denjenigen Provinzen vorgenannter Staaten, wo noch das französische Recht gilt (z. B. Hessen, linksrheinisch, Rheinbayern, Rheinprovinz und Westfalen u. s. w.), gilt überall die sechsmonatige Verjährungsfrist des Code Civil wie in Baden.

Nach dem neuen Bürgerlichen Gesetzbuch beträgt die Frist einheitlich 2 Jahre. (B. G. B. § 196.)

Die Frist beginnt vom Ende des Jahres an zu laufen, in welchem die Forderung entstanden ist.

Unterbrochen wird die Verjährung nicht durch einfache Mahnung. Es muß vielmehr das Mahnverfahren eingeleitet (Zahlungsbefehl) oder Klage erhoben werden. Unterbrochen wird die Verjährung auch durch ein ausdrücklich erteiltes Anerkenntnis der Schuld. Es läuft von dem Zeitpunkte dieser Anerkennung die Frist von neuem. Als ein solches Anerkenntnis sind nach dem Bürgerlichen Gesetzbuch auch Abschlagszahlungen, Zinszahlungen, Sicherheitsleistungen u. s. w. zu betrachten. (B. G. B. § 208.)

§ 6. Die Fürsorgepflicht des Prinzipals.

Hinsichtlich der Fürsorgepflicht des Prinzipals gegenüber seinen Handlungsgehilfen gilt dasselbe, was wir bereits von dieser Pflicht dem Lehrling gegenüber gesagt haben (siehe S. 10 § 3).

Erfüllt der Prinzipal diese Forderungen nicht, so finden auf seine Verpflichtung zum Schadensersatze die für unerlaubte Handlungen geltenden Vorschriften der §§ 842 bis 846 des Bürgerlichen Gesetzbuches entsprechende ergänzende Anwendung.

Er hat demnach alle Nachteile zu ersetzen, welche für den Erwerb oder das Fortkommen des Verletzten erwachsen. Tritt Verletzung des Körpers oder der Gesundheit ein, so ist durch eine Geldrente der Verletzte sicher zu stellen. Er kann aber auch, wenn dazu ein wichtiger Grund vorliegt, die Auszahlung eines Kapitales verlangen, z. B. wenn die Verhältnisse des Schadensersatzpflichtigen unsicher sind u. s. w. Im Falle der Tötung hat der Prinzipal die Beerdigungskosten zu tragen und diejenigen schadlos zu halten, welche Unterhalt von dem Getöteten gesetzlicher Weise bezogen. Diese Schadloshaltung muß auf die Zeit der mutmaßlichen Lebensdauer des Getöteten ebenfalls durch eine Geldrente gewährt werden.

Um dem Übelstande zu begegnen, daß Verträge geschlossen werden, welche die Ersatzpflicht ausschließen, ist schließlich noch bestimmt, daß alle diese Verpflichtungen des Prinzipals nicht im voraus durch Vertrag aufgehoben oder beschränkt werden können. Hinsichtlich der Sonntagsruhe gilt auch beim Handlungsgehilfen das S. 11 ff. Gesagte.

§ 7. Die Versicherung gegen Krankheit, Alter und Invalidität.

Gegen Krankheit sind Handlungsgehilfen von Gesetzeswegen nur versichert, wenn ihnen nicht im Erkrankungsfalle vom Prinzipal auf 6 Wochen Gehalt und sonstige Bezüge, bezw. Unterhalt fortgewährt werden, dieser Anspruch des Gehilfen, der im Gesetz vorgeschrieben, vielmehr vertragsmäßig ausgeschlossen ist. Handlungsgehilfen, welche mehr als 2000 Mark Gehalt pro Jahr beziehen, sind ebenfalls von der Versicherung befreit.

Durch Ortsstatut können nun aber auch diejenigen Handlungsgehilfen, welche hiernach nicht versicherungspflichtig sind, dem Versicherungszwange unterworfen werden (§ 1 Ziffer 5 des Gesetzes), dafern der Jahresgehalt 2000 Mark nicht übersteigt. Davon haben viele Ortschaften Gebrauch gemacht, weil auch nach dem neuen Handelsgesetzbuch der Fall möglich ist, daß ein Handlungsgehilfe im Krankheitsfalle ohne Unterstützung dasteht, nämlich dann wenn ein verschuldetes Unglück vorliegt. In diesem Falle fällt die Fortzahlung des Gehaltes auf 6 Wochen weg, ohne daß eine Versicherungspflicht des Gehilfen nach dem Gesetze vorgelegen hätte. Aber auch da, wo in Folge von Kündigung oder sofortiger Entlassung das Dienstverhältnis vor Ablauf der 6 Wochen erlischt, fehlt es dem Gehilfen an jedweder Unterstützung im Krankheitsfalle. Zudem dauern die Krankheiten oft über 6 Wochen an, so daß der Gehilfe leicht in eine Notlage geraten kann, wenn er keiner Krankenkasse angehört, die ihm 13 Wochen, ja vielfach 26 Wochen, bis zu einem vollen Jahre freie ärztliche Behandlung, Arznei und Krankengeld gewährt. Wo aus diesen Erwägungen die Versicherungspflicht auf alle Handlungsgehilfen auszudehnen ist (desgl. Handlungslehrlinge, vergl. S. 19), kann sich der Handlungsgehilfe nur von dem Beitritt zu der betreffenden Ortskrankenkasse befreien, wenn er einer genehmigten freien Hilfskasse beitritt, welche alle gesetzlich vorgeschriebenen Leistungen gewährt, also nicht etwa nur eine sogenannte „Zuschußkasse" sein darf. Als freie Hilfskassen, welche vom Versicherungszwang befreien, seien die Krankenkassen des Vereins für Handlungskommis vom Jahre 1858 und des Verbandes deutscher Handlungsgehilfen genannt.

Gegen Invalidität und Alter sind die Handlungsgehilfen, soweit ihr Gehalt nicht 2000 Mark übersteigt, ebenfalls versichert. Es gilt auch hier das bereits S. 18 Gesagte.

§ 8. Die Haftpflicht des Prinzipals für Handlungen seiner Angestellten.

Das Handelsgesetzbuch enthält keine Vorschriften über die Haftung des Prinzipals für seine Gehilfen. Diese Haftung bestimmt sich sonach nach dem Bürgerlichen Gesetzbuch. Bei Erfüllung seiner Verbindlichkeiten hat hiernach der Prinzipal den Gläubigern für das Verschulden seiner Gehilfen in gleichem Umfange wie für sein eigenes Verschulden einzustehen (§ 278 des B. G. B.), wogegen er für den von seinen Angestellten in Ausführung ihrer Verrichtungen einem Dritten zugefügten Schaden nur insoweit verantwortlich ist, als er nicht nachweislich bei der Auswahl der Gehilfen und der Leitung ihrer Verrichtungen die erforderlich Sorgfalt angewendet hat (§ 831 des B. G. B.).

Der Prinzipal hat seinen Kunden aus einem abgeschlossenen Vertrage volle Befriedigung zu gewähren, und wenn die Leistung durch das Verschulden seines Angestellten unterblieben ist, oder sich verzögert, so wird er dem Kunden trotzdem schadensersatzpflichtig, und es bleibt ihm nichts übrig als Regreß an den Angestellten zu ergreifen. Anders wenn nicht die Erfüllung von Verbindlichkeiten des Prinzipals in Frage steht, sondern nur bei Gelegenheit der Erfüllung solcher Seitens des Angestellten ein Schaden verursacht wurde. In diesem Falle ist der Prinzipal von der Ersatzpflicht befreit, „wenn er bei Auswahl der angestellten Person und, sofern er Vorrichtungen oder Gerätschaften zu beschaffen oder die Ausführung der Verrichtung zu leiten hat, bei der Beschaffung oder der Leitung die im Verkehr erforderliche Sorgfalt beobachtet hat, oder wenn der Schaden auch bei Anwendung dieser Sorgfalt entstanden sein würde" (Vergl. Denkschrift z. Reichstagsvorl. S. 59).

Natürlich ist die Haftung auch dann ausgeschlossen, wenn den Geschädigten selbst ein Verschulden trifft. So wurde ein Geschäftsinhaber nicht für haftpflichtig erklärt, dessen Verkäufer von einem Käufer einen Tausendmarkschein eingehändigt bekam und der mit demselben, unter dem Vorgeben, ihn wechseln zu lassen, das Weite suchte. Das Gericht maß hier dem Käufer ein Verschulden bei. „Betraut Jemand bei seinen Einkäufen einen sonst zum Inkasso berechtigten Handlungsgehilfen mit einer Geldsumme, deren Höhe nicht im Verhältnis des Vertrauens steht, welches das Geschäft mit sich bringt, so haftet der Geschäftsinhaber nicht. Anders liegt es nur, wenn der Prinzipal selbst dem Defraudanten vorher ähnliche Beträge anvertraut hat, denn dann ist Ersterer auch für das Vertrauen Dritter haftbar, dann ist dieses Vertrauen mit der Stellung verbunden."

Was die Verantwortung des Prinzipals bei Übertretungen von gesetzlichen Vorschriften, welche für den Geschäftsbetrieb gegeben sind, anlangt, so ist derselbe keineswegs ohne weiteres für diese Übertretungen haftbar. Arbeiten z. B. Angestellte Sonntags ohne Wissen des Prinzipals und wird dadurch die Sonntagsruhe verletzt, so kann der Prinzipal nicht in Strafe genommen werden.

Da nach H. G. B. § 56 die in einem Laden oder in einem offenen Warenlager Angestellten als ermächtigt gelten zu Verkäufen und Empfangnahmen, die in einem derartigen Laden oder Warenlager gewöhnlich geschehen, insbesondere also zur Einziehung von Verkaufspreis-Geldern, so muß der Prinzipal alle derartigen Handlungen des Gehilfen für sich gelten lassen.

IV.

Die Beendigung des Dienstverhältnisses.

A.

Die ordnungsmäßige Beendigung.

1.

Tod des Prinzipals oder Handlungsgehilfen.

a. Tod des Handlungsgehilfen.

Naturgemäß erlischt der Dienstvertrag durch den Tod des Handlungsgehilfen und der Prinzipal kann aus dem Vertrage gegen die Erben keine Ansprüche mehr herleiten, soweit es sich nicht um solche handelt, die bereits zu Lebzeiten des Handlungsgehilfen entstanden sind. Er kann keinen Schädenanspruch geltend machen, weil er etwa in Folge des Todes des Gehilfen eine teuerere Kraft engagieren muß, er kann aber beanspruchen, daß ihm aus dem Nachlaß des Gehilfen ein diesem etwa gewährter Gehaltsvorschuß zurückerstattet werde.

Dem Prinzipal gegenüber können die Erben den Gehaltsanspruch und Anspruch auf sonstige Bezüge nur bis zum Tage des Todes erheben.

b. Tod des Prinzipals.

Beim Tode des Prinzipals erlischt das Dienstverhältnis nicht ohne weiteres. Das Gesetz hat nicht wie beim Lehrling eine Frist festgesetzt, innerhalb welcher der Vertrag aufgehoben werden kann. Der Tod des Prinzipals hat im allgemeinen also keinen Einfluß auf den Fortbestand der Stellung des Gehilfen. In großen Häusern, wo der Chef sich ohnehin wenig um die einzelnen Zweige des Geschäftes kümmert, wo der Handlungsgehilfe denselben überhaupt selten zu Gesicht bekommt, ist dies, wie Haase sehr richtig ausführt, ganz zweifellos, da der Engagierte gewissermaßen dem „Geschäfte“ ohne Rücksicht auf die Person seine Dienste gewidmet hat. Freilich kann die Sachlage auch eine solche sein, daß ein Handlungsgehilfe, namentlich, wenn er der einzige des Chefs war, lediglich mit Rücksicht auf die Person des Prinzipals, oder auf Grund irgendwelcher persönlicher Verhältnisse, die ihn mit demselben verbanden (Verwandtschaft), die Stellung im Geschäfte angenommen hat. Ist dies nachweislich der Fall oder tritt der Umstand ein, daß unter dem neuen Chef eine ganz andere Art der Beschäftigung ihm zugemutet wird, dann braucht er allerdings nicht unter ihm ganz unbekannten Erben oder unter dem neuen Erwerber des Geschäfts, gegen dessen Person ihm gewichtige Bedenken zustehen, seine Stellung fortzusetzen, sondern kann wegen dieser „veränderten Umstände“ sofortige Aufhebung derselben beanspruchen. Natürlich ist auch hier alles Thatfrage, und es kommt immer auf die Lage des einzelnen Falles an, sodaß auch die darüber ergangenen Entscheidungen des Reichs-Oberhandelsgerichts je nach der Lage der einzelnen Sache zu verschiedenen Resultaten gelangten (vgl. Haase a. a. O. S. 31).

2.
Kündigung.

Eine Kündigung kann von Seiten des Prinzipals oder Angestellten erfolgen, ohne daß es dazu der Angabe von Gründen bedürfte. Vom Kündigungsrecht kann Prinzipal oder Angestellter jeder Zeit, ganz nach seinem Belieben, soweit es Gesetz und Vertrag zuläßt, Gebrauch machen. Eine Frage ist es, ob bei sogenannten „Lebensstellungen" eine Kündigung erfolgen kann. Hier kommt es zunächst darauf an, ob ein wirklich festes Engagement auf Lebenszeit vorliegt. Dies muß aus den Abmachungen klar und deutlich hervorgehen. Ausdrücke wie „Sie können bei mir auf eine Lebensstellung rechnen", oder „Sie finden Lebensstellung bei mir, sofern unser Verhältnis sich zu einem gedeihlichen gestaltet" u. s. w., sind nichts als die unverbindliche Eröffnung einer Aussicht seitens des Prinzipals, keineswegs aber eine Abmachung, aus der nun wirklich Rechte abgeleitet werden könnten. Liegt nur eine solche Eröffnung einer Aussicht vor, so ist der Chef durch nichts gehindert, eine Kündigung eintreten zu lassen. Dagegen wird er dem Handlungsgehilfen haftpflichtig, wenn er ihm kündigt oder ihn entläßt, obwohl er ihn fest auf Lebenszeit engagierte.

§ 1. Form der Kündigung.

Eine Form ist für die Kündigung im Gesetz nicht vorgeschrieben. Es kann also mündlich oder schriftlich gekündigt werden. Auch durch einen Bevollmächtigten ist die Kündigung zulässig. Die Kündigung muß klar und deutlich aussprechen, daß auf Grund Gesetzes oder des Vertrages das Dienstverhältnis gelöst werden soll.

Voraussetzung einer giltigen Kündigung des Prinzipals gegen den Handlungsgehilfen ist die Unbedingtheit der Willenserklärung. Eine Unsicherheit in derselben zieht auf Seiten des Dienstleistenden die wichtige, praktische Folge nach sich, daß er in Ungewißheit darüber bleibt, ob er Veranstaltungen wegen Eingehung eines anderweiten Engagements u. s. w. zu treffen hat, während der Prinzipal sich die Möglichkeit sichert, den Vertrag beim Herannahen des gesetzlichen Termins, je nach seinem Vorteil, als gelöst oder fortdauernd ansehen zu dürfen. Ein derartiges zweideutiges Verhalten des Prinzipals verstößt gegen die den Handelsvertrag beherrschenden, ganz besonders auch im Verhältnisse zwischen Prinzipal und Handlungsgehilfen sich geltend machenden Anforderungen von Treue und Glauben und kann deshalb keinen Anspruch auf rechtliche Anerkennung erheben (R. O. H. G. IV. 341—343).

Es sind daher Vorhalte und Rügen: „Wenn Sie sich nicht bessern, können Sie sich nach einer anderen Stelle umsehen", oder: „Es wäre mir lieber, Sie gingen Ihrer Wege", oder: „Wenn Sie mit mir nicht zufrieden sind, kann ich ja gehen" u. s. w. nicht ohne weiteres als eine Kündigung aufzufassen. Es ist vielmehr notwendig, daß sich die Parteien in diesem Falle darüber aussprechen, ob diese Worte als eine Kündigung von ihnen aufgefaßt werden sollen.

Die Kündigung ist eine einseitige Willenserklärung, die einer Genehmigung oder Annahmeerklärung des anderen Teiles nicht bedarf, wohl aber rechtzeitig zur Kenntnis dieses anderen Theiles gelangt sein muß. So lange der Kündigende nur seinen Entschluß zu kündigen offenbart hat, ist noch keine Kündigung vorhanden. Dies ist erst dann der Fall, wenn die Erklärung dem Gekündigten zugegangen ist.

Die Kündigung an Abwesende kann oft mit großen Schwierigkeiten verknüpft sein, insofern es sich nicht ermöglichen läßt, dem Abwesenden dieselbe noch rechtzeitig zuzufertigen. Nicht der Tag, an welchem die Kündigung abgesandt wird, sondern der Tag, an welchem sie beim Gekündigten eintrifft, ist maßgebend. An dem festgesetzten Tage muß er sie empfangen haben. Ist er abwesend, und der Kündigungsbrief ist vom Postboten der Ehefrau, einem Haus- oder Geschäftsbeamten, einem erwachsenen Familienmitglied übergeben oder in den Briefkasten an der Wohnung von ihm eingelegt werden, so gilt dies als Empfangnahme, wenn die Kündigung auch erst später in die Hände des Gekündigten gelangt (Postordung für das Deutsche Reich § 34 III. IV., Telegraphenordnung § 24 IV). Nun kann aber auch der Fall eintreffen, daß der Gekündigte den Brief nicht angenommen, sondern zurückgewiesen hat. Niemand ist zur Annahme von Briefen verpflichtet, mögen es einfache oder auch „eingeschriebene" sein. In diesem Falle besteht dann die Kündigung ebenfalls nicht zu recht. Ganz sicher kann man nur gehen, wenn man mündlich vor Zeugen kündigt, oder die Kündigung rechtzeitig durch den Gerichtsvollzieher zustellen läßt. Die Zustellung erfolgt in diesem Falle nach § 165 bis 174 der Civilprozeßordnung. Danach kann, wenn der Adressat in der Wohnung nicht angetroffen wird, die Zustellung an einen zur Familie gehörigen, erwachsenen Hausgenossen oder an eine in der Familie dienende, erwachsene Person oder an den Hauswirt erfolgen. Wird die Annahme den Zustellung verweigert, so ist das zu übergebende Schriftstück am Orte der Zustellung zurückzulassen, was der wirklichen Aushändigung gleichsteht.

Übrigens hat das Reichsoberhandelsgericht in einer Entscheidung ausgesprochen, daß die Kündigung dann gegen den Gekündigten gilt, wenn dieser selbst daran Schuld ist, daß er die Kündigung nicht empfangen, oder wohl gar absichtlich die Zustellung derselben vereitelt hat. Diese Ansicht wird nicht allgemein geteilt.

Über den Ort der Kündigung giebt es keine Vorschriften. Sie kann überall da erfolgen, wo sie nur zu Gehör der Partei, der gekündigt werden soll, kommt, also auch auf der Straße, der Hausflur, ja, wie in einem Falle entschieden wurde, auch auf dem Pissoir.

§ 2. Zeit der Kündigung (Kündigungstermine).

a. Gesetzliche Kündigung.

„Das Dienstverhältnis zwischen dem Prinzipal und dem Handlungsgehilfen kann, wenn es für unbestimmte Zeit eingegangen ist, von jedem Teile für den Schluß eines Kalendervierteljahres, unter Einhaltung einer Kündigungsfrist von sechs Wochen, gekündigt werden.“ (H.G.B. § 66.)

Die Kündigung kann also nur für den 31. März, 30. Juni, 30. September und 31. Dezember ausgesprochen werden, wenn nicht etwas Gegenteiliges besonders vereinbart worden ist. An dem betreffenden Tage erlischt das Verhältnis mit der Stunde, zu welcher das Geschäft gewöhnlich geschlossen zu werden pflegt. Vom Gesetz ist eine bestimmte Stunde nicht vorgeschrieben.

Sechs Wochen vor diesen Tagen muß die Kündigung an den Gekündigten gelangt sein. Diese sechs Wochen sind mit 42 Tagen zu berechnen, so daß die Kündigung nicht etwa, wie vielfach angenommen wird, am 15. Februar, 15. Mai, 15. August und 15. November, sondern am

17. Februar (Schaltjahr 18. Februar), 19. Mai, 19. August und 19. November

spätestens rechtzeitig zu erfolgen hat. Bis zum Ablauf dieses Tages ist die Kündigung zulässig, nicht etwa nur bis zum Ablauf der Geschäftszeit an diesem Tage. Auch nach Geschäftsschluß kann die Kündigungsfrist rechtswirksam ausgesprochen werden.

Das sind die gesetzlichen Termine der Kündigung.

b. Vertragsmäßige Kündigung.

Nun können aber auch vom Gesetz abweichende Kündigungsfristen vereinbart werden. „Wird durch Vertrag eine kürzere oder längere Kündigungsfrist bedungen, so muß sie für beide Teile gleich sein; sie darf nicht weniger als einen Monat betragen, und kann nur für den Schluß eines Kalendermonats zugelassen werden." (H.G.B. § 67 Abs. 1 u. 2.) Damit sind die wöchentlichen oder vierzehntägigen Kündigungen oder Vereinbarungen, wonach jeder Zeit für sofort gekündigt werden kann, aufgehoben. Nur für den Letzten des Monats ist die Kündigung zulässig und ihre Frist muß eine monatliche sein, also 30 Tage umfassen.

Alle Vereinbarungen, die diesen Vorschriften zuwider getroffen werden, sind nichtig (H.G.B. § 67 Abs. 4).

Gekündigt kann immer an einem früheren Termine werden, niemals aber zu spät. Eine verspätete Kündigung gilt für den nächsten zulässigen Termin und braucht nicht wiederholt zu werden.

§ 3. Ausnahmen, insbes. bei Aushilfestellungen.

Keine Anwendung sollen die Vorschriften über die Kündigung unter b erleiden, wenn der Handlungsgehilfe mindestens 5000 Mark jährlich bezieht, oder für eine außereuropäische Handelsniederlassung angenommen ist, und nach dem Vertrage vom Prinzipal für den Fall, daß derselbe das Dienstverhältnis kündigt, die Kosten der Rückreise zu beanspruchen hat.

Die oben in § 2b geschilderte Beschränkung der Vertragsfreiheit soll aber auch dann nicht eintreten, wenn es sich um Aushilfe-Engagements handelt.

„Wird ein Handlungsgehilfe nur zu vorübergehender Aushilfe angenommen, so finden die Vorschriften des § 67 keine Anwendung, es sei denn, daß das Dienstverhältnis über die Zeit von drei Monaten hinaus fortgesetzt wird. Die Kündigung muß jedoch auch in einem solchen Falle für beide Teile gleich sein."

Soweit es sich um bloße Aushilfestellen handelt, erfordert es das Interesse beider Beteiligten, daß der Vertragsfreiheit hinsichtlich der Kündigung keine Schranke gesetzt wird, denn erfahrungsgemäß werden Aushilfestellen nicht so gut bezahlt wie andere, während der Prinzipal seinerseits auch wieder in der Auswahl derer, die er nur zur Aushilfe anstellt, nicht so peinlich wie sonst zu verfahren pflegt. Von dem Grundsatze der Gerechtigkeit aus muß aber auch bei Aushilfestellungen die Kündigungsfrist immer für beide Teile gleich sein.

Bei Aushilfestellungen und bei Probeengagements, von denen noch unter 4 S. 69 die Rede sein wird, ist demnach eine wöchentliche, vierzehntägige oder monatliche, ja tägliche Kündigung zulässig, bei Aushilfestellungen nur, wenn das Verhältnis nicht über drei Monate dauert.

Wer über drei Monate sich in einer Aushilfestellung befindet, soll die vollen Rechte eines fest angestellten Handlungsgehilfen hinsichtlich der Kündigung genießen.

Wenn nun bei Aushilfe- oder Probeengagements eine wöchentliche oder monatliche Frist zur Kündigung vereinbart ist, wie ist es dann mit dem Kündigungstermine? Kann die Kündigung an jedem Tage für jeden Tag erfolgen, oder kann nur für das Ende einer Woche oder eines Monats in solchem Falle die Kündigung ausgesprochen werden? Da der Gesetzgeber darüber keine Vorschriften gegeben hat, wird es sich fragen, wie es nach Handelsbrauch in den einzelnen Handelskammerbezirken zu halten ist. Demnach kann die Kündigung, in Ermangelung anderer Vereinbarungen, jeden Tag für jeden Tag, also bei wöchentlicher Kündigung am Dienstag für den nächsten Dienstag, bei monatlicher Kündigung am 20. Januar für 20. Februar u. s. w. erfolgen, in den Handelskammerbezirken von Aachen, Augsburg, Barmen, Bochum, Braunschweig, Breslau, Crefeld, Dessau, Dortmund, Düsseldorf, Essen, Freiburg i. Br., Gera, Görlitz, Göttingen, Greiz, Hagen, Hamburg, Hildesheim, Insterburg, Kiel, Köln, Königsberg, Konstanz, Leipzig, Ludwigshafen, Lübeck, Meiningen, Memel, Metz, München, München-Gladbach, Münster i. W., Nürnberg, Offenbach, Osnabrück, Passau, Pforzheim, Posen, Sagan, Schweidnitz, Solingen, Swinemünde, Wesel, Worms und Würzburg.

Wo sich in diesen Bezirken ein bestimmter Handelsbrauch nicht feststellen läßt, gilt die Kündigung an jedem beliebigen Tage, schon weil gesetzlich nichts Anderes vorgeschrieben ist.

In Altona kann bei monatlicher Kündigung zum 1. oder 15., bei wöchentlicher zu jedem Tage gekündigt werden. In Berlin, Bielefeld, Cassel, Colmar, Darmstadt, Frankfurt a/M., Halberstadt, Hannover, Harburg, Heidelberg, Lüneburg, Mannheim, Plauen, Rostock, Saalfeld, Schopfheim, Stettin, Tilsit, Weimar, Wiesbaden, ist dagegen nur für den Letzten des Monats, bei vierzehntägiger

Kündigung für Medio, bei wöchentlicher für den letzten Tag der Woche ortsüblich zu kündigen und im Bezirk Straßburg i. Elsaß wird zu dem Tage, an dem der Gehalt fällig wird, gekündigt.

§ 4. Annahme der Kündigung.

Es braucht nicht näher ausgeführt zu werden, daß auch eine an sich unberechtigte, z. B. verspätete Kündigung dadurch Rechtswirksamkeit erlangt, daß sie von der Gegenpartei angenommen wird, eine Annahme, die sowohl ausdrücklich, wie stillschweigend erfolgen kann. Eine Annahme ist jedoch noch nicht darin zu erblicken, daß der Handlungsgehilfe wegen Erlangung einer anderweiten Stelle Schritte thut. Man kann in diesem Fall nur annehmen, daß er, ehe er auf die Kündigung eingeht, sich erst vergewissern will, ob er anderweite Stellung findet. Wohl aber liegt die Annahme der Kündigung im Abschluß eines anderweiten Dienstvertrages.

Bloßes Stillschweigen ist keine Zustimmung zur vertrags- oder gesetzeswidrigen Kündigung. Wird der vertragswidrigen Kündigung eines Dienstverhältnisses von dem Gekündigten oder Entlassenen nicht widersprochen, sondern fügt er sich vorbehaltlos in die Aufhebung des Vertrages, so liegt nach einem Urteil des Reichsgerichts, I. Zivilsenats, vom 18. Mai 1895 in diesem Verhalten nicht ohne Weiteres eine Zustimmung des Entlassenen. Derselbe ist also dadurch nicht gehindert, nachträglich Entschädigungsansprüche wegen der ungerechtfertigten Entlassung zu erheben. In der betreffenden Entscheidung heißt es: „Daß der Kläger der Kündigung nicht widersprochen, sein Recht auf Fortbestehen der Vertrages nicht geltend gemacht hat, hindert ihn nicht, nachträglich Entschädigungsansprüche wegen der ungerechtfertigten Entlassung zu erheben. Denn es kann nicht ohne weiteres beim Vertragsabschluß als in der Absicht des Handlungsgehilfen liegend angenommen werden, seine Erwerbsthätigkeit dergestalt zu beschränken und sich dergestalt in die Hände des Prinzipals zu geben, daß derselbe rein nach Belieben ihm kündigen könne."

3.

Freie Zeit zum Aufsuchen anderweiter Stellung.

Nach dem bisher geltenden Recht konnte der Handlungsgehilfe, wenn durch Kündigung eine Beendigung des Dienstverhältnisses eintrat, vom Prinzipal nicht verlangen, daß er ihm in der Zwischenzeit zwischen dem Tage der Kündigung und dem der Auflösung des Vertrages hinreichende freie Zeit gewähre, um sich eine neue Stellung zu suchen. Auch im neuen Handelsgesetzbuch ist eine Bestimmung, welche dem Handlungsgehilfen dieses Recht zuspräche, nicht aufgenommen worden.

„Eine besondere Bestimmung darüber, daß nach der Kündigung des Dienstverhältnisses der Prinzipal dem Gehilfen auf dessen Verlangen die nötige Zeit zum Aufsuchen einer anderen Stellung zu gewähren hat," heißt es in der Denkschrift zur Reichstagsvorlage des Handelsgesetzbuchs, „erscheint nicht erforderlich, nachdem bereits im § 629 des Bürgerlichen Gesetzbuches eine solche Verpflichtung des Dienstberechtigten für jedes dauernde Dienstverhältnis anerkannt worden ist" (Denkschrift zur Reichstagsvorlage S. 67).

In dem erwähnten § 629 aber heißt es: „Nach der Kündigung eines dauernden Dienstverhältnisses hat der Dienstberechtigte dem Verpflichteten auf Verlangen angemessene Zeit zum Aufsuchen eines anderen Dienstverhältnisses zu gewähren."

Das gilt fortan auch für Handelsangestellte.

Die Zeit muß eine angemessene sein. Der Prinzipal darf sie weder zu kurz bemessen, noch darf der Handlungsgehilfe eine zu lange Zeit beanspruchen. Angemessen wird immer die Zeit sein, welche nach den gegebenen Umständen ausreicht, um den Zweck, dem Handlungsgehilfen die Erlangung einer neuen Stellung zu ermöglichen, zu erfüllen. Der Handlungsgehilfe muß auch das Aufsuchen einer neuen Stellung in die Zeit verlegen, in welcher er am leichtesten im Geschäft abkömmlich ist. Andernfalls darf der Prinzipal nicht etwa für die Aufsuchung einer neuen Stellung dem Handlungsgehilfen solche Stunden bestimmen, während deren erfahrungsgemäß ein Prinzipal noch nicht im Geschäft anwesend zu sein pflegt. Benutzt der Handlungsgehilfe die freie Zeit zu anderen, als den in Rede stehenden Zwecken, geht er während derselben seinem Vergnügen nach, treibt er sich in Restaurationen herum u. s. w., oder bleibt er erheblich länger aus, als ihm erlaubt worden ist, so kann darin unter Umständen ein Verlassen des Dienstes erblickt werden, welches den Prinzipal zur sofortigen Auflösung des Dienstverhältnisses berechtigt. Im ersteren Falle würde auch Mißbrauch des Vertrauens anzunehmen sein.

Das Recht, freie Zeit zum Aufsuchen anderweiter Stellung

zu verlangen, wird übrigens selbst in dem Falle dem Handlungsgehilfen nicht verkümmert werden dürfen, wo demselben aus einem Grunde mit Einhaltung der Kündigungsfrist gekündigt wird, den er selbst verschuldet hat. Das Fortkommen des Handlungsgehilfen darf keinesfalls in irgendwelcher Weise erschwert werden.

4.
Durch Zeitablauf.

Die Dauer des Dienstverhältnisses kann auf eine bestimmte Zeit festgesetzt sein. Der Dienstvertrag endet dann an dem Tage, an dem die bestimmte Zeit abgelaufen ist, wenn nicht eine ausdrückliche Erneuerung des Vertragsverhältnisses oder eine stillschweigende Fortsetzung desselben erfolgt.

Ist in dem Vertrage vorgesehen, daß in Ermangelung einer vor dem Ablaufe der Vertragszeit erfolgten Kündigung der Dienstvertrag für verlängert gelten soll, so müssen die gesetzmäßigen oder vertragsmäßigen Kündigungsfristen eingehalten werden, widrigenfalls die Verlängerung des Vertrages rechtsgiltig wird. Auch für das fernere Dienstverhältnis erleiden sie Anwendung.

Wird nach Ablauf der Frist ein neuer Vertrag gemacht, so hat es dabei sein Bewenden.

Wird aber kein neuer Vertrag gemacht, und ist auch im Vertrag über dessen Verlängerung nichts vorgesehn, sondern wird das Dienstverhältnis nur thatsächlich fortgesetzt, so kommen dann für dasselbe die gesetzlichen Kündigungsfristen zur Anwendung. War also der frühere Vertrag auf fünf Jahre abgeschlossen, so läuft er jetzt nicht auf fünf Jahre weiter, sondern der Prinzipal kann dem Angestellten 6 Wochen vor Quartalsschluß kündigen und umgekehrt.

Durch Zeitablauf erlöschen auch die Probe-Dienstverträge.

Die Zeitberechnung bei Probe-Engagements begegnet in der Praxis oft Schwierigkeiten. Von Interesse ist daher eine Entscheidung des Amtsgerichts Berlin. Ein Handlungsgehilfe war am 1. August 1894 probeweise auf die Dauer „von vier Wochen" engagiert worden, konnte aber erst am 11. August eintreten, was er durch einen Freund mitteilte. Am 31. August wurde er unter Zahlung des Gehaltes für 20 Tage entlassen, da die Frist für das Probeengagement vom 1. August bis 1. September abgelaufen sei. Das Amtsgericht Berlin entschied aber, daß bei einem solchen Engagement der Wille der Parteien der sei, daß der Engagierte mindestens einen Monat bei der Firma thätig sein solle, gleichviel, an welchem Tage sein Eintritt erfolge.

Für Probe-Engagements sind rücksichtlich der Kündigung, wie schon erwähnt, Vorschriften nicht gemacht. Ist die Probezeit vorüber und der Handlungsgehilfe wird weiter beschäftigt, so ist in Ermangelung anderer Abmachungen anzunehmen, daß nunmehr aus dem Probe-Engagement ein festes geworden ist, auf welches die Bestimmungen des Handelsgesetzbuches allenthalben Anwendung erleiden.

B.

Außerordentliche Beendigung.

1.

Aufhebung desselben aus wichtigen Gründen.

Neben der ordnungsmäßigen Aufhebung des Dienstverhältnisses ist vom Gesetzgeber auch eine außerordentliche nachgelassen, kraft deren es jedem Teile freisteht, ohne Einhaltung einer Kündigungsfrist, sofort vom Vertrage zurückzutreten.

„Das Dienstverhältnis kann von jedem Teile ohne Einhaltung einer Kündigungsfrist gekündigt werden, wenn ein wichtiger Grund vorliegt.“ (§ 70 H.G.B.)

Der Richter hat im einzelnen Falle nach seinem Ermessen zu prüfen, ob ein wichtiger Grund vorliegt. Einige besonders wichtige Gründe zählt das Handelsgesetzbuch selbst im § 71 und § 72 auf. Sie werden S. 76 ff. behandelt.

Als wichtige Gründe zur sofortigen Auflösung des Dienstverhältnisses sind neben den besonders im Gesetz aufgeführten im allgemeinen angesehen worden:

a.

Auf Seiten des Prinzipals.

1. Vorspiegelung falscher Thatsachen beim Abschluß des Engagements, insbesondene das Verschweigen erlittener Vorstrafen auf Befragen. Freiwillig ist der Handlungsgehilfe nicht verbunden, etwaige Strafverbüßungen dem Prinzipal zu unterbreiten. Vorstrafen wegen unbedeutender Vergehen und Übertretungen z. B. wegen Spielens in einer auswärtigen Lotterie, ruhestörenden Lärms u. s. w. gehören nicht hierher.

2. Unfähigkeit, die Stellung auszufüllen, jedoch nicht schon eine Minderbefähigung. Es müßte eine absolute Unkenntnis vorliegen. Das wäre der Fall, wenn ein Korrespondent nicht orthographisch schreiben, wenn ein Buchhalter mit den Einrichtungen der Bücher überhaupt nicht vertraut wäre u. s. w. Langsamkeit bei der Expedierung von Waren seitens eines Lageristen und fortgesetztes, fehlerhaftes Abschreiben von Adressen aus einem Adreßbuch wurde vom Amtsgericht Berlin nicht als Unfähigkeit angesehen, vielmehr nur als eine Flüchtigkeit, welche nicht als wichtiger Grund zur Aufhebung des Dienstverhältnisses anzusehen sei.

3. Zerrüttete Vermögensverhältnisse, namentlich, wenn der Handlungsgehilfe eine Vertrauensstellung als Prokurist oder Kassierer einnimmt.

4. Weigerung, Geschäftsanordnungen zu befolgen. In einem Berliner Modewarengeschäft weigerte sich ein Verkäufer Blumen, die er angesteckt hatte, trotz wiederholter Aufforderung des Prinzipals zu entfernen. Er wurde sofort entlassen. Seine Klage auf Schadensersatz wurde vom Gericht abgewiesen, „weil der Angestellte im Geschäft den Anordnungen des Chefs sich zu fügen hätte."

5. Unsaubere Kleidung im Geschäfte. Ein Handlungsgehilfe erschien wiederholt, trotz Ermahnens des Prinzipals, in unsauberer Kleidung im Geschäfte. Seine darauf erfolgte sofortige Entlassung wurde vom Gericht gebilligt. In dem Erkenntnis war ausgeführt, daß das Geschäft des Prinzipals ein besseres sei, in welchem Leute aus besseren Ständen verkehrten. Dann heißt es weiter:

„Es muß daher der Beklagte zur Wahrung des guten Rufes seines Geschäftes und zur Erhaltung seiner Kundschaft von seinen Angestellten fordern, daß diese die Käufer in einer im allgemeinen reinlichen und anständigen Kleidung bedienen. Daß auch ein derartiges Verlangen an ihn gestellt würde, mußte der Kläger bei seiner Annahme als Handlungsgehilfe voraussehen, selbst wenn ihn der Beklagte nicht, was nach dessen unbestritten gebliebener Behauptung doch geschehen sein soll, besonders hierauf aufmerksam gemacht hätte. Es ist deshalb in der trotz wiederholter Mahnung fortgesetzt bewiesenen Nachlässigkeit des Klägers in seinem Anzuge eine grobe Verletzung der von ihm übernommenen Dienstpflichten zu erblicken. Irgend einen Entschuldigungsgrund hat Kläger für sein Verhalten nicht anzuführen vermocht. Der Umstand, daß er auch mit solchen Arbeiten beschäftigt war, bei denen eine Beschmutzung nicht zu vermeiden ist, durfte den Kläger nicht abhalten, bessere Kleider anzulegen, denn einer Befleckung derselben konnte er durch das Vorbinden einer Schürze vorbeugen. Nachdem die wiederholten Mahnungen des Beklagten fruchtlos geblieben waren, konnte diesem nicht zugemutet werden, den Kläger noch länger in seinem Dienste zu behalten auf die Gefahr hin, daß Kunden an dessen unreinlichem Äußern Anstoß nehmen würden und sich verzögen."

6. Geheime Krankheiten des Angestellten, weil für den Prinzipal und das übrige Personal die Gefahr besteht, sich durch gemeinschaftliche Benutzung von Gläsern, Handtüchern, Klosets u. s. w. anzustecken. „Diese Gefahr sofort nach ihrer Kenntnis abzuwenden, ist die größte Pflicht des Prinzipals und daher die Entlassung unter allen Umständen geboten." (Urteil des Kgl. Amtsgerichts I in Berlin.)

7. Ernstliche Zerwürfnisse mit dem übrigen Personal, dem Handlungsgehilfen gegenüber, der sich als der schuldige Teil erweist. Die Entlassung wurde für gerechtfertigt erklärt bei einem Handlungsgehilfen, der im Geschäftslokal eine Schlägerei provoziert hatte (Amtsgericht München). Desgleichen bei verschuldeter Feindschaft mit dem Prokuristen, die ein ferneres gedeihliches Zusammenwirken ausschloß (Landgericht Karlsruhe).

8. Wenn sich nachträglich herausstellt, daß der Handlungsgehilfe eine entehrende Freiheitsstrafe (Zuchthaus) erlitten hat, bez. sich nicht im Besitze der bürgerlichen Ehrenrechte befindet, oder eine Freiheitsstrafe wegen entehrenden Vergehens verbüßte (Diebstahl u. s. w.). Es kann weder dem Prinzipal noch dem übrigen Personal zugemutet werden, mit einer derartig anrüchigen Persönlichkeit weiter zu arbeiten.

9. Unsittlicher Lebenswandel. Durch die Beschäftigung eines Handlungsgehilfen, der einen unsittlichen Lebenswandel führt, kann unter Umständen das ganze Renommee des Geschäftes geschädigt werden. Auch kann, wie im vorigen Falle, das Zusammenwirken mit dem Prinzipal und dem übrigen Personal kein gedeihliches sein, wenn an dem Lebenswandel des Handlungsgehilfen Anstoß zu nehmen ist. Ob ein unsittlicher Lebenswandel vorliegt, hat der Richter im einzelnen Falle zu entscheiden. Soviel steht jedoch fest, daß eine einmal begangene unsittliche Handlung nicht ausreicht, um einen unsittlichen Lebenswandel annehmen zu können.

Ein Handlungsgehilfe, der einmal in einem anrüchigen Lokale verkehrt, führt deshalb noch keinen unsittlichen Lebenswandel. Es muß vielmehr eine Vielheit von Fällen vorliegen, aus welcher sich ergiebt, daß der Handlungsgehilfe der Unsittlichkeit ergeben ist, der Begehung unsittlicher Handlungen zuneigt.

So wurde als unsittlicher Lebenswandel der häufige Besuch in Bordellen angesehen. Desgleichen der intime, augenfällige Verkehr mit einer anrüchigen Frauensperson. Ferner das öffentliche Hazardspiel, wiederholte Trunkenheit, insbesondere Trunkfälligkeit. Dagegen erklärte es das Berliner Amtsgericht nicht ohne weiteres für unsittlichen Lebenswandel, daß ein Handlungsgehilfe unterwegs Damen angeredet und sie gefragt hatte, ob er sie begleiten dürfe, wobei er auch an Kundinnen des Geschäftes geraten war. Auch das Lesen von unsittlichen Büchern und das Verleihen derselben an Geschäfts- und Hausangehörige, sowie das Ausbleiben über Nacht wurden nicht als unsittlicher Lebenswandel betrachtet.

„Das Lesen und Verborgen eines unsittlichen Buches argumentiert höchstens eine einmal begangene unsittliche Handlung, nicht aber einen unsittlichen Lebenswandel im Sinne des H. G. B.'s, ebensowenig darf auf einen solchen ohne weiteres aus dem späten Nachhausekommen geschlossen werden."

Auch das öftere Genießen von Branntwein in und außer dem Geschäftsbetrieb ist nicht als Entlassungsgrund wegen unsittlichem Lebenswandel zugelassen worden. Dagegen wurde die Entlassung eines Handlungsgehilfen für gerechtfertigt erklärt, der mit dem Lehrling des Hauses fortgesetzt eine Korrespondenz über unzüchtige, geschlechtliche Dinge geführt hatte.

Bei Handlungsgehilfinnen ist der Umstand, daß sie einen „Geliebten" besitzen, nicht für ausreichend erachtet worden, um einen unsittlichen Lebenswandel zu konstatieren.

Das Handelsgesetzbuch führte bislang den unsittlichen Lebenswandel ausdrücklich in Artikel 64 Nr. 6 unter den besonderen Gründen auf. In der neuen Fassung des Handelsgesetzbuches ist das unterblieben, aber nicht, weil etwa liederlicher Lebenswandel keinen Entlassungsgrund mehr bilden soll. Vielmehr gehört jetzt der unsittliche Lebenswandel nur unter die in § 70 im allgemeinen erwähnten „wichtigen Gründe".

Nicht als wichtiger Grund zur Entlassung wird es angesehen, wenn ein Handlungsgehilfe sich aus der Kasse einen Vorschuß entnimmt. In dem betreffenden Urteil des Magdeburger Landgerichts, erste Kammer für Handelssachen, wird ausgeführt, daß die selbstständige Entnahme eines Vorschusses von 50 Mark aus der Kasse, ohne vorherige Befragung des Chefs, keinen Grund zur sofortigen Entlassung biete. „Das Gericht konnte hierin umsoweniger eine gröbliche Pflichtverletzung erblicken, als der entnommene Betrag durch den bereits verdienten Lohn gedeckt war, wenn dieser Lohn auch erst am Ende des Monats fällig wurde." Das Gericht nahm an, daß es dem Angestellten ausdrücklich untersagt sein müsse, sich Vorschüsse aus der Kasse zu entnehmen. Wir wollen nicht verhehlen, daß wir diese Ansicht für sehr bedenklich halten.

b.

Auf Seiten des Handlungsgehilfen.

1. Falsche Vorspiegelungen des Prinzipals über den Charakter, Umfang u. s. w. des Geschäftes, für das der Handlungsgehilfe engagiert wird. Ein Handlungsgehilfe, der sich in ein Engrosgeschäft verdingen wollte, kann sofortige Lösung des Vertrages verlangen, wenn ihm nur fälschlicher Weise vorgespiegelt wurde, daß in dem Geschäft Engroshandel getrieben werde.

2. Unsittlicher oder unerlaubter Geschäftsbetrieb. Wenn der Handlungsgehilfe für ein Geschäft engagiert wurde, in welchem Lose von auswärtigen Lotterieen vertrieben, oder in welchem Wuchergeschäfte gemacht werden, kann er jederzeit diese Stellung aufgeben. Ist er schon eine Zeit lang im Geschäft thätig, so ist er dadurch seines Rechtes, doch noch die sofortige Aufhebung des Vertragsverhältnisses zu verlangen, nicht verlustig, da er sich eben jederzeit aus einem Verhältnis losmachen kann, welches ihn strafrechtlicher Verfolgung aussetzt.

3. Weigerung des Prinzipals, andere Angestellte, die an geheimen Krankheiten leiden, einen unsittlichen Lebenswandel führen, Freiheitsstrafen erlitten haben, oder mit denen ernstliche Zerwürfnisse bestehen, die ein Zusammenarbeiten unmöglich machen, zu entlassen. Es gilt in dieser Beziehung dasselbe, was bereits unter S. 72 Nr. 6—9 näher ausgeführt wurde.

4. Zumutung untergeordneter Beschäftigung. So wurde einem Handlungsgehilfen das Recht, sofortige Aufhebung des Vertrages zu verlangen, zugesprochen, weil ihm sein Prinzipal wiederholt anbefahl, im Hofe und anderen Geschäftsräumen

Flaschen zu spülen und in der Herberge zur Heimat zu essen. (Urteil des Amtsgerichts Iserlohn.) In den Entscheidungsgründen sagt das Gericht, „daß ein Handlungsgehilfe sich die Zumutung einer seiner Stellung und seinen Kenntnissen nicht entsprechenden, seiner vielmehr unwürdigen Thätigkeit nicht gefallen zu lassen braucht, vielmehr in solcher Zumutung mit Grund eine Weigerung seines Prinzipals, den abgeschlossenen Vertrag weiter einzuhalten, erblicken kann."

5. Veränderungen im Betriebe des Geschäftes, wenn dieselben derartige sind, daß angenommen werden muß, der Handlungsgehilfe würde die Stellung nicht angenommen haben, wenn der veränderte Zustand bereits bei Antritt des Engagements bestanden hätte.

Wenn Haase (a. a. O. S. 31) annimmt, daß auch Gelegenheit zur Etablierung als ein wichtiger Grund, die Entlassung zu fordern, angesehen werden solle, nämlich dann, wenn die sich dem Handlungsgehilfen darbietende Gelegenheit eine solche ist, daß er sie nur durch sofortige Auflösung des ihn noch für mehrere Jahre bindenden Engagements ausnutzen kann, so möchten wir dieser Annahme nicht beipflichten. Die Gelegenheit zur Etablierung kann beim Handlungsgehilfen nicht in der Weise als Grund zur Lösung des Dienstverhältnisses angesehen werden, wie etwa die Gelegenheit zur Verheiratung oder Gründung einer eignen Wirtschaft oder Eintritt in eine öffentliche Dienststellung beim Gesinde. (Vergl. Rev. Gesindeordnung für das Königreich Sachsen vom 2. Mai 1892 § 86. — Preußische Gesindeordnung § 147 u. s. w.) Denn die sozialen Verhältnisse sind doch hier ganz andere, und es erscheint bedenklich, ohne bestimmte, gesetzliche Vorschrift einem Teile lediglich in seinem eignen persönlichen Interesse das Recht einzuräumen, seinen Posten sofort zu verlassen und dadurch möglicherweise den anderen Teil in seinen Interessen zu gefährden und zu schädigen.

Übermäßige Arbeitszeit, wenn sie nicht etwa nachteilige Folgen auf die Gesundheit des Handlungsgehilfen ausübt, ist nicht ohne weiteres ein Grund zur sofortigen Aufhebung des Dienstverhältnisses. In einer Entscheidung des Berliner Kammergerichts heißt es:

„Wollte sich der Kläger in die Geschäftszeit, welche Beklagter allerdings sehr weit bemessen hatte, durchaus nicht fügen, so konnte er nur den Dienst kündigen; nicht aber war er berechtigt, sich vor dem Schlusse des Geschäfts ohne Erlaubnis zu entfernen." Hinzuzufügen ist jedoch, daß es sich hier nur um eine Ausdehnung der Arbeitszeit gehandelt haben kann, welche nicht über das Ortsübliche hinausging; wäre letzteres der Fall gewesen, so hätte der Gehilfe allerdings seine Dienste verweigern können.

Was oft allein für sich nicht als wichtiger Grund anzusehen ist, kann mit anderen Vorkommnissen zusammen doch einen wichtigen Grund bilden, so daß das Gesamtverhalten als solcher anzusehen ist.

2.

Besondere wichtige Gründe zur Aufhebung des Dienstverhältnisses.

Wie schon erwähnt, hat das Handelsgesetzbuch selbst eine Reihe von wichtigen Gründen, welche die sofortige Aufhebung des Dienstverhältnisses rechtfertigen, aufgeführt (§§ 71. 72 des H. G. B.). Diese Paragraphen bilden gewissermaßen einen kleinen, wenn auch nicht erschöpfenden Kommentar zu § 70, der im allgemeinen von „wichtigen Gründen" spricht. Als besondere, wichtige Gründe zur Auflösung des Vertrags werden vom Handelsgesetzbuch angesehen

a.

Auf Seiten des Prinzipals.

§ 1. Untreue im Dienste, Vertrauensmißbrauch und Geschäfte für eigene oder fremde Rechnung.

„Als ein wichtiger Grund, der den Prinzipal zur Kündigung ohne Einhaltung einer Kündigungsfrist berechtigt, ist es, sofern nicht besondere Umstände eine andere Beurteilung rechtfertigen, namentlich anzusehen, wenn der Handlungsgehilfe im Dienste untreu ist oder das Vertrauen mißbraucht, oder die ihm nach § 60 obliegende Verpflichtung verletzt." (H. G. B. § 72 Abs. 1.) Die letztgedachte Verpflichtung ist die, ohne Einwilligung des Prinzipals weder ein Handelsgewerbe zu betreiben, noch in dem Handelszweige des Prinzipals für eigene oder fremde Rechnung Geschäfte zu machen (vgl. S. 35 ff.).

Wenn im Gesetz Untreue und Mißbrauch des Vertrauens nebeneinander erwähnt werden, so bilden sie doch nichts von einander Gesondertes. Mißbrauch des Vertrauens wird immer ein Bestandteil der Untreue sein, denn die Pflichttreue verlangt ja gerade, daß der Handlungsgehilfe das in ihn gesetzte Vertrauen rechtfertigt. Der handelsrechtliche Begriff der Untreue ist nicht etwa der des Strafrechtes. Während nach § 266 des Strafgesetzbuches nur Vormünder, Kuratoren, Güterpfleger, Sequester, Massenverwalter, Vollstrecker von letztwilligen Verfügungen und Verwalter von Stiftungen, wenn sie absichtlich zum Nachteile der ihrer Aufsicht anvertrauten Personen oder Sachen handeln, ferner Bevollmächtigte, welche über Forderungen oder andere Vermögensstücke des Auftraggebers absichtlich zum Nachteile desseben verfügen, und schließlich Feldmesser, Versteigerer, Mäkler, Güterbestätiger, Wäger, Messer, Bracker, Schauer, Stauer und andere zur Betreibung ihres Gewerbes verpflichtete Personen wegen Untreue mit Gefängniß und eventuell Verlust der bürgerlichen Ehrenrechte bestraft werden, wenn sie ihre Auftraggeber absichtlich bei den übertragenen Geschäften benachteiligen, geht der handelsrechtliche Begriff der Untreue viel weiter und erstreckt sich auf alle Handlungen, welche sich in irgend welcher Weise gegen die Person oder die Geschäftsinteressen des Prinzipals kehren und vom Handlungsgehilfen absichtlich unternommen werden.

So gehören zunächst die Vergehen gegen das Eigentum des Prinzipals, auch wenn sie leichter Natur sind, in den Bereich der Untreue. Diebstahl, Unterschlagung, Betrug, vorsätzliche Sachbeschädigung, Hehlerei u. s. w. gehören in erster Linie hierher. Inwieweit schon bei geringfügigen Eigentumsvergehen (Naschhaftigkeit u. s. w.) ein Grund zur Entlassung angenommen werden soll, ist der Beurteilung des Richters überlassen. Es ist als Entlassungsgrund betrachtet worden, wenn ein Handlungsgehilfe fortgesetzt die Briefbogen und Kouverts des Geschäftes zur Führung seiner eignen, privaten Korrespondenz benutzte. Auch die Aneignung von Waren aus dem Geschäft, und wenn diese Waren auch nur einen geringfügigen Wert repräsentieren, ist als Untreue anzusehen, wenn nicht in solchen Fällen Umstände in Frage kommen, nach welchen der Handlungsgehilfe vielleicht die Zueignung für erlaubt ansehen konnte. Das wird im einzelnen Falle der Richter zu untersuchen haben.

Ein Handlungsgehilfe hatte seinen Prinzipal wegen Uebertretung der Sonntagsruhe denunziert. Der Handlungsgehilfe wurde entlassen und klagte auf Salär. Das Gericht billigte die sofortige Entlassung, weil eine Denunziation eine unverantwortliche Verletzung der durch die dienstliche Stellung gebotenen Treue darstelle. Beide Instanzen entschieden in diesem Falle zu Ungunsten des Handlungsgehilfen.

Unter den Mißbrauch des Vertrauens fallen alle Handlungen, jedes Verhalten des Handlungsgehilfen, welches das Vertrauen des Prinzipals zu seinem Angestellten so stark erschüttern muß, daß ihm ein weiteres Übertragen von geschäftlichen Arbeiten an denselben füglich nicht zugemutet werden kann.

Hierunter fällt fortgesetzte Nachlässigkeit im Dienste, leichtsinniges Umgehen mit den Utensilien oder Waren des Geschäftes, geschäftliche Indiskretionen, die sich unter Umständen auch als Vergehen gegen das Gesetz über den unlauteren Wettbewerb charakterisieren können. Aber auch ein fortgesetztes lügenhaftes Verhalten des Handlungsgehilfen in geschäftlichen Angelegenheiten berechtigt zur Entlassung. Desgleichen kann das unbefugte Öffnen von Briefen als Entlassungsgrund wegen Mißbrauch des Vertrauens angesehen werden.

Die Abforderung, ja schon die Annahme einer Provision seitens des Angestellten von den Lieferanten des Prinzipals ist nach einer Enscheidung des Reichsgerichts nicht minder als Vertrauensbruch zu beurteilen. In den Gründen des Urteils ist Folgendes ausgeführt: „In der Annahme der Provision ist ein Mißbrauch des Vertrauens im Sinne des Artikels 64 Ziffer 1 des Handelsgesetzbuches zu erkennen, welcher den Prinzipal zur sofortigen Aufhebung des Dienstverhältnisses und Entlassung des Handlungsgehilfen ohne vorherige Aufkündigung berechtigt, da der Handlungsgehilfe diese Provision ohne Vorwissen des Prinzipals ausbedungen hat und sich bezahlen ließ, hierdurch aber das Interesse des Prinzipals beeinträchtigt erscheint, da auf Seiten des Prinzipals die Annahme gerechtfertigt ist, daß die Lieferanten bei Bestimmung der vom Prinzipal einzuhaltenden Preise auf diese Auslagen Rücksicht nehmen."

Als Mißbrauch des Vertrauens stellen sich selbstverständlich alle die Handlungen dar, wegen deren auf Grund von § 9 des Gesetzes zur Bekämpfung des unlauteren Wettbewerbes eingeschritten werden kann, und welche wir schon S. 38 ff. erwähnt haben, der Verrat von Geschäfts- und Betriebsgeheimnissen, die Verbreitung von ungünstigen Nachrichten über das Geschäft, selbst wenn sich dieselben als wahr erweisen sollten.

Eine große Rolle spielt der Vertrauensmißbrauch in den

Fällen, wo sich ein Handlungsgehilfe zu etablieren gedenkt. Da kommt es nur zu häufig vor, daß derselbe, schon während er noch in seinem Hause Stellung hat, durch Mitteilung seiner Etablierung an die Kunden seines Prinzipals sich die Letzteren zu gewinnen trachtet, ihnen wohl auch bessere Leistungen und Zahlungsbedingungen zusichert u. s. w. Alle derartigen Manupilationen berechtigen den Chef wegen Mißbrauch des Vertrauens zur sofortigen Entlassung. Dieselbe wurde auch für gerechtfertigt in einem Falle gefunden, wo sich der Handlungsgehilfe nur kapitalistisch bei einer Konkurrenzfirma beteiligt hatte.

Schließlich ist hierher auch chikanöses Verhalten zu rechnen, wie es dann oft zu Tage tritt, wenn zwischen Prinzipal und Angestellten Differenzen ausgebrochen sind, oder dem Handlungsgehilfen gekündigt worden ist. Auch in letzterem Falle hat derselbe bis zum Tage der Beendigung des Vertragsverhältnisses das Vertrauen zu rechtfertigen, welches der Prinzipal in ihn gesetzt hat. So hat das Oberlandesgericht Cassel entschieden: Ein Handlungsgehilfe kann sofort entlassen werden, wenn er das im Handelsgewerbe notwendige Vertrauen des Prinzipales zur Ergebenheit und Willfährigkeit seines Angestellten durch ein Benehmen oder durch Handlungen erschüttert, die ein ferneres, gedeihliches Zusammenwirken unmöglich machen „und wonach dem Prinzipal die Fortsetzung des Vertragsverhältnisses billiger Weise nicht angesonnen werden kann." (Seuffert's Archiv Bd. 48 S. 169.)

Über die Geschäfte für eigene oder fremde Rechnung ohne Einwilligung des Prinzipals, welche im Handelsgesetzbuch in engem Anschluß an Untreue und Vertrauensmißbrauch genannt werden, und damit auch in Zusammenhang stehen, ist das Nötige schon unter II § 2 S. 35 gesagt worden.

§ 2. Dienstverweigerung und Dienstverlassung.

Als ein wichtiger Grund der Entlassung soll es ferner angesehen werden, „wenn der Handlungsgehilfe seinen Dienst während einer den Umständen nach erheblichen Zeit unbefugt verläßt oder sich beharrlich weigert, seinen Dienstverpflichtungen nachzukommen." (§ 72 Nr. 2 H.G.B.)

1) Verweigerung der Dienstleistungen.

Eine Verweigerung der Dienstleistung liegt nur dann vor, wenn der Handlungsgehilfe, trotz der an ihn ergangenen Aufforderung zur Dienstleistung, dieselbe unterläßt und dabei ausdrücklich oder stillschweigend zu erkennen giebt, daß er diese Dienste nicht verrichten wolle. Es muß ein widerstrebender Wille, eine offenbare Widersetzlichkeit vorliegen, um von einer „Verweigerung" der Dienstleistung reden zu können. Die Renitenz soll durch die Entlassung geahndet werden können, da sie mit der Autorität des Prinzipals im Geschäft unvereinbar ist. Die Verweigerung soll auch eine beharrliche sein, d. h. sie muß ungeachtet mehrfacher Anmahnung und Aufforderung zur Dienstleistung bestehen bleiben.

Keineswegs ist aber ein Ungehorsam schon als eine Verweigerung einer Dienstleistung aufzufassen. Wenn der Prinzipal einem Handlungsgehilfen die Erledigung einer Arbeit überträgt und dieser kommt der ihm gegebenen Weisung nicht nach, so kann dies noch nicht als eine Verweigerung der Dienstleistung im Sinn des Gesetzes aufgefaßt werden. Kommt freilich ein solcher Ungehorsam des Öfteren vor, oder kommt der Handlungsgehilfe seinen Verbindlichkeiten dem Prinzipal gegenüber fortgesetzt nur in träger, unzuverlässiger Weise nach, ohne sich auf erfolgte Anmahnungen zu bessern, so wird dies einer Verweigerung der Dienstleistungen gleichzuachten sein.

Nicht unter allen Umständen aber ist die Verweigerung einer Dienstleistung auch Grund zur Entlassung. Voraussetzung ist daß vom Handlungsgehilfen nur solche Dienste gefordert werden welche ihm nach seiner Stellung, Alter und Körperkonstitution zugemutet werden können.

Der Handlungsgehilfe kann und muß Dienstleistungen verweigern, durch welche er sich einer Beihilfe zu einem Verbrechen oder Vergehen des Prinzipals schuldig machen würde, oder selbst als Thäter mit den Strafgesetzen in Konflikt käme. Es kann von ihm keine Handlung verlangt werden, die den Gesetzen zuwiderläuft, und dasselbe gilt von Handlungen, welche den guten Sitten zuwiderlaufen.

Es kommt hier die Frage in Betracht, ob und inwieweit der Handlungsgehilfe für strafbare Handlungen seines Prinzipals verantwortlich gemacht werden kann. Bei Beantwortung dieser Fragen ist davon auszugehen, daß, wie schon oben erwähnt, de

Handlungsgehilfe zunächst weder berechtigt noch verpflichtet ist, die ihm vom Chef gegebenen Anweisungen einer Prüfung zu unterziehen und zu untersuchen, ob der Prinzipal mit dem, was er bezweckt und unternimmt, etwa gegen Gesetz oder gute Sitten verstößt. Eine derartige Prüfungspflicht ist mit der Stellung des Handlungsgehilfen durchaus unvereinbar und würde zu Mißhelligkeiten führen. Macht dagegen der Handlungsgehilfe selbst bei der Erledigung des Geschäftes die Wahrnehmung oder wird er von dritter Seite darüber aufgeklärt, daß das, was von ihm verlangt wird, gegen Gesetz und gute Sitten verstößt, so ist er dann sowohl berechtigt, als auch verpflichtet, die von ihm geforderten Dienste zu verweigern, ohne daß ihm daraus ein Nachteil erwachsen könnte (vgl. unter II § 1 S. 33).

Der Handlungsgehilfe kann aber auch untergeordnete Dienste, welche seiner Stellung nicht entsprechen, verweigern. So hat das Gericht entschieden, daß die Leiterin einer Geschäftsfiliale nicht verpflichtet ist, von diesem Posten als Verkäuferin in das Hauptgeschäft überzutreten. Insbesondere dürfen dem Handlungsgehilfen nicht Dienste zugemutet werden, welche gemeinhin von den Personen verrichtet zu werden pflegen, welche im Handelsbetriebe Gesindedienste verrichten, also von Laufburschen, Markthelfern, Austrägern u. s. w.

Selbstverständlich wird man in allen diesen Fällen nicht rigoros verfahren dürfen. Wenn Not am Mann ist, wird ausnahmsweise, wenn z. B. die betreffende Hilfskraft erkrankt ist, auch ein Handlungsgehilfe Dienstleistungen verrichten müssen, die nicht zu seinen gewöhnlichen Funktionen gehören. Diese Frage ist ebenfalls schon bei der Erörterung über die Dienstleistungen der Handlungsgehilfen näher S. 33 ff. behandelt worden.

2) Verlassen des Dienstes.

Wenn ein unbefugtes Verlassen des Dienstes während einer den Umständen nach erheblichen Zeit vorliegt, läßt sich nur nach dem einzelnen Falle beurteilen, da die in Frage kommenden Umstände doch außerordentlich mannigfaltig sind. Wenn die Unterbrechung der Dienstverrichtungen nur eine kurze ist, so daß der Geschäftsbetrieb durch dieselbe in keiner Weise gestört wird, so ist Erheblichkeit nicht anzunehmen. Desgleichen dann nicht, wenn die Entfernung zu einer Zeit erfolgte, während welcher die Kraft des Handlungsgehilfen nicht gebraucht wurde. Selbst wenn in diesem

Falle eine längere Zeit in Frage käme, würde ein Entlassungsgrund nicht angenommen werden, weil den geschäftlichen Umständen nach gerade diese Zeit nicht erheblich war, während schon ein kurzes Verlassen des Dienstes, wenn es zu einer Stunde geschieht, in welcher reger Geschäftsverkehr stattfindet, von Erheblichkeit ist.

Die Gerichte haben in Fällen, wo Handlungsgehilfen ohne rechtsmäßigen Hinderungsgrund ihren Urlaub überschritten, obwohl nur ein Tag in Frage kam, dem Prinzipal die Befugnis zur sofortigen Entlassung zugesprochen. Ein ganzer Geschäftstag wird immer bei normalen Geschäftsverhältnissen als eine erhebliche Zeit anzusehen sein.

Das Verlassen des Dienstes muß ein unbefugtes sein, d. h. der Handlungsgehilfe muß wider die Erlaubnis des Prinzipals oder sonstiger Vorgesetzter im Geschäft den Dienst verlassen haben, und nicht durch einen rechtmäßigen Hinderungsgrund gezwungen worden sein, den Dienst zu verlassen. Letzteres war in der früheren Fassung des Handelsgesetzbuches sogar ausdrücklich ausgesprochen.

Ein unbefugtes Verlassen des Dienstes liegt demnach nicht vor, wenn der Handlungsgehilfe von Krankheit befallen wird, wenn ihm durch Naturereignisse unmöglich gemacht wird, an den Ort der Handelsniederlassung seines Prinzipals zurückzukehren.

Wohl aber wird man von einem unbefugten Verlassen des Dienstes sprechen können, wenn der Handlungsgehilfe zu seinem Vergnügen geht, oder über den gewährten Urlaub ausbleibt, während der Geschäftsstunden eine in der Nähe liegende Gastwirtschaft ohne Erlaubnis aufsucht und dergleichen mehr.

Wenn im Handelsgesetzbuch jetzt von einem „Verlassen" des Dienstes die Rede ist, während der Gesetzgeber früher von einer „Unterlassung" der Dienste sprach, so ist das nicht unterschiedlich zu nehmen. Man würde irregehen, wenn man annehmen wollte, um die gesetzliche Bestimmung in Kraft treten zu lassen, sei notwendig, daß der Dienst nun an dem in Frage kommenden Tage der Versäumnis schon angetreten war, die Thätigkeit im Geschäft schon vom Handlungsgehilfen aufgenommen wurde. Davon kann keine Rede sein. Der Dienst wird vom Handlungsgehilfen bei seinem Engagement in vollem Umfange übernommen. Er stellt sich dem Prinzipal für die ganze Geschäftszeit zur Verfügung. Der Dienst beginnt für ihn zu bestimmter Stunde und endet zu bestimmter Stunde. Widmet sich der Handlungsgehilfe in der Zwischenzeit nicht dem Geschäft, so verläßt er den Dienst, gleichviel ob er seine

Arbeit schon aufgenommen hat oder nicht. Die gegenteilige Ansicht, die mehrfach vertreten worden ist, würde in der Praxis zu ganz bedenklichen Konsequenzen führen.

Es ist schließlich noch des sogenannten Zuspätkommens zu gedenken. Wenn sich der Handlungsgehilfe morgens und mittags nicht pünktlich im Geschäft einfindet, so hat er den Dienst verlassen, denn ein Nichtantreten ist, wie gesagt, dem Verlassen gleich zu erachten. Es wird sich nun im einzelnen Falle fragen, ob die Zeit, welche in Frage kommt, eine den Umständen nach erhebliche ist. Man wird das nicht annehmen können, wo es sich nur um einige Minuten Verspätung handelt. Wohl aber, wenn am Morgen die erste Geschäftszeit in Frage kommt, bei welcher alle Hilfskräfte gebraucht werden, und die Verspätung eine Viertel- oder halbe Stunde oder noch längere Zeit währt. Daß ein mehrfaches Zuspätkommen oder eine vorherige Anermahnung zur Pünktlichkeit oder Androhung der Entlassung vorliegen müsse, um eine sofortige Entlassung zu rechtfertigen, ist nach dem Wortlaut des Gesetzes nicht anzunehmen.

Schon ein einmaliges, unbefugtes Verlassen des Dienstes während einer den Umständen nach erheblichen Zeit genügt zur Entlassung. In der Praxis freilich würde die Ausnutzung dieses Rechtes eine große Härte sein, und es wird im Geschäftsleben immer nur dann seitens des Prinzipals zur Entlassung verschritten werden, wenn sich die Fälle des Verlassens des Dienstes wiederholen und der Handlungsgehilfe vergeblich zur pünktlichen Einhaltung der Geschäftsstunden anermahnt worden ist.

§ 3. Anhaltende Krankheit.

Als ein wichtiger Grund zur sofortigen Entlassung wird vom Gesetzgeber weiterhin anhaltende Krankheit angesehen (§ 72 Nr. 3 des H. G. B.).

Ob die Krankheit eine anhaltende ist, wird sich in der Regel nur durch ärztliches Gutachten feststellen lassen. Der Gesetzgeber hat sich darüber nicht ausgesprochen, wie lange die Krankheit andauern muß, um als eine „anhaltende" betrachtet zu werden. Doch wird man nicht fehlgehen, wenn man Krankheiten, die Monate währen, als anhaltende bezeichnet. Eine ganze Kategorie von Krankheiten wird sich außerdem von vornherein als anhaltende Krankheit charakterisieren lassen. Dahin gehören Geisteskrankheiten,

Lungenkrankheiten, schwere rheumatische und gichtische Leiden und dergleichen mehr. Hier läßt sich von vornherein annehmen, daß eine anhaltende Krankheit zum Ausbruch gekommen ist, und der Prinzipal muß darauf bedacht sein, die Stellung in seinem Geschäft anderweitig zu besetzen. Auch ist von den Gerichten Kränklichkeit als anhaltende Krankheit angesehen und als Entlassungsgrund gutgeheißen worden.

Erfolgt die Entlassung wegen anhaltender Krankheit und ist die Krankheit als ein unverschuldetes Unglück anzusehen, so hat der Handlungsgehilfe nach § 63 des Handelsgesetzbuches, wie schon unter III, § 3 S. 52 ff. ausgeführt wurde, auf die Dauer von sechs Wochen Anspruch auf Gehalt und Unterhalt. Bei verschuldeten Krankheiten kann die Entlassung erfolgen, ohne daß noch irgendwelche Bezüge weiter gewährt werden. Das Landgericht I Kammer für Handelssachen zu Berlin erklärte z. B. die sofortige Entlassung eines Handlungsgehilfen ohne Gewähr weiterer Bezüge für zulässig, der bei einem Wettradfahren den Arm gebrochen hatte, und dieserhalb sofort entlassen wurde. Der Sport, heißt es in der Begründung des Urteils, sei stets gefährlich und die Möglichkeit einer Verunglückung groß. Eine derartige Verunglückung könne nicht in Vergleich gestellt werden mit einer natürlichen Erkrankung, während welcher der Chef allerdings haftbar sei. Was im übrigen als verschuldete Krankheiten anzusehen, ist wurde ebenfalls schon oben unter III, § 3 dargethan. Es gehören dahin nach Ansicht der meisten Gerichte auch alle durch außerehelichen Beischlaf entstandenen Geschlechtskrankheiten (Syphilis).

Als ein Grund zu sofortiger Entlassung sind schließlich alle ekelerregenden Krankheiten, übler Geruch aus dem Munde, offne Geschwüre u. s. w. anzusehen, wenn der Prinzipal den Handlungsgehilfen nicht etwa mit Kenntnis dieses seines körperlichen Zustandes in Stellung genommen hat.

§ 4. Längere Freiheitsstrafe oder Abwesenheit.

Was unter einer längeren Freiheitsstrafe zu verstehen ist, welche nach § 72 Nr. 3 des H. G. B. zur sofortigen Aufhebung des Dienstverhältnisses berechtigt, ist wiederum dem freien Ermessen des Richters anheimgestellt, von dem es abhängt, ob er eine verfügte Freiheitsstrafe als „längere" ansehen will. In der juristischen Praxis hat man Freiheitsstrafen, welche sich auf Tage und Wochen bemessen, als kurzzeitige Freiheitsstrafen, solche die Monate und Jahre in Anspruch nehmen als längere bezeichnet. Daß die Entlassung schon bei einer kurzen Freiheitsstrafe, wenn sie entehrender Natur ist (Aberkennung der bürgerlichen Ehrenrechte als Nebenstrafe), oder wegen eines entehrenden Verbrechens oder Vergehens (Diebstahl, Betrug u. s. w.) verhängt wurde, gerechtfertigt sein kann, wurde bereits S. 72 erwähnt.

Auch hinsichtlich der „längeren" Abwesenheit fehlt es an einer bestimmten Zeitbemessung im Gesetz. Als eine längere Abwesenheit wird zum Beispiel die Einberufung zum Kriege anzusehen sein. Dagegen nicht die Abwesenheit, die durch Leistung von Schöffen- oder Geschworenendiensten auf einzelne Tage bedingt wird.

§ 5. Militärische Dienstleistungen.

Nach der bisherigen Praxis war eine Einziehung zum Militär Grund zur Entlassung des Handlungsgehilfen, da meist nicht nur die zweijährige, bezw. einjährige Dienstzeit, sondern auch die spätere Einberufung zu mehrwöchigen Übungen als eine längere Abwesenheit angesehen wurde. Dem Entlassenen stand auch kein Anspruch auf Fortgewähr der Bezüge wie bei einem unverschuldeten Unglück zu. Nur das hanseatische Oberlandesgericht Hamburg billigte dem aus solchem Grunde Entlassenen eine angemessene Entschädigung zu, wenn der Chef ihn mit Kenntnis der Thatsache engagierte, daß er noch übungspflichtig sei, und ihm nicht beim Engagement eröffnete, daß er im Falle der Einziehung zu den Übungen ohne weitere Gewähr von Gehalt und Unterhalt entlassen werde. Dem schwankenden Rechtszustande ist jetzt ein Ende gemacht worden.

Nach § 72 Nr. 3 des H.G.B. kann der Handlungsgehilfe nur entlassen werden, wenn die militärische Dienstleistung, zu welcher er Ordre erhält, die Zeit von acht Wochen übersteigt. Er kehrt also nach Beendigung einer achtwöchigen, bez. kürzeren Übung in das Dienstverhältnis zu seinem Prinzipal zurück, wenn ihm nicht etwa gekündigt wurde, und der Vertrag aus diesem Grunde früher endet. Während der Zeit, wo er dem Chef Dienste nicht leistet, kann er aber auch keine Bezüge, das Äquivalent für die Dienstleistungen, fordern. Da Einberufung zu militärischen Dienstleistungen nicht als ein unverschuldetes Unglück anzusehen sind, greift die Bestimmung für die sechswöchige Fortgewährung der Bezüge (§ 63, § 72 Abs. 2 des H.G.B.) hier nicht Platz. Doch dürfen ihm bei ganz unerheblicher Frist der Abwesenheit die

Bezüge, mit Rücksicht auf § 616 des B.G.B., nicht vorenthalten werden.[1]

§ 6. Thätlichkeiten oder erhebliche Ehrverletzungen.

Nach § 72 Nr. 4 des H.G.B. kann der Handlungsgehilfe sofort entlassen werden, der sich Thätlichkeiten oder erhebliche Ehrverletzungen gegen den Prinzipal oder dessen Vertreter zu Schulden kommen läßt.

Die „Thätlichkeiten" sind nur als der schwere Fall von Ehrverletzung besonders vorweg genommen, denn an sich begreifen „erhebliche Ehrverletzungen" selbstverständlich schon die „Thätlichkeiten", oder, wie es in der früheren Fassung hieß, „Mißhandlungen" in sich.

Daß derjenige, der sich thätlich an seinem Prinzipal vergreift, sofort entlassen werden kann, auch wenn nur geringfügige Thätlichkeiten vorliegen, ist gerechtfertigt und braucht darüber nichts weiter ausgeführt zu werden.

Anders liegt es bei den durch Worte oder Gebärden zum Ausdruck gebrachten „erheblichen Ehrverletzungen".

a) Es müssen wirkliche Ehrverletzungen vorliegen, d. h. ein Angriff auf den sittlichen Wert der Person des Prinzipals, oder auch eine Geringschätzung seiner Person in Bezug auf seine bürgerliche Stellung als Kaufmann. Unter den Begriff der erheblichen Ehrverletzungen werden danach nicht etwa nur solche zu rechnen sein, welche auf Grund von § 185 ff. des Strafgesetzbuches als „Beleidigung" zu bestrafen sind. Es kann im Verkehr zwischen Prinzipal und Handlungsgehilfen schon ein Ausdruck als erhebliche Ehrverletzung gelten, in dem der Strafrichter vielleicht keine strafbare Beleidigung erblickt.

b) Die Ehrverletzungen müssen erhebliche sein. Es muß durch sie wirklich die Autorität des Prinzipals angegriffen, der Respekt verletzt sein, den der Handlungsgehilfe seinem Brotgeber schuldet. Nicht jede ungeziemende Äußerung aber reicht dazu hin. Auch kommt es bei Beurteilung der Erheblichkeit auf die Umstände an, unter denen die Ehrverletzung geschah, ob z. B. vor dem übrigen Personal, öffentlich u. s. w.

---

[1] B. G. B. § 616: „Der zur Dienstleistung Verpflichtete wird des Anspruchs auf die Vergütung nicht dadurch verlustig, daß er für eine verhältnismäßig nicht erhebliche Zeit durch einen in seiner Person liegenden Grund ohne sein Verschulden an der Dienstleistung verhindert wird."

In der Praxis sind sehr verschiedenfache Ansichten in dieser Beziehung zu Tage getreten.

Der öffentliche Vorwurf der Unterschlagung, den ein Gehilfe gegen seinen Prinzipal erhebt, verbunden mit der Androhung strafrechtlicher Verfolgung, enthält, nach einem Urteil des Reichsgerichts vom 22. Oktober 1892, eine Ehrenkränkung, welche die sofortige Entlassung des Handlungsgehilfen aus dem Geschäft ohne Entschädigung rechtfertigt. Weiter wurden Ausdrücke, wie „der Prinzipal sei ein Mensch ohne Lebensart", „er verstehe überhaupt nichts vom Geschäft", „der Lehrjunge sei gescheiter als der Chef", als erhebliche Ehrverletzungen angesehen, nicht aber der ohne die Absicht einer Kränkung gebrauchte, dem Prinzipal allgemein von seinem Personal beigelegte Spitzname oder die Bezeichnung „der Alte".

Die Entlassung wurde ferner gebilligt bei einem Handlungsgehilfen, der in Gegenwart des Chefs im Kontor den Hut auf dem Kopfe behielt, oder den Chef auf der Straße nicht grüßte. Das Gericht führte aus, „daß die Versagung der allergewöhnlichsten Höflichkeit selbstverständlich die größte Mißachtung gegen eine Person in sich schließe, welcher man nach der gegenseitigen Stellung zur größten Hochachtung verpflichtet sei" (Haase a. a. O. S. 59).

c. Die Ehrverletzungen können auch gegen den Vertreter des Prinzipals gerichtet sein. Hier kommt der Prokurist, der Geschäftsführer, oder wen der Prinzipal sonst etwa vom Personal in seiner Abwesenheit mit seiner Vertretung, wenn auch nur vorübergehend, betraut hat.

In der Praxis hat man, wenn dies auch nicht ausdrücklich im Gesetz steht, vielfach angenommen, daß eine erhebliche Ehrverletzung auch dann schon zur Entlassung führen könne, wenn sie sich gegen nahe Angehörige des Prinzipals, Ehefrau, Kinder u. s. w. richte, weil in diesen zugleich der Prinzipal selbst verletzt wird.

d. Der Handlungsgehilfe darf zur der Ehrverletzung nicht gereizt worden sein. Hat sich ein Handlungsgehilfe einer erheblichen Ehrverletzung gegen seinen Prinzipal schuldig gemacht, so ist deshalb nach einem Urteil des Reichsgerichts der Prinzipal zur Entlassung des Gehilfen doch nicht berechtigt, wenn dieser z. B. durch eine Beschimpfung seines Vaters seitens des Prinzipales sich zu der ungebührlichen Äußerung gegen den Prinzipal hat hinreißen lassen.

b.

Auf Seiten des Handlungsgehilfen.

Auch hinsichtlich des Handlungsgehilfen führt das Handelsgesetzbuch eine Reihe von wichtigen Gründen besonders auf, welche denselben berechtigen sollen, ohne Einhaltung einer Kündigungsfrist die Stellung zu verlassen (§ 71 des H. G. B). Dahin gehören folgende Gründe:

§ 1. Unfähigkeit zur Dienstleistung.

Diese Bestimmung ist aus der Gewerbeordnung herübergenommen worden (§ 124 Nr. 1 der Gew. O.). Wie es dem Prinzipal eingeräumt ist, den Handlungsgehilfen zu entlassen, wenn er durch anhaltende Krankheit oder Kränklichkeit oder längerer Abwesenheit an der Verrichtung seiner Dienste verhindert wird, so muß auch dem Handlungsgehilfen selbst in solchem Falle freistehen, den Dienst zu quittieren. Oft genug wird der Prinzipal, im Mangel einer anderen Hilfskraft, einen erkrankten Handlungsgehilfen noch so lange beschäftigen wollen, als dies sein Zustand nur noch einigermaßen zuläßt. Das ist aber immer von Nachteil für den Handlungsgehilfen. Er soll daher, sobald er unfähig wird, seine Dienste ordnungsgemäß verrichten zu können, selbst erklären können, daß er seine Stellung aufgebe. Die Unfähigkeit braucht übrigens nicht allein in einer Erkrankung zu beruhen.

§ 2. Nichtgewährung der Bezüge.

Die sofortige Aufgabe der Stellung ist gerechtfertigt, „wenn der Prinzipal den Gehalt oder den gebührenden Unterhalt nicht gewährt“ (§ 71 Nr. 2 des H. G. B). Was wir unter Gehalt und Unterhalt zu verstehen haben, ist unter III § 1 und 2 S. 47 ff. bereits ausgeführt worden. Es gehören hierher auch alle Nebenleistungen, wie Tantieme, Provision u. s. w. Es kann dem Handlungsgehilfen nicht angesonnen werden, den verdienten Gehalt im Geschäft länger als bis zum Fälligkeitstage stehen zu lassen. Nach § 64 des H. G. B. hat aber die Zahlung am Schlusse jeden Monats spätestens zu erfolgen und gegenteilige Vereinbarungen sind nichtig.

Fordert der Handlungsgehilfe am Schlusse jeden Monats

seinen Gehalt ein, und wird er ihm nicht gezaht, so ist er berechtigt, die Stellung sofort zu verlassen. Kann doch der Handlungsgehilfe dadurch, daß ihm sein Gehalt über den Fälligkeitstermin hinaus vorenthalten wird, selbst in Verlegenheit geraten, weil er seine eigenen Verbindlichkeiten nun nicht pünktlich erfüllen kann. Andererseits liegt auch die Gefahr nahe, daß der Prinzipal, der am Fälligkeitstage nicht zahlt, später, wenn der Betrag anwächst, erst recht nicht zahlen kann, und erfahrungsmäßig bedeutet die Nichtgewährung der Bezüge immer, daß die Kassenverhältnisse des Geschäftes ungünstige sind und wohl gar eine Insolvenz hereinzubrechen droht.

Hinsichtlich der Nebenleistungen bewendet es natürlich bei den vereinbarten Fälligkeitsterminen, da hinsichtlich ihrer eine Gewährung am Ende jeden Monats nicht vorgeschrieben ist. Der vereinbarte Termin muß aber ebenfalls eingehalten werden.

Notwendig ist, daß der Prinzipal auf Ansuchen des Handlungsgehilfen die Bezüge nicht gewährt. Ein bloßes Vergessen der Gewährung reicht zur Auflösung des Dienstverhältnisses seitens des Handlungsgehilfen nicht hin.

§ 3. Verweigerung der Erfüllung der Fürsorgepflicht.

Über die Fürsorgepflicht des Prinzipals, die in § 62 des Handesgesetzbuches behandelt ist, haben wir ausführlich unter III § 6 S. 57 gesprochen. Der Handlungsgehilfe ist berechtigt, den Dienst sofort zu verlassen, wenn der Prinzipal den ihm nach § 62 obliegenden Verpflichtungen nachzukommen verweigert" (§ 71 Nr. 3 des H. G. B.).

Die Erfüllung dieser Fürsorgepflicht muß verweigert sein. Daraus folgt, daß nicht ein einfaches Unterlassen derselben hinreicht, um den Dienst verlassen zu können, vielmehr muß eine Aufforderung an den Prinzipal, seiner Verpflichtung nachzukommen, vorhergegangen sein.

Der Prinzipal, über dessen Haftpflicht bei Zuwiderhandlungen gegen die Fürsorgepflicht ebenfalls bereits oben gehandelt wurde, und der sich dieser Verpflichtung nicht durch Vertrag ganz oder teilweise entziehen kann, kann sich auch nicht damit entschuldigen, daß er im jeweiligen Falle für seine eigene Person oder seine Familienglieder ebenfalls keine größere Fürsorge treffe. Dieser Einwand ist unbeachtlich. Die Handelskammer beim Landgericht Nürnberg weist ihn in einem Falle zurück, wo der Handlungsgehilfe in einem kalten Zimmer hatte Dienste verrichten müssen und sich dadurch Gliedmaßen erfroren hatte. Der Chef wandte ein, daß er selbst und andere Handlungsgehilfen in diesem Zimmer mit gearbeitet hätten. Das Gericht billigte trotzdem den sofortigen Austritt des Gehilfen „weil ihm die Fortsetzung einer seiner Gesundheit gefährdenden Lebensweise nicht zugemutet werden könne" (Haase, a. a. O. S. 45).

§ 4. Thätlichkeiten, erhebliche Ehrverletzungen oder unsittliche Zumutungen.

a. Thätlichkeiten. In dieser Beziehung ist dem S. 86 Gesagten nichts weiter hinzuzufügen. Was von der Thätlichkeit des Gehilfen gilt, gilt auch von der des Prinzipals.

b. Erhebliche Ehrverletzungen. In der früheren Fassung des Handelsgesetzbuches war der Gehilfe, was Ehrverletzungen anlangt, dem Prinzipal nicht gleichgestellt. Während der Handlungsgehilfe schon entlassen werden konnte, wenn erhebliche Ehrverletzungen vorlagen, konnte gegen den Prinzipal seitens des Gehilfen erst die Aufhebung des Dienstverhältnisses erklärt werden, wenn eine schwere Ehrverletzung vorlag. Jetzt ist völlige Gleichstellung eingetreten. Es genügt auf beiden Seiten die erhebliche Ehrverletzung. Was S. 86 § 6 über den Begriff der Ehrverletzung und der Erheblichkeit gesagt worden ist, gilt auch hier. Nur wird, dem Handlungsgehilfen gegenüber mancher Ausdruck nicht schon als erhebliche Ehrverletzung anzusehen sein, der dem Prinzipal gegenüber unbedingt als eine solche gelten muß. Das bringt das Verhältnis Beider zu einander mit sich. Der Handlungsgehilfe ist dem Prinzipal zur Ehrerbietung, Achtung und zum Gehorsam verpflichtet. Nicht umgekehrt. Der Prinzipal kann dem Gehilfen Rügen erteilen, Vorhalte machen, und ihn durch Scheltworte strafen. Wenn dabei der Gehilfe an seiner Ehre gepackt wird, so ist selbst bei den ihn verletzenden Ausdrücken noch nicht von einer erheblichen Ehrverletzung des Gehilfen die Rede. Die Gerichte sind sogar in dieser Beziehung sehr tolerant verfahren und haben selbst Ausdrücke wie: „Halten Sie die Schnauze", „Sie sind ein Fatzke", „Sie sind ein ganz dummes Frauenzimmer", „Sie sind ja blödsinniger als es die Polizei erlaubt", „Sie verdienen Schläge" (Haase, a. a. O. S. 46) u. s. w.

nicht für ausreichend zum sofortigen Verlassen der Stellung erklärt. Nach unserem Dafürhalten sind derartige Beschimpfungen aber, namentlich, wenn sie sich wiederholen, als erhebliche Ehrverletzung im Sinne des Gesetzes anzusehen.

c. Unsittliche Zumutungen. Dieselben werden seitens der Prinzipale namentlich dem weiblichen Personal gegenüber häufig gestellt, das der Chef zur geschlechtlichen Preisgabe zu bewegen sucht. Eine derartige Zumutung enthält eine erhebliche Ehrverletzung. Der Gesetzgeber hat jedoch geglaubt, den Fall noch besonders hervorheben zu müssen. Natürlich ist in solchem Falle die Handlungsgehilfin nur dann zur Lösung des Dienstverhältnisses berechtigt, wenn sie nicht selbst durch ihr Betragen in dem Prinzipal den Glauben erweckt hat und erwecken mußte, daß sie zu einem geschlechtlichen Umgang mit ihm geneigt sei. Im letzteren Falle ist von einer unsittlichen Zumutung im Sinn des Gesetzes nicht mehr die Rede.

d. Verweigerung des Schutzes. Der Prinzipal muß seinen Handlungsgehilfen aber auch dagegen schützen, daß er nicht Thätlichkeiten, erhebliche Ehrverletzungen oder unsittliche Zumutungen von Seiten der übrigen Angestellten oder eines Familienangehörigen des Prinzipals zu erdulden hat. Findet der Handlungsgehilfe auf seine Anzeige des Vorfalles und Bitte um Schutz diesen nicht, verweigert also der Prinzipal den notwendigen Schutz, so ist auch in diesem Falle das sofortige Verlassen der Stellung gerechtfertigt.

§ 5. Konkursausbruch.

Welche Gehaltsforderungen und sonstigen Ansprüche wegen seiner Bezüge der Handlungsgehilfe im Falle des Ausbruchs des Konkurses über das Vermögen des Prinzipals stellen kann, war schon bei der Erörteruug über die Verpflichtung des Prinzipals zur Zahlung des Gehaltes und Gewährnng sonstiger Bezüge unter Abs. 3 § 4 S. 55 zu erörtern. Hier ist die Frage zu erledigen, wie es mit der Fortsetzung oder Aufhebung der Dienstleistungen des Handlungsgehilfen im Konkursfalle steht.

Durch den Konkurs des Geschäftshauses werden die Dienstverträge, welche der Prinzipal mit seinem Personal abgeschlossen hat, nicht ohne weiteres beendet. Vielmehr muß seitens des Konkursverwalters, aber auch seitens des Handlungsgehilfen die gesetzliche Kündigung eingehalten werden, falls nicht etwa eine kürzere

Kündigungsfrist zwischen dem Kridar und dem Handlungsgehilfen seiner Zeit vereinbart worden ist. Im letzteren Fall greift die vereinbarte kürzere Kündigungsfrist Platz.

Danach kann weder der Konkursverwalter noch der Handlungsgehilfe verlangen, daß ein auf Jahre hinaus abgeschlossener Dienstvertrag respektiert werde. Nur die Kündigungsfrist hat er wie der Handlungsgehilfe zur beobachten. Will der Letztere, weil sich ihm eine anderweite, günstige Gelegenheit bietet, Dienste zu nehmen, früher von seiner Verbindlichkeit entbunden sein, so muß er sich mit dem Konkursverwalter ins Einvernehmen setzen, der in den meisten Fällen, wo es ohne Schaden für die Masseverwaltung geschehen kann, in eine frühere Lösung des Vertragsverhältnisses willigen wird. Zu erzwingen ist diese Einwilligung nicht. (Vergl. § 19 der Konkursordnung.)

§ 6. Verkauf des Geschäftes.

Der Verkauf des Geschäftes berechtigt den Handlungsgehilfen, wie schon erwähnt, nur dann die Stellung sofort zu verlassen, wenn in der Stellung selbst eine wesentliche Veränderung eintritt, z. B. andere Funktionen ihm übertragen werden sollen, der Gehalt herabgesetzt werden soll u. s. w. In diesen Fällen kann der Handlungsgehilfe die Stellung verlassen und sich an seinem früheren Prinzipal, dem Verkäufer schadlos halten. Derselbe muß ihm alle Bezüge bis zum Ablauf des Vertrages, wie er im Kündigungsfalle eintritt, gewähren. An den Käufer des Geschäftes hat der Handlungsgehilfe, im Falle der Nichtübernahme seines Dienstverhältnisses, keinerlei Ansprüche, da er zu diesem in keinem Vertragsverhältnis steht. Setzt der Handlungsgehilfe die Dienste beim Käufer fort, so bleibt ihm daneben, nach einem Urteil des Reichsgerichts vom 13. November 1895, doch der Vorgänger für seine Ansprüche aus dem mit ihm geschlossenen Vertrag, wenn er ihn z. B. auf Jahre hinaus engagiert hatte, haftbar.

3.

Nachträgliche Gründe zur außerordentlichen Beendigung des Dienstverhältnisses.

Wenn ein Prinzipal einen Handlungsgehilfen sofort entlassen hat, weil nach seiner Anschauung ein wichtiger Grund zur Aufhebung des Dienstverhältnisses vorliegt, und sich herausstellt, daß der angeführte Grund als ein wichtiger nicht anzusehen ist, so kann der Prinzipal zur Rechtfertigung seiner Entlassung nachträglich auch einen anderen wichtigen Grund benutzen, gleichviel ob dieser Grund ihm bei der Entlassung bekannt war oder nicht. Auch ein erst später zur Kenntnis des Prinzipals kommender, wichtiger Grund zur Auflösung des Dienstverhältnisses rechtfertigt nach einem Urteil des Reichsgerichts die verfügte sofortige Entlassung, wenn nur die Wirkungen des betreffenden Grundes noch fortdauern. Man wird nicht irregehen, wenn man umgekehrt die gleiche Berechtigung auch dem Handlungsgehilfen zuspricht.

C.

Ansprüche nach Beendigung des Dienstverhältnisses.

1.

Einhaltung des Konkurrenzverbotes (Konkurrenzklausel).

Die Konkurrenzklausel in Engagementsverträgen ist seit langer Zeit ein Gegenstand der Klagen und Beschwerden der Handlungsgehilfen gewesen. Wurde er doch oft, „der Not gehorchend nicht dem eignen Triebe,“ bei längerer Stellenlosigkeit in die Notwendigkeit versetzt, einen Vertrag einzugehen, in dem er sich auf lange Jahre bei hohen Konventionalstrafen verbindlich machte, oft bei einem nur geringen Salär, jedweder Thätigkeit in einem Konkurrenzgeschäfte zu entsagen. Viel soziales Elend ist infolge solcher Verträge über die Handlungsgehilfen gekommen. Dagegen mußte ihnen Schutz gewährt werden. Aber nicht minder bedurfte dieses Schutzes der Prinzipal infolge des immer heftiger geführten Konkurrenzkampfes der einzelnen Geschäfte untereinander, der in den Mitteln oft sehr wenig wählerisch ist, und den Prinzipal zwingt, sich dagegen vorzusehen, daß ihm seine mühsam erworbene Kundschaft nicht durch Manipulationen abspenstig gemacht wird, bei denen der Übertritt eines Gehilfen in ein Konkurrenzgeschäft eine große Rolle spielt.

Die Konkurrenzklausel in den Engagementsverträgen konnte demnach nicht überhaupt für ungiltig erklärt werden, wohl aber mußten Mittel und Wege gefunden werden, sie so einzuschränken, daß die Prinzipale geschützt blieben, die Handlungsgehilfen aber nicht mehr in so verhängnisvoller Weise in ihren Interessen geschädigt, in ihrem Fortkommen gehindert werden konnten, wie bisher. Das ist in § 74 u. 75 des Handelsgesetzbuches jetzt geschehen.

„Eine Vereinbarung zwischen dem Prinzipal und dem Handlungsgehilfen, durch welche dieser für die Zeit nach der Beendigung des Dienstverhältnisses in seiner gewerblichen Thätigkeit beschränkt wird, ist für den Handlungsgehilfen nur insoweit verbindlich, als die Beschränkung nach Zeit, Ort und Gegenstand nicht die Grenzen überschreitet, durch welche eine unbillige Erschwerung des Fortkommens des Handlungsgehilfen ausgeschlossen wird." (§ 74 Abs. 1 des H. G. B.)

Positiv ausgedrückt, bestimmt das Handelsgesetzbuch also, daß ein Konkurrenzverbot in sogenannten Konkurrenzklauseln für den Handlungsgehilfen keine verbindliche Kraft hat, wenn es auf zu lange Zeit hinaus, auf einen zu weiten Ortskreis und auf zu viele Handelsgegenstände ausgedehnt ist, und dadurch das Fortkommen des Handlungsgehilfen in unbilliger Weise erschwert.

Dem Richter ist nun wiederum ein weiter Spielraum gelassen. Er hat zu ermessen, ob zeitlich, örtlich und gegenständlich die notwendigen Grenzen gewahrt sind.

Was die zeitliche Beschränkung anlangt, so hat der Gesetzgeber selbst eine Bestimmung getroffen, indem Abs. 2 in § 74 hinzufügt: „Die Beschränkung kann nicht auf einen Zeitraum von mehr als drei Jahren von der Beendigung des Dienstverhältnisses an erstreckt werden."

Hinsichtlich der örtlichen Beschränkung wird davon auszugehen sein, daß dem Handlungsgehilfen nicht auch an solchen Orten die Konkurrenzthätigkeit untersagt werden darf, an denen der frühere Prinzipal überhaupt keine Geschäfte macht. So hat in einem Falle, der im „Sächs. Archiv für bürgerliches Recht" mitgeteilt wurde, das Landgericht Leipzig die Ansicht vertreten, daß die Beteiligung im Konkurrenzgeschäft dann erlaubt sein muß, wenn solches wegen zu großer räumlicher Entfernung seines Sitzes vom Sitz der früheren Firma den Geschäftsgewinn der letzteren nicht zu schmälern vermag.

Auch wurde es in einem anderen Falle für nicht angängig bezeichnet, daß einem Handlungsgehilfen schlechthin, ohne jede örtliche Beschränkung, der Eintritt in ein Konkurrenzgeschäft untersagt war. Das Gericht führte aus, daß es gar nicht im Interesse des früheren Hauses liegen könne, dem Handlungsgehilfen den

Eintritt in ein Konkurrenzgeschäft auf der ganzen Welt zu verbieten.

Was die gegenstandliche Beschränkung anlangt, so hat das Gericht immer angenommen, daß recht wohl dem Handlungsgehilfen die Konkurrenzthätigkeit auf angemessene Zeit in seiner ganzen Branche untersagt werden kann. Nicht angängig ist es natürlich, wenn ein großes Warenhaus, welches fast alle gangbaren Handelsartikel führt, einem Angestellten untersagen wollte, in ein Geschäft zu treten, welches Artikel führe, wie sie bei ihm zum Verkauf kommen. In solchem Falle würde die Beschränkung nach dem Gegenstand die zulässigen Grenzen bei Weitem überschritten haben.

Eine weitere Frage ist die, zu wessen Gunsten die Konkurrenzklauseln im Streitfalle auszulegen sind. Das Landgericht Hannover hat in einem Streitfalle, wo es sich um die Auslegung eines Konkurrenzverbotes handelte, ausgesprochen, daß mit Rücksicht auf die in den Konkurrenzklauseln auferlegte zeitliche Beschränkung der gesetzlich garantierten Gewerbefreiheit, und mit Rücksicht auf die Behinderung der vollen Entfaltung der Thätigkeit gerade auf dem Gebiete, wo sie bislang versucht worden ist, der Vertrag im Zweifel zu Gunsten des Verpflichteten zu interpretieren ist. In dem betreffenden Falle hatte sich der Handlungsgehilfe verbindlich gemacht, innerhalb gewisser Zeit weder als Beamter (Reisender oder Kontorist), noch als öffentlicher oder stiller Teilhaber in fünf bestimmte Firmen einzutreten. Er trat aber in eine sechste ein, die auch die Artikel der fünf ausgeschlossenen Firmen mit führte. Ähnlich spricht sich das Oberlandesgericht Darmstadt in einem Urteil vom 27. Februar 1893 aus. Es ist dem Handlungsgehilfen unbenommen, als Teilhaber in ein Geschäft einzutreten oder selbst ein solches zu begründen, wenn ihm nur untersagt worden ist, Stellung bei der Konkurrenz zu nehmen. Andererseits ist in dem Falle, wo sich der Handlungsgehilfe verpflichtet hatte, in kein gleiches Fabrikgeschäft einzutreten und nach Verlassen der Stellung in ein Engrosgeschäft gleicher Branche eingetreten war, zu Ungunsten des Handlungsgehilfen entschieden worden, da der Begriff des Fabrikgeschäftes gemeinhin den des Engrosgeschäftes mit umfasse (Landgericht Frankfurt a. M.). Die Berechtigung, Konkurrenzklauseln im Zweifel zu Gunsten des Verpflichteten auszulegen, wird noch unzweifelhafter da, wo eine Konventionalstrafe für die Verletzung des Verbotes festgesetzt worden ist. Die Stipulation von Konventionalstrafen ist im Zweifel, wie die Praxis allenthalben anerkannt hat, zu Gunsten des Verpflichteten zu interpretieren (Entsch. des R.O.H.G. XIII. 387. XIV. 267).

Was die Konventionalstrafe anlangt, so muß auch sie in angemessener Höhe festgesetzt sein. Ist das nicht der Fall, so kann der Richter sie nach § 343 des Bürgerlichen Gesetzbuches, so lange sie noch nicht entrichtet ist, auf eine angemessenen Betrag herabsetzen. Bei der Beurteilung der Angemessenheit ist jedes berechtigte Interesse des Prinzipals, nicht bloß das Vermögensinteresse, in Betracht zu ziehen, andernfalls aber auch auf die Interessen des Handlungsgehilfen Gewicht zu legen. Vereinbarungen, wonach der Handlungsgehilfe auf eine Herabsetzung einer unverhältnismäßig hohen Vertragsstrafe im voraus verzichtet, sind nichtig.

Eine Streitfrage ist es, ob ein Konkurrenzverbot zeitlich und örtlich beschränkt sein muß, oder ob es genügt, wenn es nur zeitlich oder örtlich beschränkt ist. In einer Entscheidung des Oberlandesgerichts Kolmar vom 27. November 1896 ist ausgesprochen, daß die zeitliche oder örtliche Beschränkung ausreichend sei. Maßgebend ist nur, daß keine unbillige Erschwerung des Fortkommens vorliegt.

Wann tritt die Konkurrenzklausel, auch wenn sie die nötigen Beschränkungen enthält, doch außer Wirksamkeit?

1) Wenn der Handlungsgehilfe zur Zeit des Vertragsabschlusses minderjährig ist.
2) Wenn der Handlungsgehilfe das Dienstverhältnis aus einem wichtigen Grunde, insbesondere aus einem der vom Gesetzgeber als wichtig bezeichneten Gründe aufzulösen gezwungen ist, weil ein vertragswidriges Verhalten des Prinzipals vorliegt.
3) Wenn der Prinzipal das Dienstverhältnis kündigt oder sofort löst, ohne daß ein erheblicher Anlaß vorliegt. Liegt ein erheblicher Anlaß vor, der dem Prinzipal nicht zur Last gelegt werden kann, der vielmehr auf Seiten des Handlungsgehilfen zu suchen ist, so ist Letzterer auch bei einer Kündigung oder sofortigen Entlassung an das Konkurrenzverbot gebunden.

Diese Bestimmungen, welche durch Vertrag nicht ausgeschlossen werden können, entsprechen im wesentlichen der seit Jahren geübten Spruchpraxis des Reichsgerichts. Die unter Nr. 3 aufgeführte Bestimmung kann nach ihrem Wortlaut im Gesetz zu Zweifeln Veranlassung geben. Es heißt da, daß die Konkurrenzklausel nicht in Kraft tritt, „wenn der Prinzipal das Dienstverhältnis kündigt, es sei denn, daß für die Kündigung ein erheblicher Anlaß vorliegt, den er [sc. der Prinzipal] nicht verschuldet hat." Hat den Anlaß der Handlungsgehilfe verschuldet, so trifft ihn mit Recht der Nachteil des Konkurrenzverbotes. Wie aber nun, wenn das Verschulden an dem Anlaß einen Dritten trifft? Soll dafür auch der unschuldige Handlungsgehilfe büßen? Die Gesetzesstelle ist nach unserm Dafürhalten, in Verbindung mit dem vorhergehenden und den bisherigen Entscheidungen des Reichsgerichts, so zu interpretieren, daß der Anlaß nicht vom Prinzipal, sondern vom Handlungsgehilfen verschuldet sein muß.

Die Nachteile sollen den Handlungsgehilfen z. B. treffen, wenn er durch sein Verhalten arglistig oder grobfahrlässig den Prinzipal nötigte, seine Entlassung auszusprechen (Entsch. des Reichsgerichts vom 26. November 1892 in Bolze, Praxis des Reichsgerichts Bd. 15. S. 175), nicht aber, wenn der Prinzipal, um vielleicht eine bessere oder billigere Kraft zu engagieren dem Handlungsgehilfen, obwohl ein vertragswidriges Verhalten desselben nicht vorliegt, kündigte (Entsch. des Landgerichts Breslau).

Giltig ist die Klausel auch in den Fällen unter 3, wenn dem Gehilfen während der Dauer der Beschränkung der zuletzt bezogene Gehalt fortgezahlt wird.

Welche Ansprüche hat der Prinzipal, wenn der Handlungsgehilfe, dem Konkurrenzverbot zuwiderhandelt? Es ist bei Beantwortung dieser Frage zwischen den Fällen, in denen eine Konventionalstrafe für die Zuwiderhandlung vorgesehen ist, und denen, wo dies nicht geschehen ist, zu unterscheiden.

„Hat der Handlungsgehilfe für den Fall, daß er die in der Vereinbarung übernommene Verpflichtung nicht erfüllt, eine Strafe [Konventionalstrafe] versprochen, so kann der Prinzipal nur die verwirkte Strafe verlangen; der Anspruch auf Erfüllung oder auf Ersatz eines weiteren Schadens ist ausgeschlossen." (§ 75 Abs. 2 des H.G.B.)

Er kann eine Konventionalstrafe in angemessener Höhe fordern, nicht aber daneben noch auf Unterlassung der Thätigkeit bei der Konkurrenzfirma oder auf Schadensersatz Anspruch erheben.

Die Konventionalstrafe in den die Gewerbefreiheit durch Konkurrenzverbot beschränkenden Verträgen hat nach den Entscheidungen des Reichsgerichts die rechtliche Natur einer Wandelpön und ist dazu bestimmt, dem Berechtigten das volle Interesse an der Vertragserfüllung zu ersetzen.

Wie liegt aber die Sache, wenn eine solche Konventionalstrafe nicht ausbedungen wurde? Dann kann Schadensersatz und Erfüllung des Vertrages hinsichtlich des Konkurrenzverbotes gefordert werden. Der frühere Prinzipal kann den Handlungsgehilfen für allen Schaden verantwortlich machen, der ihm daraus erwächst, daß er zur Konkurrenz übergetreten ist, oder selbst ein Konkurrenzgeschäft begründet hat. Er kann ihn aber auch im Klageweg zwingen, die Thätigkeit bei der Konkurrenz einzustellen, oder das Konkurrenzgeschäft, das er selbst eröffnet hat, zu schließen. Er kann das sogar schnellstens durch eine einstweilige Verfügung erreichen. Ja, das Reichsgericht geht soweit, daß es die letztere Befugnis dem früheren Prinzipal schon zuspricht, wenn nur ein begründeter Verdacht vorliegt, daß der Handlungsgehilfe eine Konkurrenzstellung annehmen, oder ein Konkurrenzgeschäft begründen wolle. „Hat sich ein Handlungsgehilfe seinem Prinzipal gegenüber verpflichtet, eine bestimmte Zeit nach seinem Austritt in keinem Konkurrenzgeschäft Stellung zu nehmen, so kann nach erfolgtem Dienstaustritt,“ so wird in dem Urteil des I. Zivilsenats vom 22. Juni 1892 ausgeführt, „wenn der Ausgetretene in ein Konkurrenzgeschäft eingetreten ist, oder wenn genügender Grund zur Annahme vorliegt, daß der Ausgetretene in ein Konkurrenzgeschäft eintreten werde, der Prinzipal die Erlassung einer gerichtlichen einstweiligen Verfügung beantragen, wodurch dem Provokaten der Eintritt in ein Konkurrenzgeschäft, bezw. die Fortsetzung seiner Thätigkeit in einem solchen Geschäfte, bei Strafe untersagt wird.“

Die Strafe, welche nun das Gericht in Kraft einstweiliger Verfügung dem Handlungsgehilfen, der die Konkurrenzklausel verletzt, androhen und von ihm exekutivisch beitreiben kann, ist in der Zivilprozeßordnung festgesetzt. Nach ihr sind zur Erreichung des Zweckes alle innerhalb der Zwangsvollstreckung zulässigen Anordnungen statthaft, auch die Haftanlegung. Es würde nach § 775 der Zivilprozeßordnung eine Geldstrafe bis zu 1500 Mk. oder eine Haftstrafe bis zu 6 Monaten verhangen werden können. Das Maß der Gesamthaftstrafen dürfte aber wegen mehrerer gleichzeitig zu bestrafender Zuwiderhandlungen zwei Jahre Haft nicht übersteigen.

Schließlich hat auch die Frage zu Rechtsstreitigkeiten Veranlassung gegeben, ob ein Handlungsgehilfe, dem einmal gestattet worden ist, entgegen dem Konkurrenzverbot, in eine Konkurrenzfirma einzutreten, nun für die Folgezeit überhaupt von der dem früheren Hause gegenüber eingegangenen Verbindlichkeit hinsichtlich der Konkurrenzthätigkeit befreit ist. In dieser Beziehung ist Folgendes zu sagen. Wenn der Prinzipal dem Handlungsgehilfen ausdrücklich nur erlaubt hat, zu einer bestimmten Konkurrenzfirma, die benannt worden ist, überzugehen, so hat er sich seines Rechtes eben nur hinsichtlich dieser einen Firma begeben. Tritt der Handlungsgehilfe aus dieser Firma wieder aus, und ist inzwischen die Zeit, für welche er sich der früheren Firma gegenüber gebunden hatte, noch nicht verstrichen, so kann er, ohne sich die Nachteile der Übertretung des Konkurrenzverbotes zuzuziehen, in kein anderweites Konkurrenzgeschäft eintreten. Dagegen kann er dies thun, wenn ihm die Firma auf sein Befragen im allgemeinen erlaubt hat, eine Konkurrenzthätigkeit bei einer Firma aufzunehmen und die Erlaubnis nicht nur ausdrücklich an diese eine Firma knüpfte.

2.

Das Zeugnis des Handlungsgehilfen.

„Bei der Beendigung des Dienstverhältnisses kann der Handlungsgehilfe ein schriftliches Zeugnis über die Art und Dauer der Beschäftigung fordern. Das Zeugnis ist auf Verlangen des Handlungsgehilfen auch auf die Führung und die Leistungen auszudehnen.“ (§ 73 Abs. 1 des H.G.B.)

Während bislang der Handlungsgehilfe, außer da, wo etwa ein Handelsbrauch vorlag, ein Zeugnis vom Prinzipal nicht fordern konnte, ist diesem Verlangen jetzt im Handelsgesetzbuch Rechnung getragen worden.

Das Zeugnis darf gesetzlicher Weise nur enthalten, in welcher Stellung sich der Handlungsgehilfe befunden, ob er als Buchhalter, Kommis, Lagerist, Korrespondent u. s. w. thätig war, und wie lange er in dieser Stellung sich befunden hat. Wird ein Mehreres hinzugefügt, so kann der Handlungsgehilfe verlangen, daß das Zeugnis in entsprechender Weise abgeändert wird. Er kann auf Abänderung klagen.

Nur wenn der Handlungsgehilfe den Wunsch äußert, daß auch über sein Verhalten und seine geschäftlichen Erfolge ein Attest gegeben werde, kann und muß der Prinzipal das Zeugnis auf die Führung und die Leistungen ausdehnen.

Auf Antrag des Handlungsgehilfen hat die Ortspolizeibehörde das Zeugnis kosten- und stempelfrei zu beglaubigen (§ 73 Abs. 2 des H.G.B.).

Das Zeugnis muß vor allen Dingen die Wahrheit enthalten. Wahrheitswidrige Zeugnisse, welche zum Nachteile des Handlungsgehilfen ausgestellt werden, machen den Prinzipal schadensersatzpflichtig, wenn dem Handlungsgehilfen auf Grund des wahrheitswidrigen Zeugnisses eine Stellung entgeht. Wenn aber wahrheitswidrige Zeugnisse zu Gunsten des Handlungsgehilfen ausgestellt werden, so macht sich der Aussteller wieder dem Prinzipal schadensersatzpflichtig, der auf Grund dieses Zeugnisses den Handlungsgehilfen engagiert hat und durch diesen geschädigt wird. Ein Berliner Kaufmann hatte einem ungetreuen Handlungsgehilfen wider besseres Wissen ein gutes Zeugnis ausgestellt und dessen Unehrlichkeit verschwiegen. Der Handlungsgehilfe bekam daraufhin Anstellung bei einem Bankier, dem er alsbald eine größere Summe veruntreute. Die Folge war, daß der Bankier von dem Kaufmann vollen Schadensersatz forderte. Der Kaufmann weigerte sich zwar, wurde aber verklagt und zum Ersatz der ganzen, dem Bankier unterschlagenen Summe verurteilt.

Was von der Wahrheit der Zeugnisse gilt, gilt auch von Empfehlungen und Auskünften, die ein Prinzipal einem anderen über einen Handlungsgehilfen giebt, der sich bei demselben zur Annahme einer Stellung gemeldet hat. Auch hier muß sich der Prinzipal streng an die Wahrheit halten, wenn ihm auch strengste Diskretion zugesichert wird. Für jede wahrheitswidrige Empfehlung oder Auskunft haftet der Prinzipal dem Geschädigten.

Es sei schließlich noch darauf aufmerksam gemacht, daß diese Haftpflicht für den Prinzipal auch dann in Frage kommt, wenn er verlangte Zeugnisse abhanden kommen läßt. Bestritten ist die Frage bei unverlangt eingesandten Zeugnissen, und der Handlungsgehilfe sollte, wenn ein Verlangen nicht an ihn gestellt ist, Zeugnisse immer nur in Kopie einsenden.

3.
Rückzahlung geleisteter Kautionen. Rückgabe des Geschäftsinventars. Retentionsrecht.

Nach Beendigung des Vertragsverhältnisses haben die Parteien sich gegenseitig auszuantworten, was sie von einander noch in Besitz und Gebrauch haben.

Der Prinzipal hat insbesondere dem Angestellten die etwa von diesem hinterlegte Kaution herauszugeben. Über den Zeitpunkt, bis wann sie herauszugeben ist, giebt es selbstverständlich eine gesetzliche Bestimmung nicht. In einem Urteil des Berliner Kammergerichts, XI. Civilsenat, ist entschieden worden, daß der Prinzipal, dem eine Kaution zur Sicherung wegen etwaiger Veruntreuungen oder Verluste, die er durch deu Handlungsgehilfen erleiden sollte, bestellt ist, diese Kaution nicht sofort herauszugeben braucht, sondern, daß er sie „einige Zeit" noch an sich behalten könne, um sich zu vergewissern, ob auch keine Fälle eingetreten sind, wegen deren er sich an die Kaution zu halten hätte. Schon das Landgericht I in Berlin hatte diese Anschauung vertreten, und weiter betont, daß die Kaution keinesfalls über Gebühr zurückzuhalten und dadurch der Kautionssteller in seinem Fortkommen geschädigt werden dürfe. Das Kammergericht trat dem bei. In dem kammergerichtlichen Urteil heißt es:

„Es ist zuzugeben, daß, wenn die Kaution dafür bestellt war, daß der Gehilfe die Firma nicht durch Veruntreuungen oder falsche Aufgaben in Schaden bringe, ihr eine angemessene Frist gelassen werden mußte, innerhalb deren sie festzustellen hatte, ob ihr irgend ein Schaden durch den Kläger entstanden war, und daß also die dafür haftende Kaution nicht unmittelbar am Tage des Austritts aus dem Geschäft fällig war. Andererseits ist aber auch zuzugeben, daß der Gehilfe auf Auszahlung dieser Kaution, deren er doch zur Erlangung einer anderen Lebensstellung bald wieder bedürfen konnte, nicht zu warten brauchte, bis es der Beklagten beliebte, ihre Erkundigungen, ob ihr ein Schaden entstanden sei, zu beendigen und den Gehilfen demnächst zu befriedigen. Das Landgericht meint, daß ein Zeitraum von vier Wochen ausreichend sei, um der Firma nach ordnungsmäßigem Geschäftsgange Gewißheit darüber zu verschaffen, ob ihr Ansprüche gegen den Gehilfen zustehen oder nicht, und es kann dieser Ansicht nur beigetreten werden, denn mag der Umfang des Geschäftes noch so groß sein, ja möchte selbst früher einmal dem Gehilfen der Vorwurf einer Veruntreuung zu machen gewesen sein, es kann doch jedenfalls darauf keine Rücksicht genommen werden, daß eine Umfrage bei den von dem Kläger aufgegebenen Kunden, ob sie etwa an ihn etwas bezahlt haben, schwierig oder peinlich für die Parteien oder für die Kundschaft sein würde, und ebensowenig darauf, ob den Kunden ein längerer oder kürzerer Kredit gewährt worden ist. Die Firma hat noch heute, nach neun Monaten keine einzige Veruntreuung oder sonstige Schädigung, für die ihr die Kaution haften könne, behauptet, oder gar nachgewiesen, und die von ihr eingelegte Weigerung der Rückzahlung der Kaution erscheint daher völlig ungerechtfertigt."

Andererseits hat auch der Handlungsgehilfe alles in ordnungsmäßigem Zustande zurückzugeben, was er vom Geschäftsinventar der Firma, die er verläßt, etwa noch im Besitz hat. Er hat also Koffer, Bücher, Briefe, Schreibmaterial, Muster, Kundenlisten, Preiskurante u. s. w. an den Prinzipal auszuantworten.

Eine viel bestrittene Frage ist es, ob und inwieweit dem Handlungsgehilfen wegen unbefriedigter, fälliger Ansprüche an den Prinzipal (rückständiger Bezüge) ein Retentionsrecht an den eben genannten Gegenständen zusteht.

Die Frage mußte bislang verneint werden. Nach Artikel 313 des früheren Handelsgesetzbuches, der in § 369 Abs. 3 des neuen Handelsgesetzbuches wieder aufgenommen ist, tritt ein Zurückbehaltungsrecht nicht ein, wenn die Zurückbehaltung der Gegenstände, wie das bei Handelsbüchern, Musterkollektionen, Geschäftsbriefen u. s. w. immer der Fall sein wird, der von dem Schuldner vor oder bei der Übergabe erteilten Vorschrift oder der von dem Gläubiger übernommenen Verpflichtung, in einer bestimmten Weise mit den Gegenständen zu verfahren, widerstreiten würde. Aus diesem Grunde sprach man das Retentionsrecht ab.

Es erscheint aber fraglich, ob diese Bestimmung Anwendung erleidet, wo es sich um das Verhältnis zwischen Prinzipal und Angestellten handelt. Wir müssen dies verneinen. § 369 Abs. 3 des H. G. B. greift nur Platz, wo es sich um Ansprüche zwischen zwei selbständigen Kaufleuten aus den zwischen ihnen geschlossenen beiderseitigen Handelsgeschäften handelt.

Wenn nun das Handelsgesetzbuch die Frage des Retentionsrechtes der Handlungsgehilfen nicht behandelt, so würde ergänzend wieder das Bürgerliche Gesetzbuch zu Rate zu ziehen sein. Wie ist die Frage nach den Bestimmungen dieses Gesetzes zu beantworten? Die Denkschrift der Reichstagsvorlage weist S. 60 darauf hin, daß in das Handelsgesetzbuch eine Vorschrift über das Zurückbehaltungsrecht nicht aufgenommen worden sei, weil die Frage schon durch § 855 des Bürgerlichen Gesetzbuches ausreichend geklärt sei. Nach diesem § wird aber in der Regel den Handlungsgehilfen ein Zurückbehaltungsrecht an den Sachen des Prinzipals nicht zustehen. Der erwähnte § besagt nämlich: „Übt Jemand die thatsächliche Gewalt über eine Sache für einen Anderen in dessen Haushalt oder Erwerbsgeschäft oder in einem ähnlichen Verhältnis aus, vermöge dessen er den sich auf die Sache beziehenden Verfügungen des Anderen Folge zu leisten hat, so ist nur der Andere Besitzer."

Das trifft auf die Effekten, welche der Handlungsgehilfe von seinem Prinzipal thatsächlich innehat, zu. Er hat in Bezug auf dieselben alle Weisungen zu befolgen, die ihm vom Prinzipal erteilt werden. Wenn er nun infolge dessen die Effekten gar nicht in Besitz hat, der Besitzer vielmehr der Prinzipal ist, kann er sie auch nicht zurückbehalten, denn nur an Sachen, die Einer besitzt, kann er ein Zurückbehaltungsrecht ausüben.

4.
Ansprüche des Prinzipals oder Handlungsgehilfen bei unberechtigter Aufhebung des Dienstverhältnisses.

Uber die verschiedentlichen Ansprüche, welche dem Prinzipal und Handlungsgehilfen gegenseitig zustehen, wenn das Dienstverhältnis unberechtiger Weise, grundlos sofort aufgelöst wird, enthält das Handelsgesetzbuch keinerlei Bestimmungen und es kommen die allgemeinen rechtlichen Grundsätze zur Anwendung.

Wenn ein Prinzipal einen Handlungsgehilfen entläßt, obwohl er keinen „wichtigen Grund" dazu hat, oder wenn ein Handlungsgehilfe die Stellung ohne Einhalten einer Kündigungsfrist aufgiebt, und keinen wichtigen Grund dafür in's Feld führen kann, tritt eine vollständige Schadloshaltung des durch die unberechtigte Auflösung des Dienstverhältnisses Geschädigten ein.

Der Prinzipal hat dem Handlungsgehilfen, der Handlungsgehilfe dem Prinzipal allen Schaden zu ersetzen, der aus der unrechtmäßigen, vorzeitigen Aufhebung des Dienstverhältnisses herrührt. Über die Gründe, welche als wichtige Gründe zum sofortigen Rücktritt vom Vertrage anzusehen sind, vgl. § 70—72 des H.G.B. und die Ausführungen dazu unter B 1 und 2, S. 70 ff.

a) Ansprüche des Prinzipals bei unberechtigter Aufhebung des Dienstverhältnisses.

Der Prinzipal kann nach dem eben Ausgeführten beanspruchen, daß ihm der Handlungsgehilfe, wenn er eine teuerere Hilfskraft schnell engagieren muß, den Schaden ersetzt, der ihm daraus erwächst, und der in der Differenz zwischen der Höhe des Gehaltes besteht, den der neue Handlungsgehilfe erhält und der Höhe desjenigen, den der frühere Gehilfe bezog.

Bleibt die Erledigung von Geschäften infolge der Stellungsaufgabe des Handlungsgehilfen und ohne daß dem Prinzipal ein Verschulden beizumessen ist, in Rückstand, gerät der Prinzipal seinen Kunden gegenüber in Verzug und erleidet dadurch geschäftliche Einbußen, so muß er auch in dieser Beziehung von dem Handlungsgehilfen schadlos gehalten werden. Und der Anspruch geht noch weiter. Mit dem Schaden ist auch der entgehende Gewinn zu ersetzen. Verliert der Prinzipal, weil er seinen Verpflichtungen infolge des unberechtigten Austritts des Handlungsgehilfen nicht nachkommen konnte, einen Kunden ganz, so wird ihm der Handlungsgehilfe auch den entgehenden Gewinn zu ersetzen haben, den der Prinzipal von diesem Kunden mit Sicherheit noch gehabt hätte. Man sieht also, daß ein vorschnelles aus dem Dienst laufen sehr folgenschwer für den Handlungsgehilfen werden kann.

Daß der Letztere dem Prinzipal obendrein alle die Aufwendungen zu ersetzen hat, welche er zur Gewinnung einer Ersatzkraft macht (Insertionskosten, Stellenvermittelungsgebühren, Porto für Offertenbriefe u. s. w.), ist selbstverständlich, soweit es sich um wirklich notwendige Aufwendungen handelt.

Mit dieser völligen Schadloshaltung ist aber auch das Recht des Prinzipals erschöpft. Die Frage, ob der Prinzipal den Handlungsgehilfen durch Klage und einstweilige Verfügung, oder durch polizeiliche Gewalt zur Rückkehr in den Dienst zwingen könne, wie dies beim Gesinde angängig ist, ist in der Regel von den Gerichten verneint worden. Es gibt keine Zwangsmittel, eine Wiederaufnahme der Stellung zu erreichen. Nur das Hanseatische Oberlandesgericht in Hamburg hat unseres Wissens in zwei Urteilen den Standpunkt eingenommen, daß dem Prinzipal ein Klagerecht auf Antritt des Engagements, wenn der Handlungsgehilfe die Stellung überhaupt nicht antritt, oder auf Rückkehr in eine zu Unrecht verlassene Stellung zustehe. „Es liegt ein rechtlicher Grund nicht vor, das Haus in solchen Fällen auf die Schädenklage zu beschränken. Es hat sogar in erster Linie einen Anspruch auf Erzwingung der Dienste des Verpflichteten durch Klage und Zwangsvollstreckung."

Würde der Handlungsgehilfe zum Antritt der Stellung — denn vom Nichtantritt derselben gilt allenthalben dasselbe, wie vom unberechtigten Verlassen — oder zur Rückkehr in dieselbe verurteilt und leistete dem Urteil nicht Folge, so würde dasselbe nach § 774 der Civilprozeßordnung zu vollstrecken sein, in welchen es heißt: „Kann eine Handlung durch einen Dritten nicht vorgenommen werden, so ist, wenn sie ausschließlich von dem Willen des Schuldners abhängt, auf Antrag von dem Prozeßgericht erster Instanz zu erkennen, daß der Schuldner zur Vornahme der Handlung durch Geldstrafen bis zum Gesamtbetrage von 1500 Mk. oder durch Haft anzuhalten sei."

b) Ansprüche des Handlungsgehilfen bei unberechtigter Aufhebung des Dienstverhältnisses.

Auch der Handlungsgehilfe kann nur völligen Ersatz des Schadens verlangen, der ihm aus der unberechtigten Entlassung erwächst, nicht aber kann er im Klagewege oder sonstwie den Prinzipal zwingen, ihn wieder in das Geschäft aufzunehmen.

Den Ersatzanspruch verliert er nicht dadurch, daß er bei der unberechtigten Entlassung einfach stillgeschwiegen hat. Nur dann würde es der Fall sein, wenn der Gehilfe, ohne gegen die Entlassung zu protestieren, den Gehalt bis zum Tage der Entlassung angenommen, die Ausstellung eines Zeugnisses verlangt und sich entfernt hätte. In solchem Falle würde in seinem Verhalten allerdings ein Einverständnis mit der Entlassung zu finden sein.

Welchen Schadenersatz kann nun der zu Unrecht entlassene Handlungsgehilfe fordern? Er kann beanspruchen, daß ihm auf die ganze Zeit, auf welche sein Vertrag fest abgeschlossen worden ist (also unter Umständen auf Jahre hinaus), oder bei einem kündbaren Vertrag auf die Zeit, welche er bei ordnungsgemäßer Kündigung noch im Dienst verbleiben würde, Gehalt und Unterhalt in voller Höhe gewährt wird. Dazu gehören auch alle Nebenzüge wie Tantieme, Provision, Gratifikationen u. s. w. Die Höhe der Tantieme oder Provision ist proportionell festzusetzen. Wird dem Handlungsgehilfen Kost und Logis nicht fortgewährt, so kann er sich natürlich sofort auf Kosten des Prinzipals anderweit den Unterhalt beschaffen und die gehabten Aufwendungen dem Prinzipal zur Erstattung einsenden, wobei ihm nicht eine Spezialisierung, sondern nur eine Angabe der Ausgaben im allgemeinen angesonnen werden kann. Natürlich hat auch in solchem Falle der Prinzipal nur für den Betrag aufzukommen, der zur Bestreitung für den Unterhalt bei angemessenen Bedürfnissen wirklich notwendig war.

Die Frage, ob sich der Handlungsgehilfe bei Geltendmachung dieses Anspruches anrechnen lassen muß, was er in der Zwischenzeit anderwärts verdient hat, ist zu bejahen, denn er würde ungerechtfertigt bereichert werden, wenn er neben dem vollen Salär und sonstigen Bezügen nun in Folge der ihm zu Gebote stehenden freien Zeit noch andere Verdienste hätte. Nur der Verlust soll ihm vergütet werden. Nur diese Vergütung erscheint gerechtfertigt. Bei der Anrechnung kommt aber nur ein solcher Verdienst in Frage, den der Gehilfe durch gleichartige Dienste, wie er sie bei seinem früheren Prinzipal verrichtete, erworben hat. Es müssen kaufmännische Dienste sein. Ein Handlungsgehilfe, der in der Zwischenzeit z. B. für Zeitungsberichte ein Honorar verdient, kann nicht gehalten sein, dieses Honorar sich anrechnen zu lassen.

Die Frage, ob der vom Prinzipal zu Unrecht entlassene Handlungsgehilfe verpflichtet ist, sich nach einer neuen Stellung umzusehen oder eine ihm dargebotene andere Stellung anzunehmen, ist zu verneinen, denn der Handlungsgehilfe hat Anspruch in der in Frage kommenden Zeit von seinem bisherigen Prinzipal beschäftigt zu werden und kann sich diesem so lange, bis der Dienst ordnungsgemäß beendet sein würde, zur Verfügung stellen, ohne sich um anderweite offene Stellen zu kümmern.

Soviel ist aber auch sicher, daß der Anspruch des Handlungsgehilfen nur so lange besteht, als er sich seinem Prinzipal zur Verfügung stellt. Tritt er eine neue Stellung an, und kommen nicht nur Aushilfsdienste u. s. w. in Frage, entzieht er also seinem bisherigen Prinzipal die Verfügung über seine Arbeitskraft, so erlischt sein Anspruch auf Fortgewährnng der vertragsmäßigen Bezüge.

Da der Prinzipal mit der Entlassung ein Unrecht begangen hat, so muß es ihm freistehen, dieses Unrecht wieder gutzumachen. Er kann den Handlungsgehilfen zurückrufen und ihn wieder in seine Dienste einstellen. Der Handlungsgehilfe hat diesem Rufe Folge zu leisten. Nur in besonderen Fällen wird er sich weigern können, zurückzukehren, nämlich in solchen Fällen, wo gröbliche Ehrverletzungen erfolgt sind, wohl gar Thätlichkeiten, und der Handlungsgehilfe selbst Grund gehabt hätte, die Stellung sofort zu verlassen. In solchem Falle, wo auf ein weiteres, gedeihliches Zusammenwirken mit dem Prinzipal nicht zu rechnen ist, kann das Ansinnen, in die Stellung zurückzukehren, mit Fug und Recht zurückgewiesen werden.

5.

Ansprüche des Prinzipals oder Handlungsgehilfen bei berechtigter Aufhebung des Dienstverhältnisses.

Nicht nur bei unberechtigter Aufhebung des Dienstverhältnisses, sondern auch wenn der Prinzipal berechtigt war, den Handlungsgehilfen sofort zu entlassen, oder der Handlungsgehilfe das Recht hatte, die Stellung zu verlassen, entstehen noch über das Dienstverhältnis hinaus Ansprüche des Prinzipals und Handlungsgehilfen aneinander.

Wenn nämlich der Handlungsgehilfe durch sein vertragswidriges Verhalten dem Prinzipal schuldhafter Weise Veranlassung giebt, ihn zu entlassen, oder wenn der Prinzipal dem Handlungsgehilfen gegenüber ein Verhalten bezeigt, welches diesen berechtigt, das Dienstverhältnis sofort zu lösen, ist der schuldige Teil dem unschuldigen schadensersatzpflichtig, und es gilt hier Alles, was schon unter 4 von der Schadensersatzpflicht gesagt worden ist.

Zwingt der Handlungsgehilfe den Prinzipal, ihn wegen Untreue oder Mißbrauch des Vertrauens oder unerlaubter Geschäfte für eigne oder fremde Rechnung, wegen Dienstverweigerung oder Verlassen des Dienstes, wegen längerer Freiheitsstrafe, wegen Thätlichkeiten oder Ehrverletzungen oder aus anderen „wichtigen Gründen“ zu entlassen, so ist der Handlungsgehilfe obendrein schadensersatzpflichtig.

Zwingt der Prinzipal den Handlungsgehilfen, die Stellung sofort zu verlassen, weil er ihm Gehalt oder Unterhalt nicht gewährt, die Fürsorgepflicht verletzt, sich Thätlichkeiten, Ehrverletzungen oder unsittliche Zumutungen erlaubt u. s. w., so wird der Prinzipal obendrein schadensersatzpflichtig.

„Wird die Kündigung [ohne Einhaltung einer Kündigungsfrist] durch vertragswidriges Verhalten des anderen Teiles veranlaßt, so ist dieser zum Ersatze des durch die Aufhebung des Dienstverhältnisses entstehenden Schadens verpflichtet." (§ 70 Abs. 2 des H. G. B.)

Diese Bestimmung ist neu in das Handelsgesetzbuch aufgenommen.

Dritte Abteilung.

Prinzipal und Handlungsreisender.

I.

Begriff des Handlungsreisenden und rechtliche Stellung desselben. Haftung des Prinzipals für Abmachungen des Reisenden.

Seiner rechtlichen Stellung nach ist der Handlungsreisende nichts anderes als ein Handlungsgehilfe des Prinzipals im Sinne von § 59 des H. G. B., und es gilt daher von ihm, was wir in voriger Abteilung vom Handlungsgehilfen sagten, soweit im Folgenden nicht Besonderes ausgeführt wird. Aber unter allen Befugnissen, welche der Prinzipal seinen Handlungsgehilfen überträgt, stehen die des Handlungsreisenden obenan. In ihm verkörpert sich die merkantile Stellvertretung. Dadurch unterscheidet er sich von den übrigen Handlungsgehilfen, daß jene ihren Prinzipal nur faktisch durch ihre Arbeiten unterstützen, während der Handlungsreisende, wie jeder andere Handlungsbevollmächtigte, den Prinzipal rechtlich durch den Abschluß von Rechtsgeschäften vertritt. „Für dieses Verhältnis des Handlungsbevollmächtigten zu seinem Prinzipal gilt das Prinzip der freien und direkten Stellvertretung; d. i. der Grundsatz, daß der vom Handlungsbevollmächtigten geäußerte Wille so angesehen wird, als habe der Prinzipal selbst seinen Willen geäußert, letzteres selbst dann, wenn das fragliche Geschäft auch nicht ausdrücklich im Namen des Prinzipals geschlossen, falls nur aus den begleitenden Umständen ersichtlich, daß es von den Kontrahenten als für den Prinzipal geschlossen gewollt ist." (Frantz, Die rechtliche Stellung der Handlungsreisenden, S. 2.)

Es ist zunächst der Begriff des Handlungsreisenden

festzustellen. Wer ist Handlungsreisender? Handlungsreisender ist derjenige Handlungsbevollmächtigte, welcher vom Prinzipal an Orten, wo sich eine Handelsniederlassung desselben nicht befindet, zur Vornahme von Geschäften verwendet wird (§ 55 des H. G. B.). Vorausgesetzt wird dabei ein persönliches Abhängigkeitsverhältnis zwischen Prinzipal und Reisenden. Es gehören sonach nicht zur Klasse der Reisenden die selbständigen Handlungsbevollmächtigten, welche von dem Kaufmann zur Vornahme einer bestimmten zu einem Handelsgewerbe gehörigen Art von Geschäften an auswärtigen Orten beauftragt werden, ohne in einem festen Dienstverhältnis zu ihrem Vollmachtgeber zu stehen. Es gehören aus gleichem Grunde nicht zu den Handlungsreisenden die später noch zu betrachtenden kaufmännischen Agenten, welche ebenfalls ohne feste Abhängigkeit von ihrem Auftraggeber diesen an auswärtigen Orten vertreten, für ihn Kunden aufsuchen oder Geschäfte abschließen. Es gehören ferner nicht hierher die Provisionsreisenden, die für einen oder mehrere Prinzipale gegen Provision Geschäfte abschließen, aber selbständige Gewerbetreibende sind.

Die Stadtreisenden scheiden aus dem Rahmen der Handlungsreisenden aus, weil sie am Orte der Handelsniederlassung des Prinzipals Verwendung finden, und schließlich scheiden auch die Detailreisenden aus, die von der neuen Gesetzgebung leider den Hausierern gleichgestellt worden sind. Beide sind zwar als Handlungsbevollmächtigte, nicht aber als Handlungsreisende anzusehen. Der Reisende soll nur Muster, Proben und Preislisten bei sich führen, während der Detailreisende oft die Waren selbst bei sich führt und dadurch dem Hausierer gleicht. Der Handlungsreisende soll aber nach den Bestimmungen der Gewerbeordnung sich auch mit seinen Offerten wieder nur an Kaufleute oder Gewerbetreibende, also an Wiederverkäufer wenden, während der Detailreisende, auch dem Hausierer gleich, sich an den Konsumenten direkt, an die sogenannte Privatkundschaft wendet. Wenn wir trotzdem in unserer nachfolgenden Darstellung auf die Stadtreisenden und Detailreisenden in der Gruppe der Handlungsreisenden mit Rücksicht nehmen, so geschieht es, weil die betreffenden doch als Reisende im weiteren Sinne gelten können und im Geschäftsleben gemeinhin mit zum Stande der Reisenden gezählt werden. Darum aber mußte auch der Begriff des eigentlichen Reisenden vorerst genau festgestellt werden. Die Geschäfte, zu denen der Reisende verwandt wird, sind nun in der Regel, wohl mit geringen Ausnahmen, Abschlüsse von Verkäufen. Biberfeld bezeichnet mit Rücksicht darauf als Handlungsreisenden „denjenigen Handlungsgehilfen, dessen Aufgabe es ist, außerhalb des Ortes der gewerblichen Niederlassung seines Prinzipals im Namen und für Rechnung desselben Verkäufe mit Geschäftsleuten nach Probe zu erzielen.“ In dieser Definition ist alles enthalten, was selbständige Handlungsbevollmächtigte, kaufmännische Agenten und Provisionsreisende, Stadtreisende und Detailreisende aus dem Kreise der eigentlichen Geschäftsreisenden ausschließt.

Der Grund, auf welchem sich die rechtliche Stellung der Handlungsreisenden aufbaut, ist der Vollmachtsvertrag.

Der Prinzipal giebt dem Handlungsreisenden Vollmacht, für ihn in auswärtigen Orten mit Wiederverkäufern Verkäufe abzuschließen, oder auch Einkäufe zu besorgen. Diese Vollmacht wird vom Handlungsreisenden angenommen. Sie kann nach § 58 des H. G. B. ohne Zustimmung des Prinzipals nicht auf einen andern von ihm übertragen werden.

Aus diesem Vollmachtsverhältnis geht hervor, daß der Prinzipal an alle vom Handlungsreisenden abgeschlossenen Rechtsgeschäfte gebunden ist, wenn dieselben nur nach dem Willen der Parteien im Namen des Prinzipals abgeschlossen worden sind, wozu nicht notwendig ist, daß etwa der Name des Prinzipals dabei genannt worden wäre. Das vom Handlungsreisenden im Namen des Prinzipals abgeschlossene Handelsgeschäft gilt in vollem Umfange für und gegen den Prinzipal. Natürlich muß der Handlungsreisende bei Abschluß desselben volle Handlungsfähigkeit besessen haben, und es dürfen auch dabei nicht Mängel vorhanden sein, die die Wirkungen des Vertrages aufheben, etwa Zwang und Betrug seitens des Kunden, mit welchem das Geschäft abgeschlossen wurde. Ist letzteres der Fall, so sind die Abmachungen des Reisenden nicht bindend für den Prinzipal.

Im allgemeinen aber gilt als Grundsatz: Der Prinzipal haftet für die Abmachungen seines Reisenden. Das gilt selbst dann, wenn der Handlungsreisende seine Vollmacht überschritten hat, oder seinen Verpflichtungen hinsichtlich der Sorgfalt eines ordentlichen Kaufmannes nicht nachgekommen ist. In Frage kommen nur solche Geschäfte, welche augenfällig oder vermutlich in den Umfang des Vollmachtsbereiches eines Handlungsreisenden fallen. Stehen sie außerhalb dieses Bereiches, werden aber trotzdem vom Prinzipal genehmigt, so liegt eine Geschäftsführung ohne Auftrag vor.

In einem zur Entscheidung des Reichs-Oberhandelsgerichts gelangten, von Haase a. a. O. S. 78 mitgeteilten Prozesse behauptete der Kunde, von dem Reisenden eine Ware von der Qualität I zum Preise von 65 Pf. pro Meter gekauft zu haben, während der Prinzipal einwendete, daß, wenn der Reisende zum Preise von 65 Pf. verkauft hat, er dann sein Limitum, nach welchem er nicht unter 88 Pf. verkaufen durfte, überschritten, im übrigen aber auch nach Hause mitgeteilt hätte, daß er Qualität II und nicht Qualität I verkauft habe. Der Gerichtshof hat beide Einwendungen, als nicht durchgreifend, zurückgewiesen und ausgeführt, daß der von dem Reisenden besuchte Kunde nach dem Gesetze zu der Annahme berechtigt ist, daß der Reisende zu jeder beliebigen Vereinbarung des Kaufpreises berechtigt sei, daß der Käufer also nicht die Pflicht habe, sich zu erkundigen, ob etwa dem Reisenden eine bestimmte Verkaufslimitierung gesetzt worden wäre. Daß der Reisende seinem Chef etwas Falsches überschrieben hätte, sei für den Kunden, der endgiltig das Geschäft mit dem Reisenden abgeschlossen hätte, gleichgiltig, und höchstens hätte sich der Chef wegen des schuldhaften Verhaltens des Reisenden bezüglich seines Schadens an diesen halten können.

Einschränkungen, welche hinsichtlich der Vollmacht des Reisenden zwischen diesem und seinem Prinzipal vereinbart worden sind, haben zwar zwischen diesen beiden volle rechtliche Wirksamkeit, können dagegen dem Dritten, dem Kunden nur entgegengehalten werden, wenn sie diesem bekannt waren oder nach Lage der Sache bekannt sein mußten. Kennt der Kunde die Beschränkungen, so muß er sie respektieren.

Wann werden die mit dem Reisenden vereinbarten Geschäfte perfekt? Sie werden es, wenn die Vereinbarung zwischen dem Reisenden und Kunden vollendet ist, keineswegs etwa erst dann, wenn der Prinzipal den Abschluß seinerseits genehmigt hat. Es giebt allerdings auch Reisende, die nur bevollmächtigt sind, Kunden aufzusuchen und mit ihnen zu verhandeln, während sich der Chef vorbehält, den Abschluß selbst zu bewirken, indessen sind diese Fälle im Handelsverkehr die selteneren. Wo eine solche Vereinbarung getroffen ist, dem Kunden aber nicht bekannt wurde, und der Reisende unter Überschreitung seiner Vollmacht fest abschließt, ist der Chef an diesen Abschluß gebunden, und kann sich nur an dem Reisenden schadlos halten. Das gilt auch, wenn der Reisende es an der nötigen Erkundigung hat fehlen lassen und ein Kreditgeschäft mit einer kreditunwürdigen Firma abschloß.

Der Reisende einer Firma in S. verkaufte in einem Badeorte an einen Kaufmann für 600 Mark Waren gegen sechsmonatliches Ziel. Der Inhaber der Firma zog Erkundigungen bei einem Auskunftsbureau ein und sandte die Waren nicht ab.

Das erwähnte Bureau hatte nämlich geantwortet, der Besteller habe schon einmal akkordiert; seine Zahlungsfähigkeit sei fragwürdig. Der Besteller der Ware klagte nun auf Lieferung und erstritt auch vor der Kammer für Handelssachen ein obsiegendes Urteil. Der Reisende der beklagten Handlung, so hieß es in den Entscheidungsgründen, habe den Vertrag fest abgeschlossen; seine Pflicht sei es gewesen, sich über die Zahlungsfähigkeit des Bestellers zu erkundigen, bevor er dessen Auftrag definitiv annehmen durfte. Die beklagte Firma habe vertragsmäßig zu liefern, und den durch die Nichtlieferung entstandenen Schaden zu tragen. Diese Entscheidung stützt sich auf den Rechtsgrundsatz, daß von einem abgeschlossenen Vertrage Niemand rechtswirksam allein zurücktreten kann.

Dagegen hat das Landgericht zu München in zwei Fällen dem Prinzipal das Recht gegeben, die Effektuierung der Bestellung an den Reisenden zu verweigern, wenn nachträglich, nachdem das Geschäft abgeschlossen war, in der Vermögenslage des Bestellers Umstände eingetreten sind, welche dessen Kreditunwürdigkeit darthun. In solchem Falle kann es dem Prinzipal nicht angesonnen werden, diesen Vertrag zu erfüllen. Diese Ansicht fand auch die Billigung des Reichsgerichts und ging in das Bürgerliche Gesetzbuch über. (Vgl. § 321 des Bürgerl. Gesetzb.)

Wenn der Prinzipal nun für die Handlungen des Reisenden bei Geschäftsabschlüssen im Zweifel haftbar ist, so erstreckt sich diese Haftbarkeit nicht auch auf die von dem Reisenden bei Gelegenheit des Abschließens von Geschäften kontrahierten Verbindlichkeiten. Nach einer Entscheidung des Reichs-Oberhandelsgerichts haftet der Prinzipal nicht für die Forderungen, welche Hotelwirthe, Fuhrhalter, Eisenbahnen u. s. w. etwa an den Reisenden haben. Daher ist auch die Frage unbedingt zu verneinen, ob sich der Hotelier, Fuhrhalter u. s. w. dadurch schadlos halten kann, daß er bis zur Tilgung seiner Schuld des Reisenden Musterkoffer, Warenproben u. s. w. innebehält. Da der Prinzipal für die Schuld nicht aufzukommen hat, die erwähnten Effekten aber sein Eigentum sind, ist ein Retentionsrecht nicht vorhanden, und der Prinzipal kann Herausgabe der Effekten verlangen.

Aus gleichem Grunde können auch Musterkoffer, Muster u. s. w. wegen einer Schuld des Reisenden nicht gepfändet werden, ja sogar eine freiwillige Verpfändung dieser Effekten seitens des Reisenden ist ungiltig. Der Reisende einer Fabrik bei Kassel ließ einem Mainzer Hotelwirt, weil er seine Rechnung nicht begleichen konnte, den Musterkoffer mit Mustern freiwillig als Pfand zurück. Er wurde entlassen, der Hotelier aber zur Herausgabe der Effekten aufgefordert. Da er sich weigerte, der Aufforderung nachzukommen, kam es zur Klage, und das Landgericht Mainz verurteilte ihn zur Herausgabe der Effekten an den Prinzipal, da die Pfandbestellung keine rechtliche Wirksamkeit in solchem Falle habe.

Soviel über den Begriff des Handlungsreisenden und seine rechtliche Stellung im allgemeinen. Der Vertrag, der sich als ein Dienstvertrag (locatio — conductio operarum) darstellt, ist an keine Form gebunden. Er kann mündlich und schriftlich abgeschlossen werden. Die schriftliche Form ist vorzuziehen, namentlich dann, wenn Beschränkungen der Vollmacht eintreten sollen, hinsichtlich deren es leicht zu Streitigkeiten kommen kann. Das Recht, einen Handlung reisenden anzustellen, steht dem Prinzipal, dem Prokuristen oder einem anderen Handlungsbevollmächtigten zu, wenn seine Vollmachtssphäre in dieser Hinsicht nicht eingeschränkt ist. (Vergl. Frantz a. a. O. S. 29, v. Hahn, Kommentar, Bd. I Note zu Art. 53.)

II.

Pflichten des Handlungsreisenden und Rechte des Prinzipals.

§ 1. Dienstleistungen des Handlungsreisenden.

Die Dienstleistungen, welche dem Handlungsreisenden zufallen, lassen sich nicht erschöpfend im Einzelnen aufführen. Sie ergeben sich, wenn sie nicht im Vertrage vom Prinzipal besonders aufgeführt sind, aus § 54 und 55 des H. G. B.'s.

Der Handlungsreisende hat demnach auf den ihm vorgeschriebenen, oder auch seinem eigenen Ermessen überlassenen Touren (Reisen) Einkäufe, oder, was das häufigere ist, Verkäufe im

Namen und für Rechnung des Prinzipals mit den Kunden abzuschließen.

Er hat dabei die Sorgfalt eines ordentlichen Kaufmanns anzuwenden und sich, wenn er Verkäufe auf Kredit abschließt, vorher von der Kreditwürdigkeit der Käufer zu überzeugen. (Erkundigungspflicht.)

Er hat die Vorschriften seines Prinzipals hinsichtlich der Verkaufsbedingungen (Preislimitierungen, Ziele u. s. w.) pünktlich und gewissenhaft einzuhalten.

Er hat über seine Thätigkeit seinem Hause in angemessenen Zwischenräumen pünktlich und wahrheitsgemäß Bericht zu erstatten. Die Überschreibung der Aufträge hat mit größter Gewissenhaftigkeit zu geschehen.

Er hat, wenn Anderes nicht vereinbart, Gelder zu kassieren, mit Vorsicht Zahlungsfristen zu bewilligen und Mängelanzeigen und Dispositionsstellungen entgegen zu nehmen und dabei allenthalben strengstens das Interesse seines Hauses zu wahren.

Eine Streitfrage ist es immer gewesen, ob der Reisende in der Zeit, in welcher er sich nicht auf Reisen befindet, auch Dienstleistungen im Geschäft, im Kontor, Lager u. s. w. sich übertragen lassen muß. Das Handelsgesetzbuch enthält keine Bestimmung darüber. Die Gerichte haben sich daher auch oft genug mit der Frage zu beschäftigen gehabt, und werden noch in Zukunft dazu gezwungen sein, ob Reisende während ihrer zeitweisen Anwesenheit im Geschäftshause auch die übrigen Arbeiten zu verrichten haben, die mit der Reisethätigkeit nicht in Zusammenhang stehen. Die Ältesten der Kaufmannschaft in Berlin haben in einem Rechtsstreite sich dahin entschieden, „daß ein mit festem Gehalt angestellter Reisender in der Zeit, in welcher er sich nicht auf Geschäftsreisen befindet, sondern sich am Sitze seiner Firma befindet, verpflichtet ist, in dem Geschäftsbetriebe der Firma Dienste zu leisten und auf Erfordern des Prinzipals zu diesem Zwecke täglich im Geschäft sich einzufinden." Diesem Gutachten sind auch andere Handelskammern beigetreten, und die Handelskammer zu Offenbach z. B. hat ausgesprochen, daß der Reisende vorwiegend allerdings auf der Reise, vorübergehend aber auch auf dem Kontor oder Lager zu beschäftigen sei.

Dabei ist aber die Frage noch nicht entschieden, was für Beschäftigung dem Reisenden im Kontor oder im Lager zugemutet werden kann. Leider sind einzelne Gerichte, aus völliger

Unkenntnis der Praxis, soweit gegangen, daß sie den Reisenden für verpflichtet erachtet haben, jedwede kaufmännische Thätigkeit im Geschäft des Prinzipals zu entfalten. Nun ist aber der Reisende in erhöhtem Maße eine „Spezialität". Sein fortgesetzter Dienst als „Minister des Äußeren" macht ihn für „innere Angelegenheiten" meist unfähig. Ein guter Reisender, das lehrt die Erfahrung, wird meist ein — minder guter Buchhalter, Kassierer, Lagerist u. s. w. sein. Für den Innendienst fehlt ihm die notwendige Ruhe. Er will aber auch, wenn er sich „als Reisender" verdingt, nur eine Reisethätigkeit und nichts Anderes entwickeln. Darum wird ein einsichtsvoller Richter wohl mit den Gutachten der Handelskammern anerkennen, daß der Handlungsreisende in der Zeit, in welcher er „zu Hause" ist, sich auf dem Kontor und Lager des Geschäftshauses zu beschäftigen hat, aber er wird gleichfalls diese Thätigkeit am Sitze der Handelsniederlassung des Prinzipals auf solche Dienstleistungen beschränken, welche mit der Reisethätigkeit in Zusammenhang stehen. Der Reisende wird das Lager zu revidieren haben, um zu untersuchen, was noch gangbar ist, was fehlt u. s. w. Er wird die Musterkollektionen zusammenstellen müssen, die Musterkoffer in Ordnung bringen, kurz alles zu thun haben, was zur Vorbereitung zu einer neuen Tour erforderlich ist. Er wird aber auch sich um die Effektuierung der von ihm aufgenommenen Ordres zu kümmern, eventuelle Differenzen mit den Kunden aufzuklären und in die diesbezügliche Korrespondenz einzugreifen haben.

Dagegen ist es nicht berechtigt, ihm die Dienstleistungen eines Buchhalters, Lageristen oder Kassierers, oder eines Ladenverkäufers zuzumuten, denn zu solchen Dienstleistungen hat er sich nicht verpflichten wollen, als er seine Dienste als „Reisender" anbot.

Dieser Ansicht wird sich ein halbwegs mit der Praxis vertrauter Richter nicht entziehen können. Soweit über die Dienstleistungen des Handlungsreisenden im allgemeinen. In Folgendem sollen einige derselben noch einer besonderen Betrachtung unterworfen werden.

§ 2. Die Erkundigungspflicht.

Wir haben bereits darauf hingewiesen, daß der Reisende verpflichtet ist, bei den Geschäften, die er für sein Haus abschließt, die Sorgfalt eines ordentlichen Kaufmanns anzuwenden. Dazu gehört vor allem, wenn er Kreditgeschäfte abschließt, daß er sich über die Kreditwürdigkeit erkundigt, sorgfältige Aufschlüsse über die Vermögensverhältnisse der Kunden einzieht.

In eine wenig beneidenswerte Lage wird aber der Reisende dadurch versetzt, daß nach der zivilprozessualen Praxis er selbst den Beweis führen muß, daß er die gehörige, ihm gesetzlich obliegende Sorgfalt angewandt hat, und daß nicht der Prinzipal gezwungen ist, den Nachweis zu führen, daß diese Sorgfalt unterlassen wurde.

Was wird der Reisende, das ist dabei die wichtigste Frage, für Thatsachen anzuführen haben, um den Nachweis zu erbringen, daß er die Sorgfalt eines ordentlichen Kaufmanns, bez. eines ordentlichen Reisenden, beobachtet hat? Was muß er thun, um sagen zu können: ich habe Erkundigungen über den Kunden eingezogen, welche zur Annahme seiner Kreditwürdigkeit berechtigten?

Die Frage ist nicht so leicht beantwortet, denn es wird darauf ankommen, ob der Reisende in einem kleinen Orte, wo die Spatzen auf den Dächern die Geschichte jedes Einzelnen pfeifen, oder ob er in einer größeren Stadt reist, wo die Menschen rastlos an einander vorüberwallen und nur die Wenigsten einander des Näheren kennen. Im letzteren Falle wird die Kundschafterthätigkeit des Reisenden eine viel intensivere sein müssen.

In kleineren Ortschaften wird meist schon die Erkundigung beim Hotelier und Kellner, beim Polizeibeamten des Ortes, die Befragung bei anderen Geschäftsleuten am Platze ausreichend sein, um die obliegende Pflicht erfüllt zu haben, denn man kann, wie gesagt, annehmen, daß bei engbegrenzten, räumlichen Verhältnissen dadurch die Wahrheit an's Licht kommt.

Anders bei mittleren und großen Städten. Hier muß der Reisende weit mehr Zeit und Mühe darauf verwenden, sich von der Kreditwürdigkeit der Kunden zu überzeugen. Ein oberflächliches Fragen des Gasthofsbesitzers, des Oberkellners und Hausknechts genügt nicht. Wohl kann der Reisende damit beginnen, aber er darf sich dabei nicht beruhigen. Er wird sich auch bei den Behörden zu erkundigen haben, welche Ausweis über die Firmenverhältnisse geben. Er wird das Gewerbe- oder Handelsregister einsehen müssen, um zu erfahren, wer Inhaber des Geschäftes ist, mit dem er Abschlüsse zu machen gedenkt. Er wird sich auf der Gerichtsschreiberei des Amtsgerichtes danach zu erkundigen haben, ob der Kunde, welcher Kredit erheischt, nicht vielleicht schon den Offenbarungseid geleistet hat. Es wird ja daselbst ein Verzeichnis der Manifestanten geführt.

Kann der Reisende auf die vorgeschilderte Art eine Erkundigung nicht einziehen, so hat er sich eventuell an ein Auskunftsbureau am Platze zu wenden, falls ein solches da ist. Ist es ihm aber überhaupt nicht möglich, eine Auskunft zu erlangen, so muß er zunächst mit seiner Firma korrespondieren, ob dieselbe den Abschluß, unbeschadet dessen, daß eine sichere Auskunft nicht zu erlangen, gutheißen will.

Wir geben im Vorliegenden nur Beispiele. Die Arten der Erkundigung sind mannigfaltige und hier nicht erschöpft.

Das Amtsgericht Frankfurt a. M. entschied in einer Streitsache, daß die Erkundigung bei einem Hotelbesitzer allein nicht ausreichend sei, um der Erkundigungspflicht Genüge zu thun. Wir heben diesen Fall hervor, weil die Reisenden leicht geneigt sind, sich bei ihren Erkundigungen auf die Befragung des Hoteliers oder seiner Bediensteten zu beschränken.

Von großer Bedeutung bei der Krediterteilung ist es auch, zu wissen, wie der Güterstand der Ehegatten beschaffen ist. Es werden nun künftighin Ehegatten, wenn sie von dem gewöhnlichen, gesetzlichen Güterstand (Verwaltungs-Gemeinschaft) abweichen wollen, nach den Vorschriften des Bürgerlichen Gesetzbuches gezwungen sein, ihren Güterstand in ein Güterregister einzutragen, so daß sich der Reisende leicht über die Güterrechtsverhältnisse der Personen, mit denen er kontrahieren will, orientieren kann, da das Register Jedermann zugänglich sein wird.

Auch dadurch wird die Erkundigungspflicht eine Erleichterung erfahren, daß mehr und mehr darauf gedrungen wird, daß bei Firmen, wenn eine Ehefrau Inhaberin des Geschäfts ist, wenistens ein Vorname voll ausgeschrieben werden muß. Bislang ist diese Vorschrift meist erst landesgesetzlich getroffen, nach § 18 des H.G.B. muß aber jeder Einzelkaufmann und wer nur einen stillen Gesellschafter hat, mindestens einen ausgeschriebenen Vornamen in der Firma führen.

Hat der Handlungsreisende genügende Erkundigung eingezogen und der Prinzipal erleidet Verluste, so kann der Reisende, wenn er nicht ausdrücklich ein Delkredere übernommen hat, für den Schaden seines Chefs nicht haftbar gemacht werden. Hat er dagegen die Erkundigungspflicht vernachlässigt, so haftet er dem

Hause für allen Schaden, der demselben daraus erwächst, daß es an den kreditunwürdigen Kunden infolge des Geschäftsabschlusses des Reisenden geliefert hat.

§ 3. Die Pflicht zur Berichterstattung und Aufgabe der Kommissionen.

Der Handlungsreisende ist verpflichtet, seinem Hause über seine Thätigkeit in angemessenen Zwischenräumen Bericht zu erstatten. Die Zwischenräume sind, wenn sie nicht vom Hause bestimmt worden sind, so zu wählen, daß das Haus fortlaufend über die gesamte Thätigkeit des Reisenden orientiert ist. Es genügt also nicht, daß der Reisende nur dann etwas von sich hören läßt, wenn er ein Geschäft zum Abschluß gebracht hat. Das Haus ist berechtigt, über seine Mißerfolge ebenfalls Orientierung zu fordern, wie über seine Erfolge. Die Berichte müssen klar, erschöpfend und wahrheitsgemäß sein. Das Reichsgericht hat in einem Urteil ausdrücklich ausgesprochen, daß die dem Reisenden obliegende Berichterstattung nicht auf die Überschreibung von Bestellungen beschränkt sei, sondern seine ganze Thätigkeit zum Gegenstand haben müßte. Der betreffende Reisende hatte sich zur Zahlung einer Konventionalstrafe verpflichtet, wenn er nicht aller zwei Tage einen Bericht an sein Haus erstatten würde. In dem Erkenntnis des Reichsgerichts heißt es mit Bezug darauf weiter:

„Die regelmäßige, den Prinzipal fortlaufend über die Geschäftsführung des auf der Tour befindlichen Reisenden unterrichtende Berichterstattung stellt sich als eine so wichtige Pflicht des Reisenden dar, daß deren Verletzung unter die Strafklausel des Vertrages fallen muß, ohne daß ein Mangel an Bestellungen das Unterlassen der Berichterstattung zu entschuldigen vermag."

Der Handlungsreisende haftet dem Prinzipal für allen Schaden, der diesem aus einer wahrheitswidrigen, verspäteten oder lückenhaften Berichterstattung erwächst. Das gilt natürlich hauptsächlich von dem wichtigsten Teile der Berichterstattung, der Aufgabe der Kommissionen. Alle empfangenen und angenommenen Aufträge muß der Reisende dem Hause rechtzeitig und der Wahrheit entsprechend mitteilen. Der Handlungsreisende haftet dem Prinzipal für den durch verzögerte, bez. unvollständige und unrichtige Mitteilung der Bedingungen eines empfangenen Auftrages verursachten Schaden. Zu diesem Schaden gehören auch die Kosten und sonstigen etwaigen Nachteile eines Prozesses, welchen der Prinzipal etwa wider den die Erfüllung des Handelsgeschäftes weigernden Käufer angestellt, jedoch infolge der Mangelhaftigkeit der Berichterstattung des Reisenden verloren hat.

§ 4. Inkassobefugnis des Reisenden.

Den Handlungsreisenden ist auch im neuen Handelsgesetzbuch § 55 Abs. 2 die ihnen schon früher in Artikel 49 eingeräumte Inkassobefugnis geblieben. Der Handlungsreisende ist berechtigt, auf der Tour den Kaufpreis aus den vor ihm abgeschlossenen Verkäufen einzuziehen. Seine Inkassobefugnis erstreckt sich also nicht auf die Forderungen seines Hauses, welche aus Geschäften herrühren, die ein anderer Handlungsreisender dieses Hauses, oder sein Vorgänger in der Stellung abgeschlossen hat.

Der Handlungsreisende hat den fälligen Kaufpreis in Bar einzuziehen. Wechsel kann er nur unter Vorbehalt der Genehmigung seines Hauses oder auch vorher eingeholter Genehmigung desselben annehmen, wenn nicht die Hingabe von Wechseln ausdrücklich in den Zahlungsbedingungen vorgesehen ist. Hat der Kunde noch Zeit, und will einen Wechsel geben, der bei Ablauf des Zieles fällig ist, so steht dem natürlich nichts im Wege. Keineswegs aber darf der Reisende in einem Falle, wo er Bezahlung fordern kann, wieder andere Kundenwechsel seines Kunden „an Zahlungsstatt“ annehmen, da mit der Annahme dieser Wechsel „an Zahlungsstatt“ die Schuld getilgt sein würde, gleichviel ob der Wechsel nachmals von dem Bezogenen honoriert wird oder nicht.

Erhält der Reisende den Kaufpreis nicht ausgezahlt und wird von ihm eine Gestundung begehrt, so kann er nach sorgfältiger Prüfung der Sachlage dem Kunden noch eine angemessene Zahlungsfrist bewilligen. Er hat bei dieser Bewilligung ebenfalls mit der Sorgfalt eines ordentlichen Kaufmanns vorzugehen und sich vorher zu vergewissern, ob dem Kunden ohne Gefahr noch eine Gestundung zugebilligt werden kann.

Hat er eine Zahlungsfrist bewilligt, so ist der Prinzipal an diese gebunden und kann sich, wenn der Reisende sie fahrlässiger Weise gewährt hat, und ihm daraus Schaden erwächst, nachmals nur wegen Schadensersatz an den Reisenden halten. Nur dann würde die Zahlungsfrist nicht respektiert werden müssen, wenn sich nach ihrer Gewährung Veränderungen in der Vermögenslage des Kunden herausstellen, welche denselben fernerhin kreditunwürdig machen. Es ist in dieser Beziehung auf die S. 112 erwähnten Urteile auch hier hinzuweisen.

Eine weitere Frage ist, ob der Reisende bei der Einkassierung des Kaufpreises auch kleine Nachlässe (decorts) bewilligen darf. Die Gerichtspraxis hat auch diese Frage bejaht, und der Prinzipal muß derartige gemachte Abzüge gegen sich gelten lassen. Überschreiten sie die im Geschäftsinteresse liegende Höhe und erweisen sich als unangemessen, so kann er nur Regreß an den Reisenden selbst ergreifen. Die Abzüge werden namentlich dann gerechtfertigt sein, wenn sie der Reisende gestattet, um Differenzen zu beseitigen.

Hat der Reisende den Geldbetrag empfangen, aber nicht an den Prinzipal abgeliefert, so ist der Kunde trotzdem von seiner Zahlungsverbindlichkeit befreit, und der Prinzipal kann sich nur an dem Reisenden schadlos halten.

Ist dem Reisenden die Vollmacht zum Einkassieren von Geldern genommen, so gilt diese Beschränkung dem Kunden gegenüber nur, wenn er durch Zirkular des Hauses, durch Vermerk auf der Faktura oder sonstwie Kenntnis davon erhalten hat. Weiß er davon, daß der Reisende keine Inkassobefugnis hat, nichts, und teilt ihm der Reisende selbst davon nichts mit, so kann er an den Reisenden Zahlung leisten, ohne sich der Gefahr auszusetzen, im Veruntreuungsfalle nochmals zahlen zu müssen. Der Prinzipal kann sich wegen Nichtbeachtung der Vollmachtsbeschränkung nur an seinen Reisenden halten.

Eine andere Frage ist es, wer den Verlust zu tragen hat, wenn ein Reisender, nachdem er bereits von seinem Prinzipal entlassen ist, unredlicher Weise noch Gelder vereinnahmt und dem Kunden verschweigt, daß er aus den Diensten seines früheren Prinzipals ausgeschieden ist. Wer ist dann der Geschädigte? Der frühere Prinzipal oder der Käufer, welcher die Zahlung geleistet hat? Der Prinzipal hat auch in solchem Falle den Verlust zu tragen, wenn er es unterlassen hat, seiner Kundschaft von der Enthebung des Reisenden aus der Stellung und Rücknahme der Vollmacht Nachricht zu geben. Der Käufer hat die thatsächliche Vermutung für sich, daß der ihm aus dem Geschäftsverkehr bekannt gewordene Reisende noch in seiner Stellung sei, und also die ihm danach zustehende Vollmacht noch besitze.

§ 5. Entgegennahme von Mängelanzeigen, Dispositionsstellungen und anderen Erklärungen solcher Art.

Das Handelsrecht kommt dem praktischen Gebrauch entgegen, wenn es bestimmt, daß Mängelanzeigen über gelieferte Waren, Verfügungsstellungen von Waren, welche nicht nach Bestellung ausgefallen sind und andere Erklärungen solcher Art auch den Handlungsreisenden gegenüber rechtsverbindlich abgegeben werden können.

Unter anderen Erklärungen solcher Art wird man Erklärungen zu verstehen haben, die mit der Rüge von Mängeln oder der Verweigerung der Abnahme in rechtlichem Zusammenhange stehen, also namentlich die Anzeige des Deckungskaufes des Selbsthilfekaufes, des Rücktritts vom Vertrage, und dergleichen mehr, Fälle, wie sie in § 376 ff. des neuen Handelsgesetzbuches vorgesehen sind.

Die Erklärungen haben nur Giltigkeit, wenn sie dem anwesenden Reisenden gegenüber gegeben werden, „denn es erscheint nicht angängig, daß der Dritte Erklärungen der fraglichen Art, statt an den Geschäftsinhaber selbst, an dessen anderswo auf der Reise befindlichen Vertreter richtet.“ (Denkschrift zur Reichstagsvorlage S. 56.)

Für Schäden, welche dem Hause daraus entstehen, daß der Reisende die an ihn gegebenen Erklärungen dem Prinzipal nicht rechtzeitig oder nicht vollständig und der Wahrheit entsprechend mitteilt, haftet der Reisende allein dem Prinzipal.

Der Kunde hat seiner Pflicht mit der dem Reisenden abgegebenen Erklärung genügt.

§ 6. Geschäfte für eigne und fremde Rechnung.

Da der Handlungsreisende neben seiner Eigenschaft als Handlungsbevollmächtigter auch die des Handlungsgehilfen besitzt, so erleidet auch auf ihn das Verbot ein Handelsgewerbe zu betreiben, oder für eigne oder fremde Rechnung Geschäfte zu machen, Anwendung.

Es gilt hier alles, was bereits in der zweiten Abteilung unter II § 2 S. 35 näher ausgeführt worden ist.

Hier ist daher nur noch auf die sogenannten „Gelegenheitsgeschäfte“ der Reisenden besonders hinzuweisen. Es werden alltäglich in den Zeitungen Reisende gesucht, welche „Gelegenheitsgeschäfte“

übernehmen, sich einen „lohnenden Nebenverdienst“ sichern sollen, und wie die Anpreisungen sonst heißen. Die Offerten gehen von Kaufleuten aus, welche einen Vertreter für einen Artikel brauchen, einen eignen Reisenden zu halten aber nicht imstande sind, oder auch für diesen Artikel eine besondere Kraft, weil es sich nicht verlohnen würde, nicht engagieren wollen. Der Reisende darf nun solche „Gelegenheitsgeschäfte“ nur dann machen, wenn die Artikel, die er mit in Vertretung übernimmt, nichts mit dem Handelszweige seines Prinzipals zu thun haben. Andernfalls bedürfte er der ausdrücklichen Einwilligung und könnte sofort entlassen werden, wenn er ohne diese Einwilligung sich besagte Nebenverdienste verschaffte.

§ 7. Abänderung oder Aufhebung bereits abgeschlossener Verträge.

Zu einer nachträglichen Abänderung der Bedingungen eines abgeschlossenen Geschäftes oder zur Aufhebung eines solchen sind Reisende nicht befugt. „Ihnen gesetzlich eine allgemeine Ermächtigung dieses Inhaltes zu erteilen, wäre nicht gerechtfertigt, und ebenso wenig empfiehlt sich, hierbei zwischen wesentlichen und unwesentlichen Bedingungen zu unterscheiden, da eine solche Unterscheidung leicht zu Zweifeln und Streitigkeiten führen würde.“ (Denkschrift zur Reichstagsvorlage S. 55.) Ein Kunde hatte bei dem Reisenden einer Firma Weine bestellt, welche im Dezember 1869 geliefert wurden. Die Weine waren von schlechter Beschaffenheit. Gleichwohl machte der Kunde hiervon der Firma keine Anzeige. Am 23. Juni 1870 traf der Kunde mit dem Reisenden der Firma ein Abkommen, daß der schlechte Wein zurückgenommen und statt dessen guter Wein geliefert werden solle. Die Firma bestritt die Berechtigung des Reisenden zu diesem Abkommen und wollte es nicht gegen sich gelten lassen, verlangte vielmehr Zahlung des Kaufpreises, da wegen Unterlassung rechtzeitiger Anzeige von der schlechten Qualität des Weines die Sendung als genehmigt gelte. Das Reichs-Oberhandelsgericht hat der Klage auf Zahlung des Kaufpreises stattgegeben und den Beklagten mit seiner Berufung auf das mit dem Reisenden getroffene Abkommen abgewiesen. (Entscheidung vom 17. September 1872, Bd. VII, S. 115.) Die Gründe besagen: „Handlungsreisende der fraglichen Art werden verwendet, um Abnehmer für

Fabrikate und Handelswaren zu suchen, und der Zweck ihrer Verwendung bedingt es, daß sie zunächst nur bevollmächtigt sind, Verkäufe im Handelsgewerbe ihres Prinzipals abzuschließen. Es muß daher als Regel gelten, daß es ihnen nicht zusteht, Geschäfte, deren Abschluß sie dem Prinzipal angezeigt haben und die von diesem bereits dergestalt vollzogen sind, daß er einen begründeten Anspruch auf das Kaufgeld hat, wieder rückgängig zu machen und ohne jeden Rechtsgrund auf wohlerworbene Rechte des Prinzipals unentgeltlich Verzicht zu leisten."

§ 8. Konkurrenzverbot und unlauterer Wettbewerb.

Hinsichtlich des Konkurrenzverbotes kann hier auf die Darstellung in der zweiten Abteilung unter IV Seite 93 ff. verwiesen werden. Was dort vom Handlungsgehilfen gesagt ist, gilt allenthalben auch vom Handlungsreisenden. Auch hinsichtlich des unlauteren Wettbewerbes genügt die Verweisung auf die in der zweiten Abteilung unter II § 3 S. 38 ff. gegebenen Erläuterungen des Gesetzes.

Der Reisende wird durch unwahre Behauptungen über das Erwerbsgeschäft eines Anderen, über die Person des Inhabers oder Leiters des Geschäftes, über die Waren oder gewerblichen Leistungen wegen unlauteren Wettbewerbes straffällig, obwohl er selbst gar nicht in Wettbewerb tritt, vielmehr sein Prinzipal der wettbewerbende Teil ist. Denn es ist gleichgiltig ob der Zweck eigener Wettbewerb oder Wettbewerb eines Dritten ist. (Heinze, Gesetz zur Bekämpfung des unlauteren Wettbewerbes, Note zu § 6, S. 13.)

§ 9. Der Verkehr mit der Kundschaft.

a. Abschlüsse von Verkäufen. Der Handlungsreisende hat nach seiner Stellung, wie wir sahen, für den Prinzipal Einkäufe und Verkäufe zu besorgen. Seine Hauptaufgabe besteht, wie auch erwähnt, in der Vornahme von Verkäufen der Waren seines Hauses, das auf Grund des Abschlusses des Reisenden dann die Übergabe der Waren besorgt. (Effektuierung des Abschlusses.)

Was nun die Vorschriften über den Abschluß eines Kaufvertrages anlangt, so sind in dieser Beziehung die Bestimmungen des Bürgerlichen Gesetzbuches in § 433 ff. maßgebend, soweit das Handelsgesetzbuch nicht in § 373 ff. besondere Ausführungen enthält. Solche besondere Vorschriften sind nur hinsichtlich des Verzuges, der sogenannten Spezifikationskäufe, der Fixgeschäfte und der Mängelanzeige und Verfügungsstellung getroffen worden.

Geschlossen ist der Kaufvertrag erst dann, wenn die Willenserklärungen des Reisenden und Kunden übereinstimmen. So lange die Kontrahenten über die zum Wesen des zu schließenden Kaufvertrages gehörenden Teile, über die zu liefernde Ware, über den Kaufpreis u. s. w. nicht einig sind, ist ein Kaufvertrag noch nicht zu Stande gekommen. Im Übrigen kann der Abschluß mündlich oder schriftlich erfolgen. Es ist jedoch handelsüblich geworden, daß der Reisende im Verkehr mit der Kundschaft die schriftliche Form wählt. Er läßt den Kunden eine Urkunde, in welcher er den Auftrag aufgenommen hat, unterzeichnen (Schlußschein) und giebt ihm davon eine Kopie (Kommissionskopie). Um Weiterungen zu vermeiden, ist es rätlich, den Kunden den Schlußschein entweder selbst ausfüllen oder wenigstens nochmals durchlesen zu lassen, damit der Einrede begegnet werden kann, es sei thatsächlich etwas Anderes vereinbart worden, als in dem Schlußschein niedergelegt sei.

Die Kaufgeschäfte, welche der Reisende abschließt, können Bar- oder Kreditgeschäft sein. Sie können ferner in Fixgeschäfte und Nichtfixgeschäfte eingeteilt werden.

Ein Fixgeschäft liegt nach § 361 des Bürgerlichen Gesetzbuches vor, wenn in einem gegenseitigen Vertrag vereinbart ist, „daß die Leistung des einen Teiles genau zu einer festbestimmten Zeit oder innerhalb einer festbestimmten Frist bewirkt werden soll.“ Da der andere Teil dann zum Rücktritt berechtigt sein soll, wenn die Leistung nicht zu der bestimmten Zeit oder innerhalb der bestimmten Frist erfolgt, muß der Reisende bei dem Abschluß von Fixgeschäften sehr vorsichtig zu Werke gehen, sie thunlichst vermeiden und vor Allem dem Hause schnellstens Bericht darüber erstatten. Das Handelsgesetzbuch fügt in § 376 noch hinzu, daß der Kunde bei Verzug des Lieferanten nicht nur vom Vertrag zurücktreten, sondern statt dessen auch Erfüllung fordern kann, wenn er sofort nach dem Ablaufe der Zeit oder der Frist dem Gegner anzeigt, daß er auf Erfüllung bestehe. Schließlich kann auch statt der Erfüllung Schadensersatz wegen Nichterfüllung verlangt werden. Der Kunde kann in diesem Falle, wenn die Ware einen Börsen- oder Marktpreis hat, die Differenz zwischen diesem am Tage und Orte der geschuldeten Leistung und dem Kaufpreis fordern.

Im Zweifel ist immer ein Nichtfixgeschäft anzunehmen, der Reisende thut aber gut, sich darüber bei Aufnahme der Bestellung Klarheit zu verschaffen.

Oft wird auch von dem Reisenden mit dem Kunden vereinbart, daß die Lieferung der Waren nach Abruf, nach Bedarf u. s. w. erfolgen solle. In solchen Fällen hat der Kunde nicht das Recht etwa den Abruf unangemessen hinauszuschieben und den Lieferanten dadurch zu schädigen, daß er vielleicht Jahre lang erklärt, daß er noch keinen Bedarf habe. Nachdem eine angemessene Frist verstrichen ist, muß der Kunde abnehmen, bez. kann ihm im Prozeß der Richter eine Abnahmefrist setzen.

Neu sind im Handelsgesetzbuch die sogenannten Spezifikationskäufe aufgenommen. Es sind dies Kaufverträge, bei denen die Menge und Beschaffenheit der vom Verkäufer zu liefernden Gegenstände, unter Festsetzung bestimmter Grundpreise, nur im allgemeinen vereinbart sind, während dem Käufer vorbehalten bleibt, über Form, Maß, Verpackung oder ähnliche Verhältnisse die nähere Bestimmung zu treffen. Geschäfte dieser Art sind in neuerer Zeit immer häufiger geworden. Ein Eisenwerk verkauft z. B. durch seinen Reisenden eine bestimmte Quantität Eisen zu einem bestimmten Preise. Form und Größe der Stücke soll der Kaufende noch beliebig bestimmen. Eine Quantität Quebrachoholz ist durch den Reisenden verkauft, der Käufer hat aber die Wahl, es in ungemahlenem oder gemahlenem Zustande zu verlangen. Für ungemahlenes Holz ist ein anderer Preis festgesetzt wie für gemahlenes. In solchen Fällen muß der Käufer vor der Lieferung eine Spezifikation vornehmen, und der Reisende wird gut thun, zur Vermeidung von Weiterungen in dieser Beziehung Fristen zu vereinbaren, innerhalb deren dies zu geschehen hat. Wie ist es nun, wenn der Käufer in der Vornahme der Spezifikation säumig ist? Dann geht das Recht des Käufers auf den Verkäufer über, und dieser kann nach seinem Ermessen die Spezifikation vornehmen. (Vgl. Herm. Pilz, der neue Entw. des Deutschen Handelsgesetzb. im Vergleich zum jetzt geltenden Recht, S. 40 § 375 des H. G. B.) Der Käufer kann aber auch Schadensersatz wegen Nichterfüllung fordern oder vom Vertrage zurücktreten. Will der Verkäufer die Spezifikation vornehmen, so muß er dies, wie auch schon das Reichsgericht entschieden hat, dem Käufer mitteilen und ihm eine angemessene Frist setzen, innerhalb deren dieser eine andere Bestimmung treffen kann. Erst wenn diese Frist verstreicht, ohne daß der Käufer die Spezifikation nachholt, gilt die vom Verkäufer statt dessen getroffene Bestimmung.

Vielfach werden von den Reisenden auch „Probekäufe" abgeschlossen, die sich in Käufe auf Probe, nach Probe und zur Probe unterscheiden (§ 494 ff. des Bürgerl. Gesetzb.). Bei einem Kauf auf Probe oder auf Besicht (auch Handel auf Prüfung, auf Nachziehung, auf Nachstich, auf Nachsicht genannt), steht die Billigung des gekauften Gegenstandes im Belieben des Käufers. Der Kauf ist im Zweifel unter der aufschiebenden Bedingung der Billigung geschlossen. Der Verkäufer ist verpflichtet, dem Käufer die Untersuchung des Gegenstandes zu gestatten. Die Billigung eines auf Probe oder auf Besicht gekauften Gegenstandes kann nur innerhalb der mit dem Reisenden vereinbarten Frist und in Ermangelung einer solchen nur bis zum Ablauf einer dem Käufer von dem Verkäufer nachträglich bestimmten angemessenen Frist erklärt werden. War die Sache dem Käufer zum Zwecke der Probe oder der Besichtigung übergeben, so gilt sein Schweigen als Billigung.

Bei einem Kauf nach Probe oder nach Muster sind die Eigenschaften der Probe oder des Musters als zugesichert anzusehen. Der Verkäufer ist verpflichtet, die Ware genau so zu liefern, wie das vom Handlungsreisenden vorgezeigte Muster beschaffen ist. Das Muster bleibt zu diesem Zwecke oft in der Hand des Bestellers zurück. Fällt die Lieferung nicht probemäßig aus, dann kann der Empfänger Schadensersatz fordern, Preisabzug machen, die Ware zur Disposition stellen u. s. w. Der Reisende kann aber auch mit dem Kunden vereinbaren, daß der Kauf nur dann Geltung haben soll, wenn die gelieferte Ware der Probe entspreche. Trifft dies nicht zu, so wird es so angesehen, als ob ein Kaufvertrag überhaupt nicht abgeschlossen worden wäre.

Der Kauf zur Probe ist ein fest abgeschlossener Kauf, bei welchem nur der Beweggrund hinzugefügt wird. Die betreffende Ware soll nur eine Probe sein. Der Käufer kauft sie nur, um sie zu probieren. Ist ein solcher Kauf durch den Reisenden abgeschlossen worden, so erhält das Haus desselben dadurch nicht einen Anspruch, daß der Kunde nachmals nun von der Ware, die er zur Probe gekauft hat, auch einen größeren Posten abnehme.

Was den Verzug anlangt, so steht dem Verkäufer, wenn der

Käufer in Annahmeverzug gerät, das Recht zu, die Ware auf Gefahr und Kosten des Käufers in einem öffentlichen Lagerhaus oder sonst in sicherer Weise zu hinterlegen. Er kann die Ware nach vorheriger Androhung auch versteigern lassen oder sie, wenn sie einen Börsen- oder Marktpreis hat, nach vorheriger Androhung freihändig durch einen zu solchen Verkäufen öffentlich ermächtigten Handelsmakler, oder durch eine zur öffentlichen Versteigerung befugte Person zum laufenden Preise verkaufen. Ist die Ware dem Verderb ausgesetzt und Gefahr im Verzuge, so bedarf es der vorgängigen Androhung nicht. Dasselbe gilt, wenn die Androhung aus anderen Gründen unthunlich ist. Der Selbsthilfeverkauf erfolgt für Rechnung des säumigen Käufers. Verkäufer und Käufer können bei der öffentlichen Versteigerung mit bieten. Im Falle der Versteigerung hat der Verkäufer den Käufer von der Zeit und dem Orte der Versteigerung vorher zu benachrichtigen. Von dem vollzogenen Verkaufe hat er bei jeder Art des Verkaufs dem Käufer unverzüglich Nachricht zu geben. Im Falle der Unterlassung ist er zum Schadensersatz verpflichtet. Die Benachrichtigungen dürfen nur unterbleiben, wenn sie unthunlich sind.

Im übrigen kommt sowohl für den Annahmeverzug wie für den Lieferungsverzug die Vorschrift in § 326 des Bürgerlichen Gesetzbuches in Betracht: „Ist bei einem gegenseitigen Vertrage der eine Teil mit der ihm obliegenden Leistung im Verzuge, so kann ihm der andere Teil zur Bewirkung der Leistung eine angemessene Frist mit der Erklärung bestimmen, daß er die Annahme der Leistung nach dem Ablaufe der Frist ablehne. Nach dem Ablaufe der Frist ist er berechtigt, Schadensersatz wegen Nichterfüllung zu verlangen oder von dem Vertrage zurückzutreten, wenn nicht die Leistung rechtmäßig erfolgt ist; der Anspruch auf Erfüllung ist ausgeschlossen.“ Hat die Erfüllung des Vertrages infolge Verzuges für den anderen Teil kein Interesse, kann z. B. der Käufer die Ware nicht mehr brauchen, so bedarf es der Nachfrist nicht.

Da die Ausübung der Rechte des Hauses im Falle des Verzuges des Käufers meist unter Mitwirkung des Reisenden geschehen wird, der am Platze des Kunden sich aufhält, war es nötig, hier auf diese gesetzlichen Bestimmungen hinzuweisen.

Daß die Mängelanzeige und Verfügungsstellung dem Reisenden gegenüber erklärt werden kann, haben wir bereits erwähnt. Der Kunde würde sich jedoch um sein Recht bringen, wenn er nun mit dieser Anzeige oder Erklärung warten wollte, bis gelegentlich der Reisende wieder bei ihm vorspricht, denn die Anzeige hat unverzüglich nach der Untersuchung zu geschehen und auch die Untersuchung muß, soweit dies der ordnungsmäßige Geschäftsgang zuläßt, unverzüglich nach dem Empfang der Ware erfolgen. Verspätete Mängelanzeigen oder Verfügungsstellungen hat der Reisende zurückzuweisen (§ 377 des H. G. B.), da das Unterlassen der Mängelanzeige als Genehmigung der Ware gilt. Diese Vorschriften gelten sowohl bei einem Platz- wie bei einem Distanzkauf, sowohl bei Qualitäts- wie Quantitätsmängeln. Nur dann, wenn eine ganz andere Ware geliefert wurde, ist der Käufer nicht an die betreffenden Vorschriften gebunden (§ 378 des H. G. B.). Wenn die Reklamationen des Kunden dem Reisenden gegenüber darauf gerichtet sind, daß die Ware infolge des Transportes beschädigt angekommen sei, so wird der Reisende diese Reklamationen mit größter Vorsicht aufzunehmen haben.

Die Gefahr des Transportes der Ware hat nämlich der Käufer zu tragen, wenn den Verkäufer nicht ein Verschulden trifft. Hat der Verkäufer am Ort seiner Handelsniederlassung zu erfüllen und die Ware dem Spediteur oder Frachtführer (Eisenbahn) übergeben, so geht mit dieser Übergabe die Gefahr des zufälligen Unterganges und einer zufälligen Verschlechterung, Beschädigung, auf den Käufer über (§ 446 Abs. 1 des Bürgerl. Gesetzb.) In diesem Falle ist also die Reklamation zurückzuweisen.

Der Verkäufer trägt die Gefahr des Transportes, wenn er gemäß dem Vertrage die Ware an dem Orte, wohin der Transport geschieht, zu liefern hat, so daß dieser Ort für ihn als Erfüllungsort anzusehen ist. Natürlich auch dann, wenn ihn ein Verschulden wegen mangelhafter Verpackung, unrichtiger Adressierung u. s. w. trifft.

Man sieht daraus, wie wichtig es ist, welcher Ort als Erfüllungsort zu gelten hat. Im ersten Falle hat sich der Käufer mit der Eisenbahn wegen irgendwelcher Schädenansprüche auseinanderzusetzen, im zweiten Falle der Verkäufer.

Der Reisende kann nun bei Aufnahme der Bestellung mit dem Kunden vereinbaren, daß als Ort der Erfüllung der Ort der Handelsniederlassung seines Prinzipals gelten soll und nimmt dies dann am besten mit in den Schlußschein auf. Trotzdem kann das Haus Frankolieferung an den Ort, wo der Kunde seine Handelsniederlassung hat, übernehmen. Dies ändert nichts an den festgesetzten Erfüllungsort. In solchem Falle geht die Gefahr des Transportes mit der Übergabe an Spediteur oder Frachtführer auf den Käufer über, und etwaige Differenzen können im Klagewege am Sitz der Firma ausgetragen werden. Der Vermerk auf der Faktura: „Als Erfüllungsort gilt ......" kann die obenerwähnte Vereinbarung nicht ersetzen.

b. Haftung des Reisenden gegenüber der Kundschaft. Oben wurde bereits die Haftung des Prinzipals für Abmachungen, Veruntreuungen u. s. w. seines Reisenden erörtert. Hier ist nun noch die Frage zu berücksichtigen, wann und inwieweit der Reisende der Kundschaft selbst verantwortlich wird. In den Fällen, wo der Reisende seine Vollmacht überschritten hat und der Prinzipal nicht haftbar gemacht werden kann, weil der Kunde den Mangel der Vollmacht kannte oder kennen mußte, wird Letzterem weiter nichts übrig bleiben, als sich direkt an den Reisenden zu halten, wenn ihm derselbe zugesichert hat, daß er den Mangel beheben werde, daß er für die Genehmigung seines Hauses gutsage, einstehe u. s. w. Besonders aber wird der Fall der Haftung des Reisenden gegenüber dem Kunden dann Bedeutung erlangen, wenn eine Vollmacht überhaupt nicht vorhanden ist. Der Fall kommt nicht selten vor, daß eine Person vorgiebt, zum Abschluß eines Verkaufes für eine Firma ermächtigt zu sein, während in Wahrheit dieses Vollmachtsverhältnis gar nicht besteht. Derjenige, der hier eine Vollmacht vorgiebt, ohne sie zu besitzen, ist dem Kunden haftbar. Er kann auf Erfüllung oder Schadensersatz verklagt werden, es sei denn, daß die Firma, für die das Geschäft ohne Vollmacht abgeschlossen wurde, dasselbe nachträglich noch genehmigt (Ratihabition). Im Vertrauen auf eine solche Ratihabition werden ja derartige Mannöver allein unternommen.

§ 10. Die Legitimation des Reisenden.

Zu den Pflichten des Reisenden gehört es auch, daß er auf der Tour immer vorschriftsmäßig, wie es das Gesetz erfordert, legitimiert ist.

Im Gebiete des Deutschen Reiches werden zwei Arten von Ausweisen für Handelsreisende erteilt:

1.

Die sogenannten Gewerbelegitimationskarten.

Sie gelten für das Deutsche Reich, Luxemburg, Österreich-Ungarn, Schweiz, Serbien, Spanien, Portugal, Rumänien und Griechenland. Für diese Gewerbelegitimationskarten ist durch Staatsverträge ein bestimmtes Formular vorgeschrieben.

Laut der mit den ausländischen Staaten abgeschlossenen Handelsverträge müssen diese Gewerbelegitimationskarten zum Ausdrucke bringen, daß der Inhaber ausschließlich im Umherziehen berechtigt ist, Warenbestellungen aufzusuchen und Wareneinkäufe zu machen. Diese Gewerbelegitimationskarten lassen sich deutsche Reisende meist nur für das erwähnte Ausland ausstellen. Wer aber eine solche besitzt, bedarf auch innerhalb des Deutschen Reiches einer weiteren Legitimation nicht (Gew. O. § 44a Abs. 6).

Es ist hier der Ort anzugeben, welche Verpflichtungen im übrigen Ausland dem deutschen Reisenden, der außerhalb des Deutschen Reiches Geschäfte machen will, auferlegt werden.

In England sind Reisende weder Taxen noch irgendwelchen Beschränkungen unterworfen. Um die zollfreie Rückfuhr der Muster zu sichern, müssen nur einige Förmlichkeiten erfüllt werden, und hierfür ist es vorteilhaft, wenn die Muster mit Zeichen oder Siegel der Firma versehen sind.

In Frankreich sind keine Gebühren zu zahlen, dagegen hat sich der Reisende in die Fremdenliste einzutragen und sich der Zollrevision zu unterwerfen.

In Österreich-Ungarn müssen Reisende mit der erwähnten Legitimationskarte versehen sein, zu deren Ausstellung die Heimatsbehörden berechtigt sind; Beglaubigung durch österreichisch-ungarische Konsulate ist nicht erforderlich. Muster zahlen Eingangszoll, aber der Reisende erhält einen Schein mit Personalbeschreibung und Angabe der gezahlten Summe, die bei der Rückausfuhr auf beliebigem Grenzzollamt zurückgezahlt wird.

In Belgien zahlen Reisende 20 Frank Taxe. Musterbehandlung wie in Deutschland.

In Bulgarien müssen Reisende ihre Legitimationskarte durch eine der großen Handelskammern des Landes beglaubigen lassen. Muster wie in Deutschland.

Dänemark hat sehr strenge Vorschriften. Reisende zahlen jährlich 160 Kronen Grundtaxe und überdies jährlich 80 Kronen für jede Firma, die sie außer der ersten vertreten. Bei seiner Ankunft muß der Reisende dem Grenzzollamt eine Bestätigung seiner Heimatsbehörde vorlegen, welche die von ihm vertretenen Firmen aufzählt. Hierauf erhält er nach Zahlung der Taxen seinen Schein für ein Jahr. Verkaufen darf er nur in Kopenhagen und den größeren Städten. Für Muster wird der volle Zoll gezahlt und nur dann zurückvergütet, wenn die Rückausfuhr innerhalb dreier Monate erfolgt.

In Spanien und Portugal können mit Legitimationskarte versehene Reisende frei verkehren. Muster genießen einjährige Zollfreiheit.

In Griechenland genießen Reisende volle Freiheit. Nur solche Muster, die Handelswert besitzen, zahlen Einfuhrzoll, der bei Rückausfuhr innerhalb dreier Monate zurückvergütet wird.

In Italien brauchen Reisende keine Legitimationskarte. Muster mit Handelswert zahlen Zoll.

In Luxemburg bestehen dieselben Vorschriften wie in Deutschland, mit dem Unterschied, daß das Kolportagegesetz vom 1. Januar 1850 in Luxemburg auf Handelsreisende Anwendung findet.

In Norwegen müssen vom 1. Januar 1897 an alle Reisende, mit Ausnahme schwedischer, monatlich 100 Mark Taxe zahlen. Der Zoll wird für die meisten Muster bei der Rückausfuhr zurückgezahlt.

In den Niederlanden zahlen Handelsreisende 15 Gulden jährliche Steuer. Muster mit geringem Handelswert sind zollfrei, der für andere gezahlte Zoll wird zurückvergütet.

In Rumänien müssen Reisende aus meistbegünstigten Staaten, wie Deutschland, Frankreich u. s. w., Legitimationskarte mit Angabe der von ihnen vertretenen Firmen besitzen, sie sind von allen Abgaben frei, dürfen aber nur mit steuerzahlenden Kaufleuten Geschäfte machen. Zoll für Muster wird zurückvergütet.

In Rußland müssen Reisende Legitimationskarte ihrer Heimatsbehörde besitzen, bei Überschreiten der Grenze für 32 Rubel ein Zeugnis kaufen und dafür noch eine Nebengebühr von 5 bis 7 Rubel — je nach dem Zollamt — bezahlen. Behandlung der Muster wie in Deutschland.

Alle in Serbien reisenden Personen müssen Reisepaß haben. Angehörige meistbegünstigter Staaten sind von Abgaben frei, müssen jedoch mit Legitimationskarte ihrer Heimatsbehörde versehen sein und dürfen an keine Privatpersonen verkaufen. Muster wie in Deutschland.

In Schweden zahlen Reisende 100 Kronen monatliche Abgabe.

In der Schweiz müssen mit Legitimation ihrer Heimatsbehörde versehene Reisende sich bei Betreten des Landes eine neue unentgeltliche Legitimationskarte für die Dauer von einem halben oder ganzen Jahr ausstellen lassen. Solche die nur Kaufleute besuchen, zahlen keine Abgabe; für den Besuch von Privatkunden sind halbjährlich 100 oder jährlich 150 Frank zu zahlen.

In der Türkei zahlen Reisende keine Abgaben. Muster werden mit 8 pCt. vom Werte verzollt; davon werden 7 pCt. zurückgezahlt, wenn die Rückausfuhr innerhalb sechs Monaten erfolgt.

2.

Legitimationskarten.

Die Reisenden, welche nur innerhalb Deutschlands reisen, haben sich mit einer Legitimationskarte zu versehen, welche auf Antrag des Inhabers des stehenden Gewerbebetriebes des Prinzipals von der zuständigen Verwaltungsbehörde für die Dauer des Kalenderjahres und den Umfang des Reiches ausgestellt wird.

Die Legitimationskarte enthält den Namen des Inhabers derselben, den Namen der Person oder der Firma, in deren Diensten er handelt, und die nähere Bezeichnung des Gewerbebetriebes.

Zuständig für die Ausstellung ist in Sachsen der Stadtrat oder die Amtshauptmannschaft, in Bayern die Distriktsverwaltungsbehörde (in München der Magistrat), in Württemberg das Oberamt, in Preußen der Magistrat oder das Landratsamt, in Baden der Stadtrat oder das Bezirksamt, in Hessen das Kreisamt, in Mecklenburg Magistrat oder Domanialamt, in Oldenburg Magistrat oder Amt, in Braunschweig Magistrat oder Kreisdirektion, in den thüringischen Staaten Magistrat oder Landratsamt, desgleichen in den beiden Lippe, in Anhalt Magistrat oder Kreisdirektion, in Waldeck das Kreisamt, in den freien Staaten der Bürgermeister und in Elsaß-Lothringen Stadtrat oder Kreisdirektion.

Der Reisende ist verpflichtet, die Legitimationskarte während der Ausübung des Gewerbebetriebes bei sich zu führen, dieselbe auf Erfordern den zuständigen Behörden oder Beamten vorzuzeigen und, sofern er hierzu nicht im Stande ist, auf deren Geheiß den Betrieb bis zur Herbeischaffung der Legitimationskarte einzustellen.

Diese sogenannte Vorweisungspflicht wird vielfach von überdiensteifrigen Beamten zu Chikanen benutzt, und es empfiehlt sich in allen Fällen chikanösen Verhaltens sofort Beschwerde bei der Behörde zu führen. So wurde zu Ungunsten eines Beamten entschieden, der drei Mal kurz hinter einander die Vorweisung der Legitimation gefordert hatte. Desgleichen zu Ungunsten eines Anderen, der in der Restauration bei der Table d'hote dem Reisenden die Karte abverlangte. Dagegen wurde es in einem anderen Falle für zulässig erklärt, daß der Beamte in das Geschäft, in welchem der Reisende mit dem Geschäftsinhaber verhandelte, hineintrat und zunächst vom Reisenden die Vorzeigung der Karte verlangte.

Die Legitimationskarte ist zu versagen, d. h. muß versagt werden:

1. wenn der Nachsuchende mit einer abschreckenden Krankheit behaftet oder in einer abschreckenden Weise entstellt ist;
2. wenn er unter Polizeiaufsicht steht;
3. wenn er wegen strafbarer Handlungen aus Gewinnsucht, gegen das Eigentum, gegen die Sittlichkeit, wegen vorsätzlicher Angriffe auf das Leben und die Gesundheit der Menschen, wegen vorsätzlicher Brandstiftung, wegen Zuwiderhandlungen gegen Verbote oder Sicherungsmaßregeln, betreffend die Einführung oder Verbreitung ansteckender Krankheiten oder Viehseuchen, zu einer Freistrafe von mindestens drei Monaten verurteilt ist, und seit Verbüßung der Strafe drei Jahre noch nicht verflossen sind;
4. wenn er wegen gewohnheitsmäßiger Arbeitsscheu, Bettelei, Landstreicherei, Trunksucht übel berüchtigt ist.

Außerdem kann sie nur dann versagt werden, wenn der Reisende wegen strafbarer Handlungen aus Gewinnsucht, wie sie oben unter 3 aufgeführt sind, und zu denen noch Hausfriedensbruch und Widerstand gegen die Staatsgewalt kommen, zu einer Freiheitsstrafe von mindestens einer Woche verurteilt ist und seit Verbüßung der Strafe fünf Jahre noch nicht verflossen sind (Gew. O. § 44a Abs. 3, § 57b Nr. 2).

Aber auch die bereits erteilte Legitimationskarte kann zurückgenommen werden, und zwar aus denselben oben unter 1—4 genannten Gründen, wenn diese Gründe schon bei der Erteilung vorhanden waren, aber unbekannt blieben, oder erst nach der Erteilung eingetreten sind. Die Rücknahme kann auch erfolgen, wenn den Vorschriften des § 44 der Gewerbeordnung zuwidergehandelt wird. Dieser § lautet:

„Wer ein stehendes Gewerbe betreibt, ist befugt, auch außerhalb des Gemeindebezirks seiner gewerblichen Niederlassung persönlich oder durch in seinem Dienste stehende Reisende für die Zwecke seines Gewerbebetriebes Waren aufzukaufen und Bestellungen auf Waren zu suchen.

„Die aufgekauften Waren dürfen nur behufs deren Beförderung nach dem Bestimmungsorte mitgeführt werden; von den Waren, auf welche Bestellungen gesucht werden, dürfen nur Proben und Muster mitgeführt werden, soweit nicht der Bundesrat für bestimmte Waren, welche im Verhältnisse zu ihrem Umfange einen hohen Wert haben und übungsgemäß an die Wiederverkäufer im Stück abgesetzt werden, zum Zweck des Absatzes an Personen, welche damit Handel treiben, Ausnahmen zuläßt.

„Das Aufkaufen von Waren darf ferner nur bei Kaufleuten oder solchen Personen, welche die Waren produzieren, oder in offenen Verkaufsstellen erfolgen. Ingleichen darf das Aufsuchen von Bestellungen auf Waren, mit Ausnahme von Druckschriften, anderen Schriften und Bildwerken, und soweit nicht der Bundesrat noch für andere Waren oder Gegenden oder Gruppen von Gewerbetreibenden Ausnahmen zuläßt, ohne vorgängige ausdrückliche Aufforderung nur bei Kaufleuten in deren Geschäftsräumen oder bei solchen Personen geschehen, in deren Geschäftsbetriebe Waren der angebotenen Art Verwendung finden."

Ausnahmen sind getroffen worden hinsichtlich des Geschäftsbetriebes der Gold- und Silberwaren-Fabrikanten, Taschenuhren- und Bijouteriewaren-Fabrikanten, der Großhändler mit Edelsteinen, Perlen, Kameen und Korallen. (Vgl. Bekanntm. des Reichskanzlers vom 31. Oktober 1896.)

Die Bestimmungen über das Aufsuchen von Bestellungen, welche im letzten Absatz des § 44 enthalten sind, und die Ausnahmen, welche hinsichtlich ihrer getroffen sind, werden noch weiter unten in dem Abschnitt über die Rechte und Pflichten des Detailreisenden zu erörtern sein. (Vgl. dritte Abteilung unter VI. S. 152 ff.) Hier sei nur ausdrücklich noch hervorgehoben, daß einem Geschäftsreisenden die Legitimationskarte entzogen werden kann, wenn er ohne vorgängige, ausdrückliche Aufforderung zum Besuch Privatkundschaft aufsucht.

Wird die Legitimationskarte versagt oder zurückgenommen, so ist Rekurs zulässig, jedoch hat die Einlegung des Rekurses keine aufschiebende Wirkung. Bis zum Austrag der Sache kann der Reisende seine Thätigkeit nicht fortsetzen. (Gew. O. § 63.) Der Rekurs ist zu richten in Bayern an die Kreisregierungen, in Sachsen an die Kreishauptmannschaft, in Württemberg an die Kreisregierung, in Preußen an den Regierungspräsidenten, in Baden an das Landeskommissariat, in Hessen an die Provinzialdirektion, in Mecklenburg an das Ministerium des Inneren, desgleichen in Oldenburg, Braunschweig, Anhalt, den thüringischen Staaten, den beiden Lippe, in Waldeck an das Landesdirektorium, in den freien Städten an den Senat und in Elsaß-Lothringen an den Bezirkspräsidenten.

Kein Erfordernis für die Erteilung der Legitimationskarte ist, daß der Reisende bereits großjährig (21 Jahre alt) ist. Das Alter bleibt auf die Erteilung ohne Einfluß. Die Karte ist alljährlich zu erneuern, und stets bedarf es der Ausstellung einer neuen Karte, wenn der Reisende für einen neuen Prinzipal reist. Die Überlassung der Legitimationskarte zur Benutzung an einen anderen ist verboten und macht den Reisenden straffällig.

Wer den Bestimmungen über die Legitimationskarte zuwiderhandelt, dieselbe einem Anderen zur Benutzung überläßt, zum Zwecke ihrer Erlangung wissentlich unrichtige Angaben macht oder ohne eine solche reist, wird mit Geldstrafe bis zu 150 Mark und im Unvermögensfalle mit Haft bis zu vier Wochen bestraft.

III.

Pflichten des Prinzipals und Rechte des Handlungsreisenden.

§ 1. Der Anspruch, auf die Reise geschickt zu werden.

Die viel umstrittene Frage, ob der Reisende einen Anspruch gegen den Prinzipal darauf hat, daß dieser ihn auch thatsächlich auf Reisen schickt, spielt namentlich hinsichtlich der Entschädigungsfrage eine Rolle.

Der Reisende lebt auf Reisen von den Spesen. Wird er nicht auf Reisen geschickt, so muß er von seinem Gehalt leben und erleidet dadurch Einbuße.

Ist dem Reisenden eine Reisezeit garantiert, so kann er verlangen, während der Zeit, die festgesetzt wurde, auf Reisen beschäftigt zu werden. Inhibiert der Prinzipal die Reisethätigkeit, so muß er dem Reisenden den Betrag ersetzen, den derselbe zu seinem Unterhalt am Platze braucht und vom Gehalt, statt von den Spesen, bestreiten muß. Ist ihm nebenbei Provision zugesagt, ja wohl gar die Provision sein einziger Bezug neben den Reisespesen, so muß ihm auch der an Provision entgehende Gewinn ersetzt werden.

Natürlich können ganz kurze, im Interesse des Geschäftes gebotene Unterbrechungen der Reisethätigkeit dabei keine Rolle spielen.

Ist eine Reisezeit nicht garantiert, so ist trotzdem davon auszugehen, daß der Reisende einen Anspruch hat, auf Reisen vorwiegend beschäftigt zu werden. Das ist einfach aus der Natur des Vertrags zu folgern. Es tritt also auch in solchen Fällen die Entschädigungspflicht des Prinzipals ein, wenn der Reisende nicht auf Tour gesandt, sondern am Platze beschäftigt wird. Natürlich darf nicht in der Person des Reisenden ein Grund vorhanden sein, diesen nicht weiter reisen zu lassen. Als ein solcher Grund ist es nicht anzusehen, daß der Reisende seine Stellung aufgekündigt hat.

§ 2. Zahlung des Gehaltes und Gewährung sonstiger Bezüge.

Hinsichtlich der Zahlung des Gehaltes und der Gewährung sonstiger Bezüge gilt, was bereits in der zweiten Abteilung unter III. § 1a—e, § 3—5, Seite 46 ff. ausgeführt wurde. Nur weniges Besondere ist hier hinzuzufügen.

Neben den festangestellten Reisenden giebt es auch, wie schon mehrfach erwähnt, sogenannte Provisionsreisende, welche für die Vermittlung von Geschäftsabschlüssen oder den Nachweis von Kunden entweder neben dem Gehalt eine Provision oder ausschließlich Provision beziehen, sich aber im Gegensatz zu den selbständigen Provisionsreisenden und kaufmännischen Agenten in festem Dienstverhältnis befinden.

Ihnen ist neben ihren sonstigen Bezügen die Provision, sobald sie fällig wird, auszuzahlen. Es ist aber eine Streitfrage, wenn die Provision fällig wird. Verdient ist die Provision zweifellos, wenn der Kunde nachgewiesen, wenn das Geschäft abgeschlossen ist. Nun hat sich aber der Brauch herausgebildet, die Provision bei Verkäufen erst auszuzahlen, wenn Zahlung erfolgt ist, und § 65 des Handelsgesetzbuch, in Verbindung mit § 88 und 91, Satz 1 schließt sich diesem Brauche an. Demnach ist die Provision von Verkäufen, wenn nichts anderes vereinbart wurde, erst nach Eingang der Zahlung fällig. Von Geschäften, die durch Schuld des Hauses nicht zur Ausführung gelangen, ist trotzdem Provision zu zahlen.

Die Abrechnung über die zu zahlenden Provisionen findet, wenn nichts Anderes vereinbart wird, am Schlusse eines jeden Kalenderhalbjahres statt. Bei der Abrechnung kann die Mitteilung eines Buchauszuges über die durch seine Thätigkeit zu Stande gekommenen Geschäfte vom Reisenden gefordert werden.

Über den Anspruch auf Fortgewährung des Gehaltes auf sechs Wochen bei unverschuldetem Unglück vergl. S. 52 ff. Ein unverschuldetes Unglück ist bei dem Reisenden auch dann angenommen worden, wenn derselbe wegen Krankheit in seiner Familie gezwungen ist, die Tour zu unterbrechen.

§ 3. Die Reisespesen insbesondere.

Die Reisespesen sind ihrer rechtlichen Natur nach eine Vergütung für den Aufwand, welchen der Reisende zu bestreiten hat, wenn er sich auf Reisen befindet. Sie sind eine Vergütung für den Mehraufwand, welcher dem Reisenden durch Kost- und Wohnungsnahme außerhalb seines Wohnsitzes und durch Benutzung der Verkehrsmittel zwischen den von ihm bereisten Ortschaften entsteht. Daraus ergiebt sich, daß Reisespesen nicht zum Gehalt gehören.

Daraus ergiebt sich aber auch prinzipaliter, daß die Reisespesen auch nur so lange zu zahlen sind, als sich der Reisende auf der Tour befindet. Dazu ist jedoch Einzelnes zu erläutern.

Die Reisespesen sind dem Reisenden zu zahlen, so lange er sich auf der Reise befindet, gleichviel, ob er an einzelnen Tagen, z. B. Sonn- und Festtagen, für sein Haus thätig sein kann oder nicht, es sei denn, daß der Umstand, daß diese Thätigkeit inhibiert wird, in seiner Person liegt.

Erkrankt ein Reisender auf der Reise und muß am Orte der Erkrankung liegen bleiben und die Reisethätigkeit einstellen, so hört der Bezug der Spesen auf, und er hat seinen Unterhalt während der Dauer der Krankheit vom Gehalt zu bestreiten. Kehrt derselbe an Tagen vor Sonn- und Festtagen in sein Domizil zurück, so kann er, da er sich nicht mehr auf Reisen für das Haus befindet, für den Tag, den er zu Hause verbrachte, Reisespesen nicht in Ansatz bringen.

Dies hervorzuheben, ist nicht so überflüssig, als es scheint. Viele Reisende rechnen schlankweg auch die Tage, die sie zu Hause verlebt haben, bei Berechnung der Reisespesen als vergütungsberechtigt mit ein. Die Strafkammer zu Breslau verurteilte einen Reisenden, der eine derartige Aufstellung seinem Prinzipal gegenüber geltend gemacht hatte, wegen Betrugs zu sechs Monaten Gefängnis.

Wenn der Reisende nicht ganze Tage gereist ist, sondern nur halbe Tagestouren ausgeführt hat, so kommt es bei der Berechnung der Reisespesen darauf an, was er mit seinem Prinzipal in dieser Hinsicht vereinbart hat. Als Usance kann man es bezeichnen, daß hinsichtlich der Reisespesen ein angefangener Tag für voll erachtet wird. Es ist z. B. üblich, daß dem Reisenden auch der Tag voll mit vergütet wird, an welchem er erst Abends sich auf die Reise begeben hat. Indessen sind feste und grundsätzliche Bestimmungen in dieser Beziehung nicht vorhanden. Auch an maßgebenden Vorentscheidungen obergerichtlicher Art mangelt es.

Ein Handelsbrauch dahingehend, daß der Reisende den angefangenen Tag überhaupt für voll zu rechnen habe, wurde nach den gegebenen Auskünften festgestellt in den Handelskammerbezirken Colmar, Oldenburg, Lauban, Magdeburg, Landeshut, Mühlhausen i. Th., Worbis und Heiligenstadt, Essen, Göttingen, Heidenheim, Köln, Metz, Frankfurt a. M., Frankfurt a. O., München-Gladbach, Bielefeld, Meiningen („wenn die spätere Abreise sich als nötig herausstellte"), Hagen, Gießen, Liegnitz, Wiesbaden, Lüneburg, Limburg a. d. Lahn, Mainz, Rottweil, Gera, Oberfranken, Mittelfranken, Stettin und Swinemünde.

Übrigens ist es gleichgiltig, ob der Reisende täglich an einen anderen Ort reist, oder ob er sich an einem Orte mehrere Tage zur Abwickelung der Geschäfte aufhält. Die Reisespesen können in beiden Fällen für den Tag voll berechnet werden, vorausgesetzt, daß für den Tag ein bestimmter Spesensatz verwilligt worden ist. Der Prinzipal kann von dem Reisenden nach der herrschenden Meinung nicht verlangen, daß derselbe ihm eine detaillierte Rechnung über die Verwendung der Spesen abgiebt.

Daß er dies nicht kann, wo ein bestimmter Spesenbetrag dem Reisenden pro Tag verwilligt worden ist, erscheint selbstverständlich. Aber auch da, wo Vertrauensspesen in Frage kommen, kann nach der Spruchpraxis eine Aufstellung der einzelnen, aufgewendeten Beträge dem Reisenden nicht zugemutet werden. Er hat nur eine Übersicht über seine Reiseroute zu geben, und den auf dieselbe entfallenden Spesenaufwand im allgemeinen zu charakterisieren. Er ist nicht verpflichtet, etwa durch Belege, Quittungen u. s. w., seine Ausgaben dem Prinzipal gegenüber glaubhaft zu machen.

Sind dem Reisenden Spesen in bestimmter Höhe garantiert, so ist es unzulässig, neben diesen etwa noch besondere Ausgaben für Porto, Reparaturen am Musterkoffer u. s. w. in Ansatz zu bringen. Nach Ansicht der Gerichte gehören vielmehr derartige kleine Ausgaben mit zu den Aufwendungen, welche durch die Reisespesen vergütet werden sollen.

Eine viel bestrittene Frage ist es, wie es im Falle der Entlassung oder der Inhibierung der Reisethätigkeit des Reisenden mit der Bezahlung von weiteren Reisespesen steht. In erster Linie ist zu berücksichtigen, ob die Entlassung mit Grund oder grundlos erfolgt ist. Im ersteren Falle hat der Prinzipal selbstverständlich dem entlassenen Reisenden gegenüber keinerlei Verpflichtungen mehr. Wohl aber im letzteren. Hier ist die Frage, ob neben dem Gehalt auch noch die entgehenden Reisespesen fortgezahlt werden müssen, nicht so einfach entschieden. Zunächst ist wieder davon auszugehen, daß der Reisende die Reisespesen auf der Reise aufzehren, in der Regel nicht aber einen Gewinn aus denselben für sich erzielen soll. Daraus folgt, daß er, wenn er nicht mehr reist, auch keine Reisespesen mehr zu fordern hat. Er muß aber jetzt die Aufwendungen für Kost und Logis von seinem Gehalt bestreiten und wird um diesen Betrag geschädigt. Daher kann er Schadensersatz verlangen. Der zu Unrecht entlassene Reisende hat also einen Anspruch auf Ersatz der Aufwendungen für Kost und Wohnung in angemessener Höhe. Das ist jetzt die herrschende Ansicht, die zuerst das kgl. Oberlandesgericht Dresden ausgesprochen hat.

Aus dem in mehrfacher Hinsicht interessanten Urteil des genannten Oberlandesgerichts vom 13. Mai (VII. Civilsenat) ist hier nur Folgendes hervorzuheben:

„Ein Teil der dem Handlungsreisenden zustehenden Reisespesen gehört im Zweifel und, wenn nicht besondere Umstände diese Auffassung verbieten, zu der ihm gebührenden Gegenleistung und kann ihm nicht willkürlich entzogen werden, und zwar ist es derjenige Betrag, welchen er zu seinem Lebensunterhalte für die Zeit aufwenden muß, während deren er diesen Unterhalt aus den Tagegeldern zu bestreiten vertragsmäßig berechtigt ist.

Von vornherein ziehen beide Teile, der Geschäftsherr sowohl als der Reisende, bei Festsetzung der dem Letzeren zu gewährenden Vertragsgebührnisse in Betracht, welchen Vorteil der Reisende dadurch hat, daß er während einer gewissen, wenngleich nicht unabänderlich feststehenden, sondern nur annähernd zu berechnenden Zahl von Tagen seinen Lebensunterhalt mit den ihm zustehenden Tagegeldern bestreiten kann. Dieser Vorteil liegt so nahe, daß er schwerlich übersehen werden kann und daß seine Nichtberücksichtigung geradezu befremden muß, zumal die Erfahrung des täglichen Lebens lehrt, daß er regelmäßig mit zur Berechnung gebracht wird. Wenn und soweit daher der Reisende vertragswidrig vom Reisen zurückgehalten oder wenn er vorzeitig entlassen wird, liegt für ihn eine Schädigung vor, insofern, als er nunmehr seinen Lebensunterhalt mit eigenem Gelde bezahlen muß. Insoweit bilden die Spesen einen Bestandteil seines vertragsmäßigen Einkommens. Die gegenteilige Meinung stützt sich auf eine augenscheinlich zu enge und daher nicht richtige Vorstellung des Begriffes der Reisespesen. Denn wenn gesagt wird, daß letztere (insbesondere auch die in Pausch und Bogen festgesetzten Tagegelder) regelmäßig nur eine Entschädigung des Bediensteten für seine besonderen Auslagen während der Abwesenheit vom Hause darstellen, so ist hierbei übersehen, daß nicht bloß die besonderen, durch die Abwesenheit vom Hause bedingten Auslagen, nicht bloß der Mehraufwand für die Reise, sondern alle Aufwendungen für den Unterhalt der Person des Reisenden (also auch verschiedene, als eigentliche Auslagen gar nicht anzusehende Ausgaben) regelmäßig mit durch die Tagegelder vergütet werden sollen, wie denn wohl niemals, jedenfalls nicht handelsüblichermaßen, einem Reisenden, der mangels vereinbarter Pauschalsätze seine Reisekosten in handelsüblicher Weise berechnet, hierbei das in Abzug gebracht wird, was er zu seinem Unterhalte ohnehin, wenn er zu Hause geblieben wäre, aufgewendet haben würde. Alles das schließt nicht aus, daß der Reisende durch die gewöhnlich sehr hohen Tagegelder zugleich für die vielfachen Unbequemlichkeiten und Anstrengungen der Reise entschädigt und veranlaßt werden soll, das Ansehen und den Kredit seines Geschäftsherrn durch nobles und splendides Auftreten zu fördern.

Wie schon erwähnt, ist zur Begründung des Anspruchs erforderlich, daß der Reisende vertragswidrig am Reisen verhindert wird. Die Firma wendet ein, daß dem Prinzipal überlassen werden muß, ob und wann der Reisende zu Geschäftsreisen auszusenden ist. Sie will also den an sich richtigen Gesichtspunkt für sich geltend machen, daß die Zeit und die Dauer der Reisen durch das Geschäftsinteresse bestimmt werden, und zieht daraus den Schluß, daß ein Anspruch des Reisenden an Reisekosten fortfalle, wenn ihn der Prinzipal, wozu er immer befugt sei, nicht mehr zur Reise benutze. Dies ist ein Trugschluß. Dadurch, daß dem Prinzipal naturgemäß die Entschließung über die Zeit und die Dauer der Reise zusteht, wird seine Verpflichtung, reisen zu lassen, nicht aufgehoben, sondern nur im Hinblick auf das voranzustellende Geschäftsinteresse begrenzt. In allen den Fällen, wo die Dauer der Reisen, wie sie auf Grund des Dienstvertrages erwartet werden durfte, zuverlässig bestimmt werden kann, steht aus diesem Grunde der Verfolgung der Ansprüche des Reisenden ein Hindernis oder auch nur eine nennenswerte Erschwernis nicht im Wege. Dies gilt namentlich, wenn die Dauer von Reisen aus Vorjahren bestimmt werden kann. Die frühere Zeit bildet die Unterlage für den Zeitraum, welcher jetzt in Frage steht. Unhaltbar ist daher die Ansicht, daß der Anspruch nur dann geltend gemacht werden könnte, wenn dem Reisenden zugesichert werden würde, daß er das ganze Jahr hindurch zu reisen habe."

Bei der Höhe der zu ersetzenden Spesen zieht dann die Entscheidung in Rücksicht, daß eben der Reisende nicht mehr auf der Tour ist und daher nicht so große Aufwendungen hat, als sie auf der Tour hinsichtlich des Unterhaltes in Frage kommen.

Damit ist eine alte Streitfrage zu Gunsten der Handlungsreisenden entschieden.

Was hier von der grundlosen Entlassung gesagt wurde, gilt auch in dem Falle, wo einem Reisenden beim Vertragsabschluß die Zusicherung gegeben worden ist, daß er sich während des Jahres eine bestimmte Dauer auf Reisen befinden werde. Wird ein solcher Reisender in der Reisezeit beschränkt, so steht ihm unter der eben gedachten Voraussetzung auch ein Anspruch auf anteilige Gewährung der Reisespesen zu.

Ja, das Recht ist dem Reisenden überhaupt zuzubilligen, wenn er, ohne selbst Veranlassung gegeben zu haben, in der Reisethätigkeit gehindert wird.

In Erwägung zu ziehen ist ferner noch der Fall, daß eine Firma ihren Reisenden von der Tour nach dem Orte der Handelsniederlassung zurückkommen läßt, obwohl dieser Ort nicht der Wohnsitz des Reisenden ist. In solchen Fällen haben die Reisenden oftmals Anspruch auf Fortzahlung der garantierten Reisespesen erhoben. Mit Unrecht. Reisespesen kommen hier nicht mehr in Frage, da die Reise beendet ist. Wohl aber ist das betreffende Haus nach der herrschenden Meinung verpflichtet, dem Reisenden den Mehraufwand zu vergüten, der ihm dadurch erwächst, daß er statt nach dem als Wohnsitz vereinbarten Orte nach dem Ort der Handelsniederlassung reisen und sich daselbst aufhalten muß.

Die Reisespesen müssen dem Reisenden pünktlich übermacht werden. Erfolgt keine pünktliche Sendung, und er muß liegen bleiben, so ist ihm der Prinzipal für den Schaden verantwortlich, der ihm daraus entsteht. Dies kommt namentlich dann in Frage, wenn der Reisende neben Gehalt und Spesen noch eine Verkaufsprovision bezieht. Die Spesen laufen auch während der Frist fort, wo der Reisende gezwungen war, die Zeit zu verliegen. Der Prinzipal kann jedoch eine entsprechende Kürzung eintreten lassen, weil der Reisende ja während dieser Zeit die Ausgaben für die Benutzung von Verkehrsmitteln erspart. Ein Grund, die Stellung sofort zu verlassen, liegt in der unpünktlichen Zahlung der Reisespesen noch nicht, dafern dieselbe sich nicht über Gebühr verzögert, und dem Prinzipal auch ein Verschulden an der Säumnis nicht beizumessen ist.

Ob der Reisende die Reisespesen von den einkassierten Geldern bestreiten darf, hängt gleichfalls von der getroffenen Vereinbarung ab. Einer strafbaren Handlung macht er sich, auch wenn vereinbart wurde, daß er die vereinnahmten Gelder sofort abführen soll, nicht schuldig, wenn er Reisespesen davon deckt, weil er wegen der Reisespesen einen fälligen Gegenanspruch an sein Haus hat, mit dem er jeweilig aufrechnen kann. Wohl aber hat er dem Hause sofort Mitteilung von der Verwendung der kassierten Gelder zu machen, wenn auch die Ältesten der Kaufmannschaft in Berlin in einem Gutachten das Unterlassen dieser Mitteilung nicht als Vertrauensbruch bezeichnet haben.

Eine wichtige Frage ist es schließlich, ob *Reisespesen* steuerpflichtig sind. Bezüglich der Steuerpflichtigkeit derselben hat das Berliner Oberverwaltungsgericht folgende Entscheidung getroffen: „Nach § 15 des Einkommensteuergesetzes vom 24. Juni 1891 und Artikel 22 der Ausführungsanweisung vom 5. August 1891 stellt dasjenige, was der Geschäftsreisende etwa von seinem Prinzipal außer seinem Gehalt für die Zeit seiner Reisen zur Bestreitung des Unterhalts während der Reise empfängt, nicht ohne Weiteres steuerpflichtiges Einkommen dar, sondern es erscheint zunächst als zur Bestreitung des Aufwandes gegeben, den der Reisende während der Verrichtung seiner Dienstpflichten zu machen genötigt ist. Verbleibt dem Reisenden aus der Reiseentschädigung ein Überschuß, so kann nach § 15 des gedachten Gesetzes und Artikel 22 der Ausführungsanweisung allein dieser als steuerpflichtiges Einkommen angesehen werden."

Dieser Ansicht haben sich die meisten Steuerbehörden angeschlossen, und sie dürfte auch die richtigste sein. Nur das kann wirklich als Einkommen des Reisenden angesehen werden, was er an den ihm zugebilligten Reisespesen gut macht. Andere Steuerbehörden halten den Betrag für steuerpflichtig, der auf den Unterhalt entfällt, weil dieser sich als Einkommen darstelle. So wird es z. B. in Sachsen gehandhabt.

§ 4. Die Fürsorgepflicht des Prinzipals und die Sonntagsruhe.

Die Fürsorgepflicht des Prinzipals, hinsichtlich welcher auf die zweite Abteilung unter III § 6 S. 57 auch hier zu verweisen ist, kommt für den Reisenden nur insoweit in Betracht, als derselbe zeitweilig auch, während er nicht auf Reisen ist, im Geschäft Dienste zu verrichten hat. Das Gleiche gilt von der Sonntagsruhe.

Die Letztere spielt jedoch auch im Verkehr der Reisenden mit der Kundschaft eine Rolle, und bedarf nach dieser Richtung hier besonderer Erwähnung.

Nach § 55a der Gewerbeordnung ist an Sonn- und Festtagen der Gewerbebetrieb im Umherziehen verboten. Hat dieses Verbot nun auch auf Handlungsreisende Bezug? Oder dürfen Geschäftsreisende an Sonntagen in den gesetzlich erlaubten Geschäftsstunden ihren Kunden Muster vorzeigen, um Bestellungen entgegenzunehmen? Das Amtsgericht München verneinte diese Frage; es nahm nämlich an, daß die Thätigkeit des Handlungsreisenden unter den Begriff des nach der Gewerbeordnung am ganzen

Sonntage verbotenen Gewerbebetriebes im Umherziehen falle. Die hiergegen eingelegte Berufung wurde vom Landgericht verworfen. Dagegen hatte die hiergegen eingelegte Revision Erfolg. Das Oberlandesgericht München hat festgestellt, daß der Reisende an Sonn- und Feiertagen während der s. g. offenen Stunden, während welcher nach den polizeilichen Vorschriften die Kaufleute ihre Geschäfte offen haben dürfen, diese besuchen und mit denselben Geschäfte abschließen darf.

Eine andere Frage ist es aber, ob der Prinzipal verlangen kann, daß der Reisende am Sonntag für den Prinzipal thätig sei. In dieser Beziehung hat das Landgericht Frankfurt a. M. entschieden, daß der Reisende nicht gezwungen werden kann, den Sonntag Geschäfte für sein Haus zu machen. Die drei Mark Tagesspesen, welche in dem fraglichen Fall das Haus dem Reisenden gekürzt hatte, weil er keine Kunden besucht hatte, wurden demselben laut Urteil zugesprochen.

Was die Versicherung gegen Krankheit, Invalidität und Alter anlangt, so ist auf die erste Abteilung § 6, S. 18 und auf die zweite Abteilung unter III § 7, S. 58 zu verweisen.

IV.

Die Beendigung des Dienstverhältnisses.

Die Beendigung des Dienstverhältnisses tritt beim Handlungsreisenden aus denselben Gründen wie beim Handlungsgehilfen ein. Die ordnungsmäßige Beendigung erfolgt durch den Tod des Handlungsreisenden, oder dafern der Dienstvertrag nicht ohne wesentliche Veränderung von den Rechtsnachfolgern eingehalten wird, auch beim Tod des Prinzipals, bei Zeitablauf oder bei Kündigung. Die außerordentliche Beendigung tritt aus wichtigen Gründen und aus den insbesondere als wichtige Gründe im Handelsgesetzbuch § 71 und 72 angeführten Gründen u. s. w. ein. Es gilt in dieser Beziehung für die Handlungsreisenden nichts anderes als für die Handlungsgehilfen im allgemeinen und kann daher hier auf die zweite Abteilung unter IV. A und B S. 70 ff. verwiesen werden.

Nur erscheint es notwendig, hier aus der Praxis einige Fälle anzuführen, welche sich im Reiseverkehr besonders bemerklich machen. Es sind als Gründe, einen Reisenden sofort entlassen zu können, angesehen worden:

1. Versendung von Zirkularen seitens eines Reisenden, welcher die Stellung gekündigt hat, um sich selbständig zu machen, an die Kundschaft des Prinzipals, um letzterer von der Etablierung Kenntnis zu geben (Mißbrauch des Vertrauens).
2. Weigerung, die vorgeschriebene Reiseroute einzuhalten, und willkürliches Abweichen von derselben, trotz erhaltener Aufforderung, der Vorschrift nachzukommen.
3. Weigerung, die Reise zu unterbrechen und zurückzukehren.
4. Säumiges Besuchen der Kundschaft. Das Kammergericht in Berlin entschied, daß ein Reisender entlassen werden könne, der an den Vormittagen unthätig in seiner Wohnung verweile, weil das unthätige Verweilen an Vormittagen, da notorisch um diese Zeit hauptsächlich die Kundschaft für Reisende zu sprechen sei, eine grobe Pflichtverletzung darstelle (Mißbrauch des Vertrauens).
5. Lässiges Berichten oder gänzliches Unterlassen desselben oder wahrheitswidrige Berichterstattung, insbesondere wiederholte unrichtige Aufgabe von Kommissionen.
6. Fortgesetzte Abschlüsse mit notorisch insolventen Käufern, trotz wiederholter Anermahnung, die Kreditwürdigkeit zu prüfen. Überschreitung der Preislimitierungen.
7. Verzögerung der Reisen ohne genügenden Grund (Oberlandsgericht Stuttgart, II. Civilsenat).
8. Leichtsinnige Behandlung des Eigentums des Prinzipals. Ein Reisender hatte den Koffer, in dem sich wichtige Dokumente des Prinzipals befanden, im Wartezimmer des Bahnhofs liegen lassen. Das Gericht erkannte auf Befugnis zur sofortigen Entlassung.
9. Das Überschreiben fingierter Bestellungen.
10. Ungeziemendes Auftreten im Verkehr mit der Kundschaft und liederlicher Lebenswandel auf der Tour. (Fortgesetztes Hazardspiel.)
11. Das Einkassieren von Geldern, obwohl die Vollmacht dazu entzogen worden ist.
12. Übervorteilungen bei der Spesenberechnung.
13. Weigerung, an den Sitz der Handelsniederlassung des Prinzipals zu kommen.

Nur zu dem unter Nr. 13 angeführten Grunde ist noch

etwas Näheres zu sagen, da bei ihm die Frage des Domizils des Reisenden in Betracht kommt.

Es kommt sehr häufig vor, daß ein Reisender, der mit seiner Familie einen Wohnsitz hat, der verschieden vom Orte der Handelsniederlassung des Prinzipals ist, beim Engagement darüber, wo er sein Domizil nehmen soll, nichts vereinbart. Der Prinzipal weiß vielleicht auch, daß der Handlungsreisende anderswo domiziliert ist, trifft aber zunächst keine anderen Bestimmungen. Kann er dann noch jederzeit verlangen, daß der Reisende, wenn er die Tour vollendet hat, an den Sitz der Handelsniederlassung zurückkehre? Oder kann der Reisende ihm einhalten, daß sein Domizil an einem anderen Orte sei? Das Oberlandesgericht Dresden hat in dieser Beziehung entschieden, daß der Reisende sein Domizil immer am Orte der Handelsniederlassung habe, wenn nichts anderes vereinbart wurde, gleichviel, wo er zur Zeit des Abschlusses des Vertrages domiziliert war. Nur wenn ein anderer Ort als der der Handelsniederlassung des Prinzipals als Domizil vereinbart ist, kann sich der Reisende an dieses Domizil begeben und kann vom Prinzipal die Kosten ersetzt verlangen, wenn ihn derselbe nach dem Sitz der Handelsniederlassung beruft. Eine Weigerung aber dahin zu kommen, rechtfertigt unter allen Umständen die Dienstentlassung.

Daß der Handlungsreisende ein Retentionsrecht wegen etwaiger Ansprüche an den Prinzipal hinsichtlich der Musterkoffer und der Muster, Preislisten u. s. w. nicht hat, ist schon erwähnt worden. Es gilt hier das bereits in der zweiten Abteilung unter IV. C. Nr. 3 S. 101 Angeführte. Der Reisende hat die Verpflichtung, dem Prinzipal nach Beendigung des Dienstverhältnisses Musterkoffer, Musterbuch u. s. w. zurückzubringen. Der Prinzipal braucht dasselbe nicht zu holen, bez. holen zu lassen. In einem Streitfalle führte das Amtsgericht I in Berlin aus, daß der Engagementsvertrag ein Handelsgeschäft sei, zu dessen Erfüllung die Rückgabe des Musterbuches gehöre:

„Den Ort der Erfüllung bestimme das Handelsrecht, nach welchem, wenn nichts anderes vereinbart, im Geschäftslokal des Prinzipals zu erfüllen sei. Die Wohnung des Reisenden komme nicht in Betracht; ebensowenig könne, wie es vielfach geschähe, das Musterbuch mitten auf der Tour liegen gelassen werden."

Der Reisende hat übrigens das Recht, wenn er seine Stellung aufgiebt, die Abnahme der Muster persönlich zu überwachen. So wurde ein Reisender, der sich trotz der Aufforderung des Chefs, die Geschäftsräume zu verlassen, nicht entfernte, weil er bei der Abnahme der Muster gegen den Willen des Prinzipals zugegen sein wollte, von der Anklage des Hausfriedensbruches freigesprochen, weil er die Befugnis habe, bei der Abnahme seiner Muster gegenwärtig zu sein.

V.

Der Handlungsreisende im Hotelverkehr.

1. Das Recht des Reisenden auf Aufnahme. Es hat einmal im Deutschen Reiche Bestimmungen gegeben, wonach der Hotelwirt verpflichtet war, einem Fremden, der sich bei ihm meldete, Obdach und Speise und Trank zu gewähren, dafern er nur dazu imstande war. Von einer derartigen, ausdrücklichen Verpflichtung kann heutzutage nicht mehr die Rede sein. Klar ist, daß dem Hotelier nicht die Verpflichtung auferlegt sein kann, jeden Einlaß begehrenden Reisenden bei sich aufzunehmen. Er kann denjenigen ohne weiteres zurückweisen, der durch seine Kleidung oder sein sonstiges Auftreten die Besorgnis rechtfertigt, daß er zu Störungen der Hausordnung, Belästigung der übrigen Hotelgäste oder des Hotelpersonals u. s. w. Anlaß geben werde. Muß er aber jeden anständig gekleideten, sich anständig benehmenden Reisenden aufnehmen, der von ihm beherbergt sein will? Die Frage ist früher bejaht worden; und das vormalige, sächsische Appellationsgericht, sowie das preußische Kammergericht (Entsch. vom 28. Januar 1871) haben in einer Entscheidung ausgeführt, daß diese Verpflichtung daraus folge, daß der Hotelier im allgemeinen durch die Eröffnung seines Hotels dieses dem öffentlichen Gebrauche unter gewissen Bedingungen zur Verfügung gestellt habe. Diese Ansicht ist heute aber nicht mehr stichhaltig. Heute ist die Meinung vorherrschend, daß der Hotelier, der durch Anzeigen, Schilder, Geschäftskarten u. s. w. bekannt macht, daß er für Geld Reisenden Unterkunft und Unterhalt gewähren wolle, damit nicht auf das Recht verzichtet, nach seinem Belieben unter den Personen, die von ihm Beherbergung verlangen, eine Auswahl zu treffen, den oder jenen zurückzuweisen, gleichviel ob er durch sein Verhalten diese Zurückweisung rechtfertigt oder nicht. Mag auch der Hotelier noch hinreichend Zimmer freistehen haben, er ist nicht verbunden, dieselben an bei ihm vorfragende Reisende abzugeben.

Das Reichsgericht hat in einem Urteil (Entsch. in Strafsachen Bd. IV S. 322) ausgeführt: „Daß derjenige, welcher als Gast ein öffentliches Schank- oder Wirtslokal befugter Weise betritt, damit zugleich ein Recht erwirkt, darin nach eigener Willkür zu verweilen, ist eine durchaus unrichtige, haltlose Behauptung. Immer hängt es vom Willen des berechtigten Inhabers der fraglichen Lokalitäten ab, dem Gast Aufnahme zu gewähren oder zu verweigern, die Aufnahme für eine gewisse Zeit oder für gewisse Zwecke zu beschränken. So lange der Wirt sich nicht ausdrücklich oder durch zustimmende Handlungen, wie Bedienung u. s. w., gebunden hat, dem Gaste, sei es ein Unterkommen, sei es Beköstigung, zu gewähren, verweilt der letztere „ohne Befugnis" und ist rechtlich verpflichtet, sich auf Aufforderung wieder zu entfernen. Auch, wo beispielsweise der Wirt durch Verabfolgung von Speisen und Trank zum Verzehren in seinem Lokale einem Dritten die Befugnis zum vorübergehenden Aufenthalte eingeräumt hat, dauert solche Befugnis nicht länger, als nach billigem Ermessen und vernünftiger Auslegung des beiderseitigen Vertragswillens zur Erfüllung des vereinbarten Zweckes erforderlich ist. Sobald dieser Zweck erfüllt ist, tritt der Inhaber einer derartigen Lokalität auch wieder in die freie Verfügungsgewalt zurück, und es steht ihm frei, das längere Verweilen zu untersagen. Ebenso kann ungebührliches Betragen des Gastes als ein begründeter Anlaß gelten, denselben schon früher aus dem Lokale auszuweisen. Leistet der Gast der begründeten Weisung des Wirtes, sich zu entfernen, keine Folge, so macht er sich wegen Hausfriedensbruchs strafbar".

2. Die Haftung des Hotelwirtes. Ist der Gast einmal im Hotel aufgenommen, so wird ihm und seinem Gepäck, allem, was er an Sachen in das Hotel einbringt, ein weitgehender Rechtsschutz zu Teil, da nämlich der Wirt für die Beschädigung und den Verlust dieser Gegenstände zu haften hat. Der Reisende, dem sein Reisegepäck im Hotel abhanden gekommen ist, dem seine Kleidungsstücke beschmutzt, seine Reisemuster beschädigt wurden u. s. w., kann sich ohne weiteres an den Hotelwirt schadlos halten, ohne etwa erst den immerhin schwierigen Beweis antreten zu müssen, daß der Hotelwirt oder seine Leute den Verlust oder die Verletzung durch Fahrlässigkeit herbeigeführt hätten. Nur dann haftet der Wirt nicht, wenn der Schaden durch die eigene Schuld des Reisenden herbeigeführt wurde, oder höhere Gewalt vorliegt, wie z. B. Feuersbrunst, Überschwemmung u. s. w.

Wie wir schon hervorgehoben haben, hat der Gastwirt wegen des Verlustes, der Vernichtung oder Beschädigung der eingebrachten Sachen zu haften, auch wenn der Verlust oder die Beschädigung durch die Leute des Gastwirtes, durch andere Gäste oder sonstige dritte Personen hervorgerufen sein sollte. Ja, er haftet sogar, wenn auf Seiten dieser dritten Personen ein Vergehen, Diebstahl, Unterschlagung, Sachbeschädigung u. s. w. vorliegt. Die Verantwortlichkeit, welche damit dem Hotelier auferlegt wird, läßt sich aus dem Grunde rechtfertigen, daß der Gast die Einrichtungen des Hotels, den Betrieb desselben, das Personal, welches dabei beschäftigt wird u. s. w. nicht so genau kennt, um sich gegen Verluste oder Beschädigungen hinreichend sichern oder aber, wenn ein Verlust oder eine Beschädigung entstanden ist, die Schuldigen auskundschaften zu können. Nur wenn höhere Gewalt oder der Reisende selbst den Schaden verursacht hat, ist, wie gesagt, die Haftung ausgeschlossen. Eine solche höhere Gewalt wird man übrigens nicht nur bei Feuersbrunst, Überschwemmung u. s. w. annehmen können, sondern auch bei einem Raub, einem Einbruchsdiebstahl, der sich auch bei Anwendung aller Vorsichtsmaßregeln, bei strengster Aufsicht und Uberwachung nicht vermeiden ließ. Es muß ein Vorfall in Frage kommen, bei welchem sich ergiebt, daß menschliche Kraft nicht imstande war, den Verlust oder die Beschädigung zu beseitigen.

Die Haftung des Hoteliers beginnt mit der Aufnahme des Gastes und Einbringung der Sachen desselben. Nach einer Entscheidung des Reichsgerichtes ist die Aufnahme und Einbringung schon dann als erfolgt anzusehen, wenn der Reisende den Hotelwagen besteigt, bez. seine Effekten dem Kutscher des Hotelwagens, oder dem Hausknecht zur Beförderung übergiebt. Nicht notwendig ist, daß etwa der Hotelier oder seine Leute wissen, was für Sachen der Gast eingebracht hat, oder daß sie dieselben gesehen haben. Der Gast muß dem Hotelier gegenüber den Beweis führen, welche Sachen er eingebracht hat und daß ihm dieselben während des Aufenthaltes im Gasthofe in Verlust geraten sind. Dabei darf der Hotelier voraussetzen, daß die Sachen vom Gast nicht an einem Orte im Hotel niedergelegt worden sind, welcher dazu weder vom Hotelier, noch von seinen Leuten angewiesen worden ist, noch seiner Beschaffenheit nach überhaupt sich zur Aufbewahrung von Gegenständen eignet (Entsch. des Reichsgerichts in Civilsachen Bd. I Nr. 36). So wurde ein Reisender mit seiner

Klage abgewiesen, der einen Musterkoffer bei seiner Ankunft im Hotel auf den Stufen einer Freitreppe niedergesetzt und sich in die Hotelräume begeben hatte. Während der kurzen Außerachtlassung war der Koffer verschwunden. Andererseits erfolgte die Verurteilung eines Hoteliers, in dessen Hotel der Reisende seinen Musterkoffer im Hausflur unter eine Treppe gesetzt hatte.

Die von uns angeführten, gesetzlichen Bestimmungen können nicht auf Restaurateure, Inhaber von Cafés, Konditoreien, auch nicht auf Bahnhofsrestaurateure ausgedehnt werden. Ihnen gegenüber läßt sich ein Anspruch auf Schadensersatz wegen eines abhanden gekommenen Kleidungsstückes 2c nur geltend machen, wenn ihnen von Seiten der Gäste ein Verschulden nachgewiesen werden kann.

3. Pfandrecht des Hoteliers. Dem Hotelier sind aber nicht nur Pflichten auferlegt, er hat dem Reisenden gegenüber auch seine Rechte. So steht ihm ein Pfandrecht bez. Zurückbehaltungsrecht an den eingebrachten Sachen des Reisenden zu wegen seiner Forderungen für Wohnung und Bewirtung des Reisenden. Das Pfandrecht bez. Zurückbehaltungsrecht (Retentionsrecht) erstreckt sich natürlich nur auf die dem Gaste eigentümlich zugehörigen Sachen, aber nicht auf Gegenstände, die etwa dem von ihm vertretenen Hause gehören (Musterkollektionen, Musterkoffer 2c). Letztere Gegenstände würden vom Prinzipal des Reisenden jederzeit mit Erfolg reklamiert werden können. Nicht eher braucht der Hotelwirt die Sachen des Gastes zurückzugeben, als bis er völlige Befriedigung erhalten hat. Nur die notwendigsten Gegenstände, ohne die der Reisende nicht existieren könnte, dürfen ihm nicht vorenthalten werden. Hat der Reisende die Gegenstände einmal aus dem Hotel entfernt, so ist das Vorrecht des Hoteliers erloschen.

Pfandbruch, d. h. das heimliche Entfernen von Gegenständen, an welchen dem Gastwirte ein Zurückbehaltungsrecht zusteht, wird bestraft. Der § 289 des Reichsstrafgesetzbuches lautet:

„Wer seine eigene, bewegliche Sache, oder eine fremde, bewegliche Sache zu Gunsten des Eigentümers derselben, dem Nutznießer, Pfandgläubiger oder demjenigen, welchem an der Sache ein Gebrauchs- oder Zurückbehaltungsrecht zusteht, in rechtswidriger Absicht wegnimmt, wird mit Gefängnis bis zu drei Jahren oder mit Geldstrafe bis zu neunhundert Mark bestraft.

Neben der Gefängnisstrafe kann auf Verlust der bürgerlichen Ehrenrechte erkannt werden.

Der Versuch ist strafbar.

Die Verfolgung tritt nur auf Antrag ein" (verjährt demnach in drei Monaten).

VI.

Rechte und Pflichten des Stadtreisenden.

Wir haben bereits früher erwähnt, daß der Stadtreisende nicht zu den Handlungsreisenden gehört, welche der Gesetzgeber unter dem Begriff des Handlungsreisenden verstanden wissen will. Daher kommt es auch, daß dem Stadtreisenden nicht die Rechte zustehen, welche der Gesetzgeber dem Reisenden als Handlungsbevollmächtigten gewährleistet hat.

Die Anwendung des § 55 des H. G. B. Abs. 2 auf Stadtreisende ist durch die Worte „an Orten verwendet, an denen sich eine Niederlassung des Geschäftsinhabers nicht befindet", ausgeschlossen, eine analoge Anwendung aber deswegen unzulässig, weil diese Worte die Bestimmung in einem wesentlichen Punkte präzisieren.

Der weite Umfang der Geschäftsbefugnisse des Verkaufsreisenden (dieser kommt ja in § 55 Abs. 2 allein in Betracht) wird gerade dadurch bestimmt, daß die betreffenden Geschäfte an anderen Orten als denen der Handelsniederlassung des Prinzipals vorgenommen werden. Dem kaufenden Kunden ist es von Interesse, der Mühe der Einsendung des Kaufpreises und der Tragung der Gefahr des Transportes desselben sich zu entschlagen, und nicht genötigt zu sein, Wechsel zu acceptieren. Der Verkäufer aber hat in dem persönlich beim Käufer sich einfindenden Reisenden ein Mittel, sowohl in diskreter als auch energischer Weise den Schuldner zu mahnen. Er kann aber dieses Mittel nur dann mit Erfolg anwenden, und dem Käufer nur dann in der angegebenen Richtung entgegenkommen, wenn er dem Reisenden Inkassovollmacht giebt. Ganz anders stellt sich das Verhältnis bei Verkäufern, welche durch Handelsbevollmächtigte an demjenigen Orte, an welchem sich eine Niederlassung des Prinzipals befindet, wenn auch außerhalb der Geschäftsräume derselben, abgeschlossen werden. Zwar kann es von Interesse sein, auch an dem Orte der Niederlassung Kunden aufzusuchen, und zum Abschluß von Käufen zu veranlassen, wohl auch mit denselben in ihren Wohnungen oder Geschäftsräumen alsbald abzuschließen und zu diesem Zwecke sogar besondere Handlungsbevollmächtigte, die sogenannten Stadtreisenden, anzustellen, allein die Gründe, welche es wünschenswert machen, durch dieselbe Person, welche an auswärtigen Orten Verkäufe abgeschlossen hat, auch die Kaufpreise einzuziehen, fallen hier selbst in größeren Städten hinweg. Die Erteilung der Inkassovollmacht an Stadtreisende zeigt sich nicht als ein Verkehrsbedürfnis (Entsch. des Reichsgerichts Bd. VI S. 83—85).

Der Stadtreisende darf demnach Gelder nicht kassieren, wenn ihm die Inkassobefugnis nicht besonders übertragen worden ist.

Aus denselben Gründen ist er nicht berechtigt, Zahlungsfristen zu bewilligen. Auch die Anzeige von Mängeln einer Ware, die Erklärung, daß eine Ware zur Verfügung gestellt werde, sowie andere Erklärungen solcher Art, können dem Stadtreisenden gegenüber nicht rechtsverbindlich abgegeben werden. Da der Geschäftsinhaber und Kunde sich an demselben Platze befinden, ist es des Letzteren Pflicht, solche Erklärungen direkt dem Prinzipal zu übermitteln.

Im übrigen aber gilt von den Rechten des Stadtreisenden, wenn er in festem Dienstverhältnis zum Prinzipal steht, und nicht etwa selbständiger Provisionsreisender oder Agent ist, was wir vom Handlungsreisenden, bez. Handlungsgehilfen in den vorhergehenden Abteilungen ausgeführt haben.

Hier sei nur noch darauf hingewiesen, daß auch diejenigen Angestellten eines Geschäftes, die nur vorübergehend nach einem Nachbarorte oder in größeren Städten oder Vororten derselben gesandt werden, gesetzlich nur als Stadtreisende von den Gerichten angesehen worden sind.

VII.

Rechte und Pflichten des Detailreisenden.

Derjenige Chef oder Angestellte, welcher mit Proben oder Mustern im Detail reiste und eine Legitimationskarte besaß, war bislang im Aufsuchen von Bestellungen am Platze und auch außerhalb seines Gemeindebezirkes in keiner Weise beschränkt. Er konnte Kaufleute und Gewerbetreibende, aber er konnte auch ungehindert Privatkundschaft aufsuchen und mit ihr Geschäfte abschließen.

In dieser Hinsicht hat die Novelle zur Gewerbeordnung vom 6. August 1896, welche am ersten Januar 1897 in Kraft getreten ist, eine Änderung gebracht. Durch die Bestimmungen der Novelle sind zwei Arten von Detailreisen geschaffen worden: Das Detailreisen auf Grund einer Legitimationskarte und das Detailreisen auf Grund eines Wandergewerbescheines.

A.

Detailreisen auf Grund einer Legitimationskarte.

Nur einer Legitimationskarte, wie alle anderen Reisenden bedarf der Detailreisende, der Warenbestellungen aufsucht:

1. Bei Kaufleuten in deren Geschäftsräumen oder bei solchen Personen, in deren Geschäftsbetriebe Waren der angebotenen Art Verwendung finden.
2. bei solchen Privatpersonen, von denen er eine ausdrückliche Aufforderung dazu erhalten hat.
3. auf folgende Waren: Erzeugnisse der Leinen- und Wäschefabrikation, Nähmaschinen, Wein, Druckschriften und andere Schriften und Bildwerke.

Voraussetzung bei allen drei Fällen ist, daß der Detailreisende nur Muster und Proben, nicht aber die Waren selbst mitführt.

Eine Ausnahme hiervon besteht nur zu Gunsten der Gold- und Silberwarenfabrikanten und Großhändler, der Taschenuhren-Bijouterie- und Schildpattwaren-Fabrikanten und Großhändler, sowie von Gewerbetreibenden, welche mit Edelsteinen, Perlen, Kameen und Korallen Großhandel treiben. Sie dürfen die Waren mit sich führen.

1. Was den ersten Fall anlangt, in welchem der Detailreisende seine Bestellungen nur bei Kaufleuten in deren Geschäftsräumen aufsucht, so ist auf den Begriff des Kaufmanns, Vollkaufmanns und Minderkaufmanns, schon in der Einleitung Seite 2 ff. näher eingegangen worden und darauf hier wieder zu verweisen.

Das Aufsuchen muß in den Geschäftsräumen geschehen. Was unter Geschäftsräumen zu verstehen ist, wird sich in jedem einzelnen Falle ohne Schwierigkeiten entscheiden lassen. Im Reichstage ist mit Recht hervorgehoben worden, daß Geschäftsräume im Gegensatz zur Privatwohnung stehen; zu den Geschäftsräumen sind auch Arbeitsräume, Werkstätten, Remisen, Lagerplätze u. s. w. zu rechnen. Das Aufsuchen von Kaufleuten in ihren Geschäftsräumen ist gestattet, ohne die Einschränkung, daß die Waren, in welchen der Detailreisende Offerte macht, solche sind, welche der betreffende Kaufmann führt. Es kann einem Kaufmann, der mit Butter und Käse handelt, Offerte in wohlriechenden Seifen und Odeurs gemacht werden, ohne daß es mehr als der Legitimationskarte bedürfte. Dem Kaufmann können in seinem Laden Kaufangebote hinsichtlich aller Arten von Waren, die er für seinen und seiner Familie Privatbedarf notwendig hat, gemacht werden. (Vgl. Hermann Armer, Detailreisen und Hausierhandel S. 14.)

Sucht der Reisende Bestellungen auf Waren auf, wie sie der Kaufmann in seinem Geschäft verwendet, so kann von einem Detailhandel nicht die Rede sein, sondern nur von Engroshandel.

Ein Reisender kann einem Kaufmann in dessen Geschäftsräumen demnach sowohl als Engrosreisender wie als Detailreisender ungehindert auf Grund seiner Legitimationskarte Offerte machen.

Ein zweiter Fall ist der, daß der Reisende Bestellungen bei solchen Personen aufsucht, in deren Geschäftsbetriebe Waren der angebotenen Art Verwendung finden. Das ist eine Erweiterung und eine Beschränkung der Befugnisse zugleich. Er kann mit der Legitimationskarte auch zu Nichtkaufleuten, die einen Gewerbebetrieb aufweisen können, gehen und Offerte machen, aber er kann nicht alle Waren, wie beim Kaufmann anpreisen und zu verkaufen suchen, sondern nur solche Waren, die in dem betreffenden Gewerbebetriebe Verwendung finden. Solche Gewerbetreibende aber braucht der Reisende nicht in den Geschäftsräumen, der Werkstatt u. s. w. aufzusuchen, sondern er kann ihnen auch in der Wohnung Offerte machen. In Frage kommen hier namentlich die Handwerker, welche nicht Kaufleute sind. Dem Schneider darf Offerte in Tuchen, dem Tischler in Leim, dem Landwirt in Düngemitteln u. s. w. gemacht werden, dagegen nicht dem Buchbinder in Stoffen zu Kleidungsstücken u. s. w. Bei solchen Personen kann der Reisende nur Waren an die betreffenden Personen als Geschäftsleute, nicht aber als Privatleute verkaufen.

Diese Art Detailreisen wird meist in das Engrosreisen übergehen.

2. Die Legitimationskarte genügt zum Aufsuchen jedweder

Privatperson, wenn deren vorgängige, ausdrückliche Aufforderung dazu vorliegt.

Die Aufforderung, Offerte zu machen, muß eine vorgängige sein, d. h. sie muß in den Händen des Detailreisenden sein, ehe er seinen Besuch macht. Sie muß dem Besuche des Reisenden vorangehen. Wenn der Reisende in ein Haus tritt, klingelt und das öffnende Dienstmädchen fragt, ob er Offerte machen dürfe, so ist das keine vorgängige Aufforderung, denn der Besuch hat mit dem Betreten des Hauses nach Ansicht der Gerichte begonnen. Es muß aber auch eine Aufforderung vorliegen, es genügt nicht nur eine Erlaubnis. Die Aufforderung kann mündlich oder schriftlich erfolgen. Der Kunde muß aber mündlich oder schriftlich dem Reisenden gegenüber zum Ausdruck bringen, daß er dessen Besuch wünscht, nicht nur gestattet.

Eine einmalige Aufforderung zum Besuch der Detailkundschaft genügt für oftmaliges Besuchen, wenn darin ausgedrückt ist, daß der Kunde eben öftere Besuche wünscht. So hat ein Urteil des Amtsgerichts Eisenach entschieden, dem auch andere Gerichte gefolgt sind, und das hier mitgeteilt werden möge:

„Von Seiten des Großh. Bezirksdirektors in Eisenach waren gegen einen Reisenden zwei Strafverfügungen wegen der Beschuldigung, am 18. Februar und am 1. März d. J. zu Y. und Z. ohne vorgängige, ausdrückliche Aufforderung bei Privaten, also nicht bei Kaufleuten in deren Geschäftsräumen, oder bei Personen, in deren Geschäftsbetrieb Waren der angebotenen Art Verwendung finden, Warenbestellungen nach Mustern aufgesucht zu haben, erlassen, und auf Grund des § 44 Abs. 3 der Gewerbeordnung in der Fassung des Art. 9 des Reichsgesetzes vom 6. August 1896 in Verbindung mit § 148 Ziffer 5 und 7 der Gewerbeordnung Strafen von 60 Mark event. 10 Tagen Haft und 75 Mark event. 12 Tagen Haft festgesetzt worden. Der Angeklagte hatte rechtzeitig gegen die beiden Strafverfügungen den Antrag auf gerichtliche Entscheidung gestellt. In der Hauptverhandlung bestritt der Verteidiger des Angeklagten, daß sich der Letztere bei den fraglichen Vorfällen überhaupt einer strafbaren Handlung schuldig gemacht habe, und behauptete, daß der Angeklagte vielmehr der in Frage kommenden gesetzlichen Bestimmung vollständig genügt habe, indem er im Dezember 1896, vor dem Inkrafttreten des fraglichen Gesetzes, sich von seinen früheren Kunden, Nichtkaufleuten, habe gedruckte Zettel unterschreiben lassen, nach denen er von diesen ausdrücklich aufgefordert werde, die betreffenden Aussteller der Zettel auf seinen Geschäftsreisen zum Zwecke des Aufsuchens von Bestellungen auf Waren stets zu besuchen. Der Verteidiger legte zum Beweise seiner Behauptung verschiedene derartige Zettel, insbesondere diejenigen der Zeugen vor und führte noch weiter aus, daß das von seinem Mandanten eingeschlagene Verfahren von denjenigen Mitgliedern des Reichstages, welche die fragliche Abänderung der Gewerbeordnung seinerzeit beantragt haben, in der betr. Reichstagsverhandlung bei der Beratung über das fragliche Gesetz ausdrücklich als zulässig bezeichnet worden sei. Das Schöffengericht hat, nachdem insbesondere noch durch die vernommenen Zeugen festgestellt war, daß die von dem Verteidiger vorgelegten Zettel ordnungsgemäß ausgestellt worden waren, keinen Anstand genommen, den Ausführungen des Verteidigers beizutreten, indem es angenommen hat, daß mit den Worten des Gesetzes „ohne vorgängige, ausdrückliche Aufforderung" keineswegs gesagt sein soll, daß der betr. Kaufmann vor jedem Besuche beim Nichtkaufmann zum Zwecke des Aufsuchens von Bestellungen nach Mustern erst eine besondere Aufforderung erhalten müsse, daß vielmehr mit einer derartigen Aufforderung, wie sie der Angeklagte vor dem Inkrafttreten des Gesetzes sich von seinen Kunden habe geben lassen, der fraglichen gesetzlichen Bestimmung vollständig genügt sei. Daß der Gesetzgeber eine derartige Auslegung des fraglichen Gesetzes gewollt hat, geht auch aus den Reichstagsverhandlungen über das letztere deutlich hervor, indem diejenigen Reichstagsmitglieder, welche die fragliche Abänderung der Gewerbeordnung beantragt haben, bei Begründung ihres Antrages ein Vorgehen wie das des Angeklagten ausdrücklich als ein solches hingestellt haben, welches wohl die betreffenden Kaufleute, um auch fernerhin nach dem Inkrafttreten des Gesetzes ihre bisherigen Kunden zum Zwecke des Aufsuchens von Bestellungen besuchen zu können, ohne hierzu jedesmal besonders aufgefordert zu sein, beobachten würden. Der Angeklagte mußte daher, wie geschehen, freigesprochen werden."

Hat sich also der Prinzipal, ehe er den Reisenden auf Kundschaft schickt, von den Kunden ein Schriftstück ausstellen lassen, etwa folgenden Inhalts:

„Ich fordere Sie auf, mich jedes Mal, wenn Sie hierherkommen, aufzusuchen, bez. durch einen Ihrer Reisenden aufsuchen, zu lassen, um von uns Bestellungen auf Ihren Namen entgegenzunehmen", so liegt eine ausreichende, vorgängige, ausdrückliche Aufforderung für alle Fälle vor, und der Detailreisende kann beliebig oft, ohne eine neue Aufforderung erhalten zu haben, den betreffenden Kunden besuchen. Es ist auch erlaubt, daß der Prinzipal oder Reisende vorher den Kunden ersucht, ihn zum Besuche aufzufordern. Dagegen kann es nicht als Aufforderung angesehen werden, wenn der Prinzipal oder Reisende schreibt: „Wenn ich von Ihnen keine andere Nachricht erhalte, nehme ich an, daß Sie meinen Besuch wünschen," und dann beim Ausbleiben einer Antwort den Kunden aufsucht. Hier liegt keine „ausdrückliche Aufforderung" vor.

3. Eine einfache Legitimationskarte genügt ausnahmsweise auch, wenn der Privatkundschaft die Erzeugnisse der Leinen- und Wäschefabrikation angeboten werden sollen. Es gehören dahin alle Arten Leinen, auch Halbleinen, Schürzenleinen, und alle Arten Wäsche, Leib- Bett- und Tischwäsche, oder Baumwolle, Wolle, Leinen oder Seide. Desgleichen bei Erzeugnissen der Nähmaschinenbranche. Auch Weinhändler sind nach den Ausführungsbestimmungen zur Gewerbeordnung für das Deutsche Reich, welche der Bundesrat erlassen hat (Nr. 285 des „D. Reichs- u. Staatsanz."), befugt, auf Grund der nach § 44a der Gew. O. erteilten Legitimationskarte persönlich oder durch festangestellte Reisende, ohne vorgängige ausdrückliche Aufforderung, Bestellungen auf Wein (Traubenwein, einschließlich Schaumwein) bei anderen Personen zu suchen, als bei Kaufleuten, oder solchen Personen, in deren Geschäftsbetriebe Waren der angebotenen Art Verwendung finden, sowie bei Kaufleuten an anderen Orten und in deren Geschäftsräumen. Kunstweine sind von diesem Privilegium ausgeschlossen. Hinsichtlich der Druckschriften, die ebenfalls unter die privilegierten Waren fallen, ist zu beachten, was in § 56 Abs. 3 der G. O. bestimmt ist: „Ausgeschlossen vom Feilbieten und Aufsuchen von Bestellungen im Umherziehen sind Druckschriften und andere Schriften und Bildwerke, insofern sie in sittlicher oder religiöser Beziehung Ärgernis zu geben geeignet sind, oder mittelst Zusicherung von Prämien oder Gewinnen vertrieben werden, oder in Lieferungen erscheinen, wenn nicht der Gesamtpreis auf jeder einzelnen Lieferung an einer in die Augen fallenden Stelle bestimmt verzeichnet ist."

B.

Detailreisen auf Grund eines Wandergewerbescheines.

Wer in allen anderen Fällen, als den unter A behandelten als Detailreisender thätig sein will, bedarf eines Wandergewerbescheines wie die Hausierer (Hausierschein). Auf Antrag, welcher an die Polizeibehörde des Wohnorts zu richten ist, wird der Wandergewerbeschein von der zuständigen höheren Verwaltungsbehörde erteilt. Der Wandergewerbeschein wird nicht für die Firma erteilt, sondern für die bestimmte Person, welche reist. Die Firma wird in demselben gar nicht genannt.

Wo zum Detailreisen ein Wandergewerbeschein notwendig ist, unterliegt das Detailreisen insoweit auch der Steuer des Gewerbebetriebs im Umherziehen, und derjenige, welcher ein dieser Steuer unterliegendes Gewerbe betreiben will, muß es für jedes Kalenderjahr, in welchem der Gewerbebetrieb stattfinden soll, behufs Entrichtung der Steuer anmelden und einen die Bezeichnung der Person, des Ortes und des Gegenstandes des Gewerbebetriebes, und die Quittung über die gezahlte Steuer enthaltenden Gewerbeschein lösen. Will der Gewerbetreibende nach Einlösung des Gewerbescheines im laufenden Jahre ein anderes, als das darin bezeichnete Gewerbe im Umherziehen beginnen oder letzteres auf andere, als die im Gewerbescheine bezeichneten Gegenstände und Waren ausdehnen, so muß eine Ergänzung des Wandergewerbescheines oder Ausstellung eines neuen beantragt werden.

Wer einen Wandergewerbeschein besitzt, ist nicht an das Aufsuchen von Bestellungen verwiesen, sondern kann auch Waren feilbieten.

Ausgeschlossen vom Ankauf oder Feilbieten im Umherziehen sind:

1. geistige Getränke, soweit nicht das Feilbieten derselben von der Orts-Polizeibehörde im Falle besonderen Bedürfnisses vorübergehend gestattet ist;
2. gebrauchte Kleider, gebrauchte Wäsche, gebrauchte Betten und gebrauchte Bettstücke, insbesondere Bettfedern, Menschenhaare, Garnabfälle, Enden und Dräumen von Seide, Wolle, Leinen oder Baumwolle;
3. Gold- und Silberwaren, Bruchgold und Bruchsilber, sowie Taschenuhren;

4. Spielkarten;
5. Staats- und sonstige Wertpapiere, Lotterielose, Bezugs- und Anteilscheine auf Wertpapiere und Lotterielose;
6. explosive Stoffe, insbesondere Feuerwerkskörper, Schießpulver und Dynamit;
7. solche mineralische und andere Öle, welche leicht entzündlich sind, insbesondere Petroleum, sowie Spiritus;
8. Stoß-, Hieb- und Schußwaffen;
9. Gifte und gifthaltige Waren, Arznei- und Geheimmittel;
10. Bäume aller Art, Sträucher, Schnitt-, Wurzel-Reben, Futtermittel und Sämereien, mit Ausnahme von Gemüse- und Blumensamen;
11. Schmucksachen, Bijouterien, Brillen und optische Instrumente.

Ausgeschlossen vom Feilbieten und Aufsuchen von Bestellungen im Umherziehen sind ferner:

12. Druckschriften, andere Schriften und Bildwerke, insofern sie in sittlicher oder religiöser Beziehung Ärgernis zu geben geeignet sind, oder mittelst Zusicherung von Prämien oder Gewinnen vertrieben werden, oder in Lieferungen erscheinen, wenn nicht der Gesamtpreis auf jeder einzelnen Lieferung an einer in die Augen fallenden Stelle bestimmt verzeichnet ist. (Vgl. unter A Nr. 3 S. 157.)

Wer Druckschriften, andere Schriften oder Bildwerke im Umherziehen feilbieten will, hat ein Verzeichnis derselben der zuständigen Verwaltungsbehörde seines Wohnortes zur Genehmigung vorzulegen. Die Genehmigung ist nur zu versagen, soweit das Verzeichnis Druckschriften, andere Schriften oder Bildwerke der vorbezeichneten Art enthält. Der Gewerbetreibende darf nur die in dem genehmigten Verzeichnisse enthaltenen Druckschriften, andere Schriften oder Bildwerke bei sich führen und ist verpflichtet, das Verzeichnis während der Ausübung des Gewerbebetriebes bei sich zu führen, auf Erfordern den zuständigen Behörden oder Beamten vorzuzeigen und, sofern er hierzu nicht imstande ist, auf deren Geheiß den Betrieb bis zur Herbeischaffung des Verzeichnisses einzustellen.

Ausgeschlossen vom Gewerbebetrieb im Umherziehen sind ferner das Aufsuchen von Bestellungen auf Lotterielose und Bezugs- und Anteilscheine auf Lotterielose, das Aufsuchen von

Bestellungen auf Branntwein und Spiritus bei Personen, in deren Gewerbebetriebe dieselben keine Verwendung finden, und das Feilbieten von Waren, sowie das Aufsuchen von Bestellungen auf Waren, wenn solche gegen Teilzahlungen unter dem Vorbehalt verkauft werden, daß der Veräußerer wegen Nichterfüllung der dem Erwerber obliegenden Verpflichtungen von dem Vertrage zurücktreten kann. (§ 1 und 6 des Gesetzes betr. die Abzahlungsgeschäfte vom 16. Mai 1894.)

Soweit in diesen Bestimmungen auch von dem Aufsuchen von Bestellungen die Rede ist, erleiden sie natürlich auch auf Detailreisende mit Legitimationskarten Anwendung.

Der Wandergewerbeschein ist auf jeden Fall aus den schon in der dritten Abteilung II § 10 Nr. 1—4 S. 133 genannten Gründen zu versagen. In der Regel ist der Wandergewerbeschein zu versagen:

1. wenn der Nachsuchende das fünfundzwanzigste Lebensjahr noch nicht vollendet hat.

   Im Falle der Nr. 1 ist dem Nachsuchenden der Wandergewerbeschein zu erteilen, wenn er der Ernährer einer Familie ist und bereits vier Jahre im Wandergewerbe thätig gewesen ist;
2. wenn er blind, taub oder stumm ist, oder an Geistesschwäche leidet.

Außerdem darf er nur in nachstehenden Fällen versagt werden:

1. wenn der Nachsuchende im Inlande einen festen Wohnsitz nicht hat;
2. wenn er wegen strafbarer Handlungen aus Gewinnsucht, gegen das Eigentum, gegen die Sittlichkeit, wegen vorsätzlicher Angriffe auf das Leben und die Gesundheit der Menschen, wegen Hausfriedensbruchs, wegen Widerstands gegen die Staatsgewalt, wegen vorsätzlicher Brandstiftung, wegen Zuwiderhandlungen gegen Verbote oder Sicherungsmaßregeln, betreffend Einführung oder Verbreitung ansteckender Krankheiten oder Viehseuchen, zu einer Freiheitsstrafe von mindestens einer Woche verurteilt ist, und seit Verbüßung der Strafe fünf Jahre noch nicht verflossen sind;
3. wenn er wegen Verletzung der auf den Gewerbebetrieb im Umherziehen bezüglichen Vorschriften im Laufe der letzten drei Jahre wiederholt bestraft ist;
4. wenn er ein oder mehrere Kinder besitzt, für deren Unter-

halt und, sofern sie im schulpflichtigen Alter stehen, für deren Unterricht nicht genügend gesorgt ist."

Der Wandergewerbeschein wird für die Dauer des Kalenderjahres erteilt und berechtigt den Inhaber, in dem ganzen Gebiete des Reiches das bezeichnete Gewerbe, nach Entrichtung der darauf haftenden Landessteuern, zu betreiben. Er kann bei Zuwiderhandlungen gegen die gesetzlichen Vorschriften wie die Legitimationskarte zurückgenommen werden.

„Minderjährigen Personen kann in dem Wandergewerbescheine die Beschränkung auferlegt werden, daß sie das Gewerbe nicht nach Sonnenuntergang, und minderjährigen Personen weiblichen Geschlechts kann außerdem die Beschränkung auferlegt werden, daß sie dasselbe nur auf öffentlichen Wegen, Straßen und Plätzen, nicht aber von Haus zu Haus betreiben dürfen." (§ 60 e der Gew. O.)

Der Inhaber eines Wandergewerbescheines ist verpflichtet, diesen während der Ausübung des Gewerbebetriebes bei sich zu führen, auf Erfordern den zuständigen Behörden oder Beamten vorzuzeigen und, sofern er hierzu nicht im Stande ist, auf deren Geheiß den Betrieb bis zur Herbeischaffung des Wandergewerbescheines einzustellen. Auf gleiches Erfordern hat er die von ihm geführten Waren vorzulegen.

Zum Zwecke des Gewerbebetriebes ist ohne vorgängige Erlaubnis der Eintritt in fremde Wohnungen, sowie zur Nachtzeit das Betreten fremder Häuser und Gehöfte nicht gestattet. (§ 60 e der Gew. O.)

Wenn der Wandergewerbeschein versagt oder zurückgenommen wird, ist wie bei der Legitimationskarte Rekurs zulässig.

C.

Besteuerung des Detailreisens.

In Preußen muß der Detailreisende, der auf Grund des Wandergewerbescheines reist, eine Steuer zahlen, die pro Jahr im Voraus zu entrichten ist, und in der Regel 48 Mark beträgt. Bei Beschränkung auf die hohenzollern'schen Lande beträgt sie in der Regel nur 10 Mark. Wenn ein Detailreisender im Laufe eines Jahres aufhört zu reisen, so gilt die für ihn schon bezahlte Steuer bis Ende des Jahres auch für seinen etwaigen Nachfolger. Die gleichen Vorschriften gelten in den beiden Lippe. Wenn die

Detailreisenden nur Proben oder Muster bei sich führen, sind sie von der Besteuerung befreit in Bayern, Sachsen, Sachsen-Weimar-Eisenach, Hessen, Sachsen-Meiningen, Reuß ältere und jüngere Linie, Bremen und Lübeck. Eine Besteuerung ist bislang überhaupt nicht eingeführt in Württemberg, Oldenburg, Anhalt und Hamburg.

Dagegen besteht eine solche in den beiden Mecklenburg (5 bis 60 Mark), Baden, Sachsen-Coburg-Gotha (3 bis 60 Mark), Braunschweig, Sachsen-Altenburg, Schwarzburg-Rudolstadt und -Sondershausen und Elsaß-Lothringen.

Veränderungen in der Gesetzgebung über die Besteuerung des Detailreisens mit Wandergewerbeschein sind natürlich in den einzelnen Bundesstaaten stündlich zu erwarten. (Man vergl. Näheres in der „Rechtskunde für den detailreisenden Kaufmann" von Wilhelm Dieckmann, S. 49 ff.)

Vierte Abteilung.

Prinzipal und Prokurist.

§ 1. Wesen der Prokura und Erteilung derselben.

Das Handelsgesetzbuch spricht nicht mehr wie früher im fünften Abschnitt „von den Prokuristen", sondern „von der Prokura". Das ist nicht ohne Bedeutung. Stand in der früheren Fassung der Prokurist als ein Angestellter da, der durchaus gesondert war von der Klasse der Handlungsgehilfen, so bringt jetzt der fünfte Abschnitt nur besondere Bestimmungen über die „Prokura", die einem Handlungsgehilfen erteilt wird. Der Prokurist ist also Handlungsgehilfe und es leiden auf ihn alle Vorschriften Anwendung, welche für den Handlungsgehilfen gegeben sind, soweit eben nicht die § 48 bis 53 des H. G. B. etwas Besonderes vorschreiben. Die Denkschrift hebt ausdrücklich hervor, daß es eine Verdunkelung der Stellung der Prokuristen mit sich gebracht habe, daß sie den

Handlungsgehilfen als eine besondere Klasse von Personen gegenübergestellt worden seien.

Prokurist ist demnach derjenige Handlungsgehilfe, der von dem Prinzipal bevollmächtigt ist, in dessen Namen und für dessen Rechnung Geschäfte und Rechtshandlungen vorzunehmen, welche der Betrieb des Handelsgewerbes mit sich bringt, und per procura (p. p.) die Firma zu zeichnen.

Das Wesen der Prokura besteht darin, daß der Prokurist den Prinzipal in seiner ganzen kaufmännischen Persönlichkeit vertritt, oder wie zuweilen treffend gesagt wird, das „Zweite Ich" des Prinzipals darstellt (Haase a. a. O. S. 80). „Die Prokura ermächtigt daher zu allen Arten von gerichtlichen und außergerichtlichen Geschäften und Rechtshandlungen, die der Betrieb eines Handelsgewerbes mit sich bringt." (§ 49 des H. G. B.)

Aus diesem Wesen der Prokura aber geht auch hervor, daß eine Beschränkung des Umfanges der Prokura Dritten gegenüber unwirksam ist, weil der Dritte in dem Prokuristen eben die Persönlichkeit des Prinzipals wiedergespiegelt sieht.

Die Prokura kann nur vom Inhaber des Handelsgeschäftes, dem Prinzipal oder seinem gesetzlichen Vertreter, und nur mittelst ausdrücklicher Erklärung erteilt werden.

Bei Minderjährigen kommt als gesetzlicher Vertreter der Vater oder Vormund, bei Entmündigten deren Sondervormund in Frage.

Die Erklärung, daß Prokura erteilt werde, muß ausdrücklich erfolgen. Es ist nicht als Erteilung der Prokura anzusehn, wenn ein Handlungsgehilfe, ohne dazu Ermächtigung erhalten zu haben, die Firma p. p. zeichnet und vom Prinzipal zunächst dazu geschwiegen wird.

Ob eine ausdrücklich als Prokura bezeichnete Vollmacht erteilt wird, oder der Bevollmächtigte ausdrücklich als Prokurist bezeichnet wird, oder ihm nur gesagt war, daß er die Firma per procura zeichnen solle, ist gleichgiltig. Es sind das alles Akte einer ausdrücklichen Bestellung, die im Handelsgesetzbuch nicht mehr wie früher besonders hervorgehoben worden sind. Auch ist damit die Reihe der Erklärungen, durch welche eine Prokura bestellt werden kann, keineswegs erschöpft.

Der schriftlichen Form bedarf die Erteilung der Prokura nicht.

Die Prokura kann auch an Mehrere gemeinschaftlich erteilt

werden. (H. G. B. § 48 Abs. 2.) Man spricht dann von einer Gesamtprokura oder Kollektivprokura.

Wenn übrigens oben gesagt worden ist, daß der Inhaber eines Handelsgeschäftes oder dessen gesetzlicher Vertreter zur Bestellung einer Prokura berechtigt sei, so bedarf dies insofern einer Einschränkung, als nach § 4 des H. G. B. Handwerker sowie Personen, deren Gewerbebetrieb nicht über den Umfang des Kleingewerbes hinausgeht, keine Berechtigung haben, Prokura zu erteilen.

Dieses vornehme Recht kann Kleinkaufleuten nicht eingeräumt werden. Wenn also Höker, Trödler, Hausierer u. s. w. einen Prokuristen bestellen würden, so würde die erteilte Prokura ungiltig sein. Dasselbe gilt von den Handwerkern.

Der Prokurist braucht nicht im Dienste eines Einzelkaufmanns zu stehen. Auch eine offene Handelsgesellschaft, Aktiengesellschaft, Kommanditgesellschaft und Kommanditgesellschaft auf Aktien kann einen Prokuristen bestellen.

Bei der offenen Handelsgesellschaft geschieht die Bestellung durch die geschäfttsführenden Gesellschafter gemeinschaftlich. „Zur Bestellung eines Prokuristen (einer offenen Handelsgesellschaft) bedarf es der Zustimmung aller geschäftsführenden Gesellschafter, es sei denn daß Gefahr im Verzug ist." (§ 116 des H. G. B.) Wer also von der Geschäftsführung ausgeschlossen ist, dessen Zustimmung ist auch für die Bestellung eines Prokuristen entbehrlich.

Bei der Kommanditgesellschaft wird der Prokurist durch die persönlich haftenden geschäftsführenden Mitglieder ernannt.

Bei der Aktiengesellschaft ernennt, sofern nicht durch den Gesellschaftsvertrag oder durch Beschluß der Generalversammlung etwas anderes bestimmt ist, der Vorstand den Prokuristen nur mit Zustimmung des Aufsichtsrates. Diese Einschränkung hat jedoch Dritten gegenüber keine Wirkung. Ein vom Vorstand ohne die aufsichtsratliche Zustimmung ernannter Prokurist ist Dritten gegenüber mit allen Wirkungen Prokurist der Gesellschaft. (§ 238 des H. G. B.)

Bei der Kommanditgesellschaft auf Aktien ernennen die persönlich haftenden Mitglieder den Prokuristen.

Wenn die eben genannten Gesellschaften in Liquidation begriffen sind, fällt das Recht, eine Prokura zu erteilen, weg. Nur die Bestellung eines Liquidators ist dann zulässig, „denn die in der Prokura liegende, schrankenlose Vollmacht läßt sich mit der beschränkteren Befugnis der Liquidatoren nicht vereinigen." (Entsch. des R. O. H. G. XIII. 225.)

Es ist schließlich noch darauf hinzuweisen, daß die Personen, an welche Prokura ertheilt werden sollen, keiner besonderen Qualität bedürfen. Sie können Kaufmann oder Nichtkaufmann, minderjährig oder volljährig, männlichen oder weiblichen Geschlechtes sein. Auch die Ehefrau kann zum Prokuristen bestellt werden. Desgleichen der stille Gesellschafter bei einer stillen Gesellschaft.

Der Prokurist braucht nicht notwendig in einem festen Dienstverhältnisse zum Prinzipal zu stehen, obwohl das der Regel nach der Fall sein wird. (Ensch. des R. O. H. G. V. 349. XVI. 290.)

Wie die Bekanntmachung der Erteilung der Prokura an die Geschäftsfreunde erfolgt (Briefe, Zirkulare, Inserate u. s. w.), ist rechtlich ohne Belang.

§ 2. **Die Anmeldung und Eintragung in das Handelsregister.**

Eine Vorschrift ist jedoch gegeben, die hinsichtlich der Bekanntmachung der Prokuraerteilung im Interesse der Sicherheit des Handelsverkehrs erfüllt werden muß. Es ist nämlich die Erteilung der Prokura von dem Inhaber des Handelsgeschäftes, bez. seinem gesetzlichen Vertreter zur Eintragung in das Handelsregister anzumelden. Ist die Prokura als Gesamtprokura erteilt, so muß auch dies zur Eintragung angemeldet werden. (§ 53 Abs. 1 des H. G. B.)

Die gegebene Vorschrift ist eine Ordnungsvorschrift (Entsch. der R. O. H. G. XXII. 204). Wenn die Bestellung also sonst keinem Mangel unterliegt, so ist sie rechtsgiltig, auch wenn die Anmeldung und Eintragung unterblieben ist. Das Gericht kann den Inhaber des Handelsgeschäftes durch Ordnungsstrafen zur Erfüllung der Vorschrift zwingen. Die einzelne Strafe darf jedoch den Betrag von 300 Mark nicht übersteigen. (§ 14 des H. G. B.)

Die Anmeldung der Prokuraerteilung kann durch den Inhaber des Geschäftes, bez. seinem gesetzlichen Vertreter, persönlich bewirkt werden, oder durch Einreichung einer Urkunde in öffentlich beglaubigter Form erfolgen.

Zugleich hat auch der Prokurist die Firma nebst seiner Namensunterschrift zur Aufbewahrung bei Gericht zu zeichnen.

Auch dies kann persönlich oder durch Urkunde in öffentlich beglaubigter Form geschehen. (§ 53 Abs. 2, § 12 des H. G. B.)

Die Eintragungen werden gemäß § 10 des H. G. B. im Deutschen Reichsanzeiger und durch mindestens ein anderes Blatt bekannt gemacht.

§ 3. Zeichnung der Prokura.

Der Prokurist hat in der Weise zu zeichnen, daß er der Firma seinen Namen mit einem die Prokura andeutendem Zusatze beifügt. (§ 51 des H. G. B.) Auch diese Bestimmung ist nur eine Ordnungsvorschrift, durch welche die rechtliche Wirkung der Prokuraerteilung keineswegs beeinflußt wird.

Es wird also auch eine Rechtshandlung, die ein Prokurist vorgenommen hat, ohne bei der Zeichnung den Zusatz gemacht zu haben, die Wirkungen der Prokura haben.

Auf welche Weise der die Prokura andeutende Zusatz erfolgt, ist im Gesetz nicht vorgeschrieben. Das frühere Handelsgesetzbuch schrieb ausdrücklich die Worte „per procura" vor. Auch fernerhin wird es Handelsbrauch bleiben, der Firma die Buchstaben p. p. hinzuzufügen, und darunter den Namen des Prokuristen zu setzen, so daß die Prokurazeichnung nachstehende Form behält:

„p. p. Carl Herrmann Müller.
Paul Schulze."

§ 4. Rechte und Pflichten des Prokuristen. Umfang der Prokura.

Wenn der Prokurist, was wie gesagt, regelmäßig der Fall sein wird, zugleich als Handlungsgehilfe in Diensten des Prinzipals steht, so erleiden hinsichtlich seiner Rechte und Pflichten die Bestimmungen Anwendung, welche hinsichtlich der Handlungsgehilfen gegeben worden sind.

Der Prokurist ist zur Vornahme aller im Geschäftsverkehr vorkommenden Handlungen berechtigt, aber auch verpflichtet. Er kann alle gerichtlichen und außergerichtlichen Geschäfte und Rechtshandlungen vornehmen, die sich als zum Betrieb eines Handelsgewerbes gehörig erweisen, und es ist auch nicht notwendig, daß solche Geschäfte und Handlungen gerade zum Betriebe des Handelsgewerbes seines Prinzipals gehören, oder regelmäßig in diesem

Geschäftsbetriebe vorkommen. Wenn sie nur im Interesse des Geschäftsbetriebes liegen, denn die oberste Pflicht des Prokuristen ist ebenfalls die jedes Angestellten, in allen Stücken die Interessen und den Vorteil des Geschäftes, dem er dient, wahrzunehmen.

Der Prokurist ist berechtigt, Handlungsbevollmächtigte, Handlungsreisende sowie sonstiges kaufmännisches Hilfspersonal anzustellen und zu entlassen, Kürzungen und Erhöhungen ihrer Dienstbezüge vorzunehmen und ihnen Zeugnisse auszustellen.

Er ist berechtigt, Waren zu kaufen und zu verkaufen, solche zur Verfügung zu stellen, Zahlungen zu leisten und Kaufpreise einzuziehen, Gestundungen zu erteilen, Vergleiche (Akkorde) einzugehen und dergleichen mehr.

Er ist berechtigt, Schenkungen an Kunden, wie diese z. B. zu Weihnachten oder Neujahr üblich sind, zu gewähren. Er kann auch sonst Aufwendnngen zur Gewinnung von Kunden im Interesse des Geschäftes machen.

Er ist berechtigt, Wechsel auszustellen und Darlehen aufzunehmen.

Er ist berechtigt, vom Prinzipal die Erfüllung der Fürsorgepflicht, welche diesem obliegt, zu fordern, und desgleichen die pünktliche Abführung seiner Dienstbezüge.

Er ist berechtigt, Klagen bei Gericht einzureichen, und sich auf solche einzulassen. Er kann Verzichte aussprechen, vor Gericht Vergleiche abschließen, Eide zuschieben und annehmen, Rechtsanwälte zur Führung eines Rechtsstreites bevollmächtigen und instruieren, soweit Alles dies der Betrieb des Handelsgewerbes mit sich bringt. In persönlichen Rechtsangelegenheiten des Geschäftsinhabers, welche mit diesem Betrieb nichts zu thun haben, in Erbangelegenheiten, Vormundschaftssachen, Privatklagesachen u. s. w. ist er nicht berechtigt, Rechtshandlungen vorzunehmen.

Er ist berechtigt, sich Hypotheken bestellen zu lassen, oder sonstige Verträge zur Sicherung von Geschäftsguthaben einzugehen.

Wo solche Handlungen im Interesse des Geschäftes liegen, ist der Prokurist zu ihrer Vornahme, wie schon erwähnt, nicht nur berechtigt, sondern auch verpflichtet. Es treffen die Rechte und Pflichten zusammmen. Recht wird Pflicht.

Der Prokurist ist verpflichtet, bei allen Dienstleistungen die Sorgfalt eines ordentlichen Kaufmannes walten zu lassen.

Er darf keine Geschäfte für fremde oder eigne Rechnung,

ohne Einwilligung des Prinzipals in dessen Handelszweig treiben, noch ein Handelsgewerbe nebenbei haben, es sei denn, daß es der Prinzipal genehmigt, wozu schon ausreicht, daß er bei der Anstellung Kenntnis hatte, und die Aufgabe des Betriebes nicht verlangte.

Er muß sich allen unlauteren Wettbewerbs enthalten, und die Geheimnisse des Geschäftes wahren.

Er haftet dem Prinzipal für allen Schaden, den er demselben schuldhafter Weise zufügt.

Wie sich die Rechte und Pflichten eines Prokuristen gestalten, wo er nicht der Handlungsgehilfe des Geschäftsinhabers ist, läßt sich hier natürlich nicht im Einzelnen erörtern, sondern wird sich nach dem jeweilig abgeschlossenen Vertrage richten. Dritten gegenüber ist der Umstand, ob der Prokurist Handlungsgehilfe ist oder nicht, ohne jede Bedeutung.

Der Umfang der Prokura ist, wie aus dem eben Ausgeführten hervorgeht, ein außerordentlich weitbegrenzter. Nur wenigen Beschränkungen ist die Prokura gesetzlich unterworfen. Diese und die vertragsmäßigen Beschränkungen sollen im nächsten § behandelt werden.

§ 5. Beschränkungen des Umfanges der Prokura.

Der Prokurist kann alle diejenigen Rechtshandlungen nicht in verbindlicher Weise für den Inhaber des Geschäftes vornehmen, welche dieser nach gesetzlicher Vorschrift persönlich zu leisten hat.

Der Prokurist kann in Prozessen nicht die dem Geschäftsinhaber zugeschobenen oder zurückgeschobenen oder vom Richter auferlegten Eide schwören.

Der Prokurist kann die Unterschrift der Inventur und Bilanz, welche der Inhaber des Geschäftes persönlich zu vollziehen hat, nicht für diesen bewirken.

Der Prokurist kann, ohne dazu besonders mächtig zu sein, nicht das ganze Handelsgeschäft des Prinzipals verkaufen. Er darf auch den Betrieb des Handelsgeschäftes nicht einstellen, denn zu den Geschäften und Rechtshandlungen, die der Betrieb eines Handelsgewerbes mit sich bringt, gehören der Verkauf des Geschäftes und die Suspendierung des Betriebes nicht.

Der Prokurist ist nicht ermächtigt, ohne daß ihm hierzu besondere Vollmacht erteilt wird, Grundstücke zu belasten oder zu veräußern. (§ 49 Abs. 2 des H.G.B.) Wohl aber kann er Grundstücke erwerben und von Lasten befreien.

Der Prokurist ist nicht berechtigt, die Prokura auf einen andern zu übertragen (§ 52 Abs. 3 des H. H. B.) oder selbst Prokuristen zu ernennen.

Das sind die aus dem Gesetz sich ergebenden Beschränkungen.

Diese Beschränkungen sind auch Dritten gegenüber wirksam.

Alle anderen Bestimmungen, welche den Umfang einer Prokura vertragsmäßig beschränken, sind wie schon erwähnt, Dritten gegenüber unwirksam. (§ 50 Abs. 1 des H. G. B.)

„Das gilt insbesondere von der Beschränkung, daß die Prokura nur gewisse Geschäfte oder gewisse Arten von Geschäften, oder nur unter gewissen Umständen, oder für eine gewisse Zeit oder an einzelnen Orten ausgeübt werden soll." (§ 50 Abs. 2 des H.G.B.). Alle derartigen Abmachungen zwischen Geschäftsinhaber und Prokurist sind gegenüber Dritten unwirksam und können ihnen nicht entgegengehalten werden. Wohl aber gelten solche Bestimmungen zwischen Prinzipal und Prokuristen und der Prokurist, der sie verletzt, wird dem Prinzipal wegen Schadensersatz verantwortlich.

Der Prokurist kann auch auf den Betrieb eines von mehreren Handelsniederlassungen des Geschäftsinhabers beschränkt werden. Doch ist diese Beschränkung Dritten gegenüber nur dann wirksam, wenn die Niederlassungen sich durch Verschiedenheit der Firmen von einander unterscheiden. Als Verschiedenheit der Firma wird es dabei schon angesehen, wenn eine Zweigniederlassung einer Firma einen Zusatz erhält, der sie als die Firma der Zweigniederlassung kennzeichnet.

Auch Beschränkungen von Kollektivprokuren auf einzelne Befugnisse sind Dritten gegenüber unwirksam und haben nur auf das innere Verhältnis zwischen Geschäftsinhaber und Prokurist Bedeutung.

§ 6. **Beendigung der Prokura.**

Der Prokurist, welcher als Handlungsgehilfe thätig ist, untersteht der Kündigungsfrist, welche für Handlungsgehilfen festgesetzt ist. Er kann aus wichtigen Gründen entlassen werden und seine Stellung niederlegen und es gelten auch hinsichtlich seiner Person die vom Gesetz besonders aufgeführten wichtigen Gründe. Die

Fortgewährung der Bezüge bei verschuldetem Unglück gilt auch für ihn und die Ansprüche des Prinzipals nach beendetem Dienstverhältnis, insbesondere das Konkurrenzverbot, muß er dem Prinzipal gegenüber wie ein Handlungsgehilfe erfüllen, kann sie aber auch wie dieser seinerseits dem Prinzipal gegenüber geltend machen. Hinsichtlich der Beendigung durch Tod, Zeitablauf, Konkurs, Geschäftsverkauf gelten allenthalben auch die Ausführungen, welche bereits in der zweiten Abteilung unter IV, A bis C, S. 60 ff. gegeben worden sind.

Mit der Erlöschung des Dienstverhältnisses ist selbstverständlich auch die Beendigung der Prokura gegeben. Keineswegs aber endet mit der Prokura auch das Dienstverhältnis. Letzteres kann ruhig fortbestehen, wenn auch die Prokura beendet ist.

Hier ist nur noch die Frage zu behandeln, wann die Prokura als solche Beendigung findet.

„Die Prokura ist ohne Rücksicht auf das der Erteilung zu Grunde liegende Rechtsverhältnis jederzeit widerruflich, unbeschadet des Anspruchs auf die vertragsmäßige Vergütung." (§ 52 Abs. 1 des H. G. B.)

Es kann also dem Handelsgehilfen, dem Prokura erteilt worden ist, die Prokura jederzeit wieder entzogen werden. Seine Bezüge müssen ihm aber bis zur Beendigung des Dienstverhältnisses weiter gewährt werden. Ist er nicht Handlungsgehilfe und steht in keinem Dienstverhältnis zum Geschäftsinhaber, so ist nach dem zeitweiligen Fall besonders zu entscheiden, ob und inwieweit ihm noch Ansprüche auf Vergütung zustehen.

Ein ausdrücklicher Verzicht auf die Widerruflichkeit der Prokura ist rechtsunwirksam. Daß der Tod des Prokuristen das Verhältnis löst, daß die Prokura erlischt, wenn die Firma des Prinzipals gelöscht wird, ist selbstverständlich.

Dagegen erlischt die Prokura nicht ohne weiteres durch den Tod des Inhabers des Handelsgeschäftes (§ 52 Abs. 3 des H. G. B.).

Das Erlöschen der Prokura ist in gleicher Weise wie die Erteilung zur Eintragung anzumelden. So lange der Eintrag und die Bekanntmachung nicht erfolgt sind, kann Jeder, der mit dem Prokuristen Geschäfte abschließt, sich noch auf die Prokura berufen und der Prinzipal muß diese Geschäfte für sich gelten lassen, wenn der Dritte nicht etwa schon Kenntnis von dem Erlöschen der Prokura beim Abschluß des Geschäftes hatte oder haben mußte.

Ist dagegen das Erlöschen der Prokura eingetragen und ordnungsgemäß bekannt gemacht, so kann sich niemand darauf berufen, daß er von diesem Erlöschen nichts gewußt habe.

§ 7. Fälschliches Ausgeben als Prokurist.

Wenn sich Jemand als Prokurist eines Geschäftes ausgiebt, ohne dazu ernannt zu sein, und er schließt unter der falschen Vorspiegelung Geschäft ab, so kann der Dritte auf Grund solcher Geschäftsabschlüsse nur den Pseudo-Prokuristen (falsus procurator), nicht aber den Prinzipal in Anspruch nehmen. Der fälschliche Prokurist haftet für Erfüllung und Schadensersatz. Natürlich darf der Dritte nicht den Mangel der Vollmacht gekannt haben. Der Prinzipal, in dessen Namen das Geschäft fälschlich abgeschlossen wurde, hat keinerlei Rechte oder Pflichten aus dem Geschäftsabschluß. Er kann jedoch dasselbe nachträglich genehmigen, und dann wird es so angesehen, als ob das Geschäft von Anfang an mit Zustimmung des Prinzipals in dessen Namen und für dessen Rechnung abgeschlossen worden wäre. (Vergl. § 179 des Bürgerl. Gesetzb.)

Fünfte Abteilung

Prinzipal und Handlungsbevollmächtigter.

Neben der Erteilung der Prokura kennt das Gesetz noch die Erteilung einer einfachen Handlungsvollmacht. Eine besondere Art der Handlungsbevollmächtigten sind die in der dritten Abteilung bereits behandelten Handlungsreisenden.

Von der Prokura unterscheidet sich die Handlungsvollmacht ganz wesentlich dadurch, daß sie nach dem freien Willen und Ermessen des Prinzipals eingeschränkt und erweitert werden kann. Nicht das Gesetz, wie es bei der Prokura der Fall ist, sondern der Prinzipal bestimmt, welchen Umfang er der Handlungsvollmacht geben will.

Es giebt in dieser Beziehung zwei Arten von Handlungsvollmacht.

1. Die General-Handlungsvollmacht ermächtigt denjenigen, dem sie erteilt wird, zum Betrieb des ganzen Handelsgewerbes. Der Handlungsbevollmächtigte darf in diesem Falle alle Geschäfte und Rechtshandlungen vornehmen, die der Betrieb eines derartigen Handelsgewerbes gewöhnlich mit sich bringt. Wenn der Handlungsbevollmächtigte solche Geschäfte oder Rechtshandlungen vornimmt, so verpflichtet er also in diesem Falle auch seine Vollmachtgeber, wenn er im einzelnen gewisse ihm auferlegte Beschränkungen nicht geachtet hat, und der Dritte diese Beschränkungen nicht kannte oder kennen mußte.

2. Die Spezial-Handlungsvollmacht ermächtigt den Bevollmächtigten nicht zum Betriebe eines ganzen Handelsgewerbes, sondern nur zur Vornahme einer bestimmten zu einem Handelsgewerbe gehörigen Art von Geschäften, oder zur Vornahme einzelner zu einem Handelsgewerbe gehöriger Geschäfte, und erstreckt sich nur auf Handlungen, welche die Vornahme derartiger Geschäfte mit sich bringt. Wenn der Handlungsbevollmächtigte hier Geschäfte oder Rechtshandlungen anderer Art vornimmt, so hat diese der Prinzipal nicht zu vertreten, vielmehr muß der Dritte sich an den Handlungsbevollmächtigten, der seine Vollmacht überschritten hat, halten. Der Prinzipal braucht nur solche Geschäfte und Rechtshandlungen zu vertreten, wie sie die Art des Geschäftes oder die Vornahme der einzelnen Geschäfte, die er dem Bevollmächtigten übertragen hat, mit sich bringt. Innerhalb dieses Geschäftskreises braucht der Dritte dagegen Beschränkungen nicht zu respektieren, es sei denn, daß er die Beschränkungen kannte oder kennen mußte.

Gesetzliche Beschränkungen für jeden Handlungsbevollmächtigten enthält § 54 Abs. 2 des H. G. B. Es ist danach der Handlungsbevollmächtigte, im Gegensatze zum Prokuristen, nicht zur Eingehung von Wechselverbindlichkeiten, Aufnahme von Darlehn und zur Proceßführung ermächtigt, wenn ihm diese Befugnisse nicht besonders erteilt werden. Außerdem ist der Handlungsbevollmächtigte, wie der Prokurist, nicht berechtigt, Grundstücke zu veräußern oder zu belasten. Auch die Übertragbarkeit der Handlungsvollmacht ist ausgeschlossen.

Der Handlungsbevollmächtigte muß nicht notwendig in dauernden Dienste des Prinzipals stehen. Er kann die Dienste nur vorübergehend, aus Gefälligkeit leisten und kann auch als selbständiger Kaufmann sich nebenbei zum Vertreter bestellen und eine Handlungsvollmacht erteilen lassen.

Ist der Handlungsbevollmächtigte fest angestellt, so ist er zugleich Handlungsgehilfe und es finden auch auf ihn alle die für Handlungsgehilfen gegebenen Vorschriften Anwendung, insbesondere auch die Vorschrift über den Betrieb eines Handelsgewerbes oder der Schließung von einzelnen Handelsgeschäften für eigene oder fremde Rechnung.

Hinsichtlich der Personen, welche sich fälschlich als Handlungsbevollmächtigte ausgegeben haben, gilt ebenfalls das schon beim Prokuristen, § 7 S. 171, Gesagte.

Der Handlungsbevollmächtigte hat sich bei der Zeichnung jedes eine Prokura andeutenden Zusatzes zu enthalten, wohl aber mit einem das Vollmachtsverhältnis ausdrückenden Zusatze die Zeichnung zu bewirken, etwa dem Zusatz „für" u. s. w.

Über die Widerruflichkeit der Handlungsvollmacht enthält das Handelsgesetzbuch nicht wie bei der Prokura eine bestimmte Vorschrift. Bezüglich derselben kommen die allgemeinen Bestimmungen des § 168 des Bürgerlichen Gesetzbuches in Betracht. Demgemäß wird auch für die Handlungsvollmacht die Regel gelten, daß sie, unbehindert der vertragsmäßigen Ansprüche des Bevollmächtigten, jederzeit zurückgenommen werden kann.

Hinsichtlich des Todes des Geschäftsinhabers ist zu bemerken, daß die Vollmacht, dafern derselben ein Auftrags- oder Dienstverhältnis zu Grunde liegt, durch den Todesfall nicht erlischt (§§ 168, 672, 675 des Bürgerl. Gesetzb.).

Eine besondere Art Handlungsvollmacht giebt schließlich das Gesetz noch demjenigen, der in einem Laden oder in einem offenen Warenlager angestellt ist, insofern es ihn zu Verkäufen und Empfangnahmen, die in einem derartigen Laden oder Warenlager gewöhnlich geschehen, ermächtigt (§ 56 des H. G. B.). Das gilt insbesondere von der Kassierung von Kaufpreisgeldern.

Die Vorschrift, daß derjenige, welcher die Ware und eine unquittierte Rechnung überbringt, noch nicht für ermächtigt gilt, die Zahlung zu empfangen, ist in das Handelsgesetzbuch nicht wieder aufgenommen worden. Sie ergiebt sich schon aus § 570 des Bürgerlichen Gesetzbuches. Gegen Übergabe einer quittierten Rechnung kann dagegen gezahlt werden, und muß der Prinzipal diese Zahlung auch gegen sich gelten lassen, sobald nur die Quittung echt ist. Hat der Überbringer der Ware das ihm eingehändigte Geld veruntreut, verloren u. s. w., so trifft der Verlust den Prinzipal. Ist dagegen die Quittung gefälscht worden, so trifft der Schaden den Warenempfänger, der auf eine solche gefälschte Quittung hin Zahlung geleistet hat.

Sechste Abteilung.

Prinzipal und Handlungsagent.

Wenn auch der Handlungsagent, kaufmännische Agent, oder selbständige Provisionsreisende nicht in einem Dienstverhältnis wie die Handlungsgehilfen zum Prinzipal steht, so befinden sie sich doch in einem gewissen Abhängigkeitsverhältnis zu einander und das neue Handelsgesetzbuch, welches zum erstenmale die Verhältnisse der Handlungsagenten näher regelt, bringt dieses Verhältnis noch mehr durch die Einführung einer Kündigungspflicht zum Ausdrucke. Aus diesem Grunde rechtfertigt sich auch die Betrachtung der Rechte und Pflichten des kaufmännischen Agenten und des Prinzipals jenen gegenüber in einem Buche, welches von dem Prinzipal und seinen Angestellten handelt.

§ 1. Begriff des Handlungsagenten. Abschluß des Vertrages.

Nach § 84 des H. G. B. ist Handlungsagent derjenige, welcher, ohne als Handlungsgehilfe angestellt zu sein, ständig damit betraut ist, für das Handelsgewerbe eines anderen Geschäfte zu vermitteln, oder im Namen des anderen abzuschließen.

Hieraus geht zunächst hervor, daß ein Dienstverhältnis, wie es zwischen Prinzipal und Handlungsgehilfen besteht, zwischen dem Handlungsagenten, von dem hier allein die Rede ist und den wir daher kurz als Agenten weiterhin bezeichnen wollen, und dem Inhaber des Hauses, für das er thätig ist, nicht vorhanden ist, daher auch alle die Bestimmungen, welche in der zweiten und dritten Abteilung einer Erläuterung unterworfen wurden, keine Anwendung auf die rechtlichen Verhältnisse der Agenten erleiden. Sie sind insbesondere nicht als Handlungsreisende anzusehn, wenn sie auch im Interesse der von ihnen vertretenen Häuser Reisen unternehmen.

Der Agent ist vielmehr selbständiger Kaufmann im Sinne von § 1 Abs. 2 Nr. 7 des H.G.B.

Das Verhältnis des Agenten zu seinem Hause muß aber ein dauerndes sein. Er muß mit der Vermittlung von Geschäften oder Abschlüssen solcher „ständig" betraut sein. Dadurch unterscheidet sich der Agent wieder vom Handelsmäkler (§ 93 ff. des H.G.B.), der nur einzelne Aufträge von Fall zu Fall erhält, während der Agent einen allgemeinen Auftrag hat. Der Agent steht auch nur zu seinem Hause in einem Vertragsverhältnis, während der Handelsmäkler auch zu dem Dritten, mit dem er das aufgetragene Geschäft zustande bringt, in einem Vertragsverhältnis steht, beiden Teilen für sein Verschulden haftet und die Provision in der Regel auch von beiden Teilen bezieht.

Vom Kommissionär (§ 383 des H.G.B.) unterscheidet sich der Agent dadurch, daß der Agent Geschäfte nur vermittelt oder sie doch nur als Bevollmächtigter im Namen des Hauses, für welches er bestellt ist, abschließt, während der Kommissionär im eignen Namen, wenngleich für fremde Rechnung, Geschäfte macht.

Was den Unterschied zwischen Agent und Handlungsgehilfen (Reisenden) ausmacht, ist nicht in einem zu sagen. Wesentlich ist, daß der Agent nicht ein unselbständiges Glied im Geschäftsorganismus des Handlungshauses ist, sondern eben, wie erwähnt, als selbständiger Gewerbetreibender thätig wird. Doch fehlt es auch nicht an anderen Unterscheidungsmerkmalen, die in der Denkschrift zur Reichstagsvorlage S. 73 angeführt werden. So erhält der Agent regelmäßig eine Provision, dagegen der Handlungsgehilfe meist festes Gehalt, und daneben vielleicht Provision und Tantiemen. Der Agent dient oft gleichzeitig mehreren Firmen, während dies beim Gehilfen nur selten vorkommen wird. Der Agent ist meist am fremden Ort thätig. Er trägt seine Geschäftsunkosten selbst, wird insbesondere die Miete für seine Geschäftsräume in der Regel aus eignen Mitteln entrichten, während sich alles das beim Handlungsgehilfen anders verhält.

Zu den Agenten, auf welche die Bestimmungen des Handelsgesetzbuches Anwendung erleiden, gehören die Warenagenten (Einkaufs- und Verkaufsagenten), Versicherungsagenten, Auswanderungsagenten und Transportagenten. Nicht zu den

Handlungsagenten gehören die Agenten der Versicherungsgesellschaften auf Gegenseitigkeit, da diese Gesellschaften ein Handelsgewerbe im Sinne des Handelsgesetzbuches nicht betreiben. Die entsprechende Anwendung der Vorschriften ist indessen, was die Denkschrift zur Reichstagsvorlage hervorhebt, auch auf sie nicht ausgeschlossen.

Was den Abschluß des Vertrages zwischen dem Agenten und dem Hause anlangt, so ist derselbe an keine Form gebunden. Er kann mündlich oder schriftlich erfolgen, im letzteren Falle in einer Urkunde oder durch Briefwechsel zustandekommen. Soweit über einzelne Fragen der abgeschlossene Vertrag keine Bestimmung enthält, kommen die gesetzlichen Vorschriften zur Anwendung, die andererseits wieder durch vertragliche Sonderbestimmungen ausgeschlossen werden.

Die im Allgemeinen für den Abschluß von Verträgen gegebenen Vorschriften finden im Übrigen auch hier Anwendung (Handlungsfähigkeit, Betrug, Zwang, Irrtum).

§ 2. Pflichten des Handlungsagenten und Rechte des Geschäftsherrn.

Der Handlungsagent hat bei allen Dienstleistungen für sein Haus die Sorgfalt eines ordentlichen Kaufmanns anzuwenden. „Er hat bei seinen Verrichtungen das Interesse des Geschäftsherrn mit der Sorgfalt eines ordentlichen Kaufmanns wahrzunehmen." (§ 84 Abs. 1 des H.G.B.)

Diese Sorgfalt aber kann er nur wahrnehmen, wenn er überhaupt allen den Verpflichtungen gerecht wird, welche das Handelsgesetzbuch einem Kaufmann auferlegt. Der Agent hat demgemäß die Pflicht, Handelsbücher zu führen und seine Firma ins Handelsregister eintragen zu lassen. Er kann, wenn er eine andere Agentur übernimmt, natürlich die schon bestehende Firma auch fortführen. Er kann sich wie ein Kaufmann assoziieren und ein Handelsgeschäft begründen, kurz er hat alle Rechte, aber auch alle Pflichten, welche das Handesgesetzbuch einem selbständigen Kaufmann zuschreibt.

Seine Dienstleistungen können darin bestehen, daß er für sein Haus Einkäufe besorgt. Diese Fälle sind die weniger häufigen. In der Regel handelt es sich um Verkäufe. Der Agent hat ein Verkaufsgeschäft zu vermitteln. Er sucht Kunden auf und bespricht mit diesen einen Verkaufsabschluß. Er bespricht sich über die zu kaufenden Waren, über den Kaufpreis, über die Lieferfrist, Verpackung, Art des Transportes u. s. w. Aber er schließt das Geschäft nicht definitiv ab. Er berichtet vielmehr nur seinem Hause und das Geschäft ist erst abgeschlossen, wenn der Geschäftsherr seine Zustimmung zu den besprochenen Bedingungen giebt. Auch dieser Fall ist weniger häufig. Im Interesse des Agenten und des Dritten ist bestimmt, daß, wenn ein Agent, der nur mit der Vermittlung von Geschäften betraut ist, fest abschließt, das Geschäft von dem Geschäftsherrn als genehmigt gilt, wenn dieser nicht unverzüglich, nachdem er vom Abschluß Kenntnis erhielt, dem Dritten die Ablehnung des Geschäftes mitteilt. In der Regel ist ein Agent gleich zu Verkaufsabschlüssen ermächtigt. Er schließt fest ab, und der Prinzipal ist an diese Abschlüsse gebunden. Die besonderen Dienstleistungen der Versicherungsagenten, Auswanderungs- und Transportagenten gehören nicht in den Rahmen unserer Sachdarstellung.

Bei allen diesen Dienstleistungen hat er die obenerwähnte Sorgfalt eines ordentlichen Kaufmanns anzuwenden.

Dazu gehört im Einzelnen:

a. Die Erkundigungspflicht,

über welche wir uns schon beim Handlungsreisenden näher zu verbreiten haben. Die Erkundigungspflicht trifft sowohl den Agenten, der nur Kaufofferten aufsucht und dieselben seinem Hause behufs dessen eigener Entschließung über Annahme oder Ablehnung zu übermitteln hat, wie den, der selbst die Abschlüsse bewirkt, da der auswärts domizilierte Verkäufer in der Regel entweder gar nicht, oder doch viel weniger als sein an Ort und Stelle wohnender oder mit den Kunden doch in direkte Berührung kommender Agent, dem im Zweifel eine genügende Bekanntschaft mit den Platzverhältnissen sowohl im allgemeinen, als auch insbesondere hinsichtlich der Kreditwürdigkeit der für den betreffenden Geschäftszweig in Frage kommenden Kundschaft zugetraut werden darf, zur Beurteilung der Kreditwürdigkeit der Käufer im Stande sein wird. Er kann daher erwarten, daß sein Agent, dem er die Vertretung seines Interesse anvertraut hat, und auf welchen er sich verlassen muß, die Kreditwürdigkeit der Käufer seinerseits prüfen werde und bei den von ihm ohne weitere Bemerkung überschriebenen Offerten ein Bedenken in dieser Beziehung nicht gefunden habe. Auch ein solcher Agent, der nicht selbst abschließt, übernimmt hiernach schon von vornherein stillschweigend die Verpflichtung, sein Haus nur mit kreditwürdigen Personen in Verbindung zu bringen und demselben keinen Geschäftsabschluß vorzuschlagen, sobald die Verhältnisse der Käufer zu einem begründeten Bedenken Veranlassung geben. Steigen dem Agenten Zweifel auf, so hat er auch diese zu berichten. Die bloße Überschreibung der Kaufofferte enthält für den Prinzipal zugleich mit die Versicherung, es liege in Betreff der Kreditwürdigkeit des Käufers kein Bedenken vor.

Enthält aber schon die bloße Überschreibung einer Kaufofferte in sich die Versicherung der Kreditwürdigkeit des Kunden, so ist dies natürlich erst recht der Fall beim Abschluß des Geschäftes selbst durch den Agenten.

Die Verpflichtung des Agenten, über die Kreditwürdigkeit Erkundigungen einzuziehen und darüber seinem Hause Bericht zu erstatten, ist auch nicht erloschen, wenn bei der ersten Zuführung des Kunden wahrheitsgemäßer Bericht über dessen Kreditwürdigkeit erstattet worden ist, vielmehr hat der Agent nach einem Urteil des Reichsgerichtes (I. Civilsenat, vom 9. November 1892) bei Vermittelung späterer Geschäfte mit dem Kunden, sobald er über die Kreditwürdigkeit desselben anderer Meinung wird, dies sofort seiner Handlung zu berichten, widrigenfalls er für die aus den fortgesetzten Geschäftsabschlüssen erwachsenden Verluste der Handlung so lange haftet, bis die Handlung nachweislich von anderer Seite über die Kreditwürdigkeit des Kunden Bedenken erregende Mitteilungen erhalten hat.

Der Agent muß also immer von neuem sich Gewißheit über die Kreditwürdigkeit seines Kunden nach bestem Wissen und Gewissen verschaffen.

Der Agent, welcher die Erkundigungspflicht verletzt und die Kreditwürdigkeit nicht ausreichend geprüft hat, ist seinem Hause, auch wenn er ein Delkredere nicht übernommen hat, in vollem Maße zum Schadensersatz verpflichtet, zu dem auch die Kosten einer fruchtlosen Prozeßführung zu rechnen sind.

Der Agent wird von seiner Haftpflicht nicht dadurch befreit, daß er zu der in Betracht kommenden Zeit etwa selbst den Kunden für gut gehalten und ihm auch seinerseits Kredit gewährt hat, denn aus einer solchen Thatsache erhellt eben nur, „daß der Agent wirklich an die Kreditwürdigkeit des Kunden *geglaubt* hat, nicht aber geht aus derselben hervor, daß er auch zu seinem Glauben genügenden Grund hatte, und nicht blos leichtgläubig gewesen ist. Zum Nachweis der ihm obliegenden Sorgfalt würde daher die behauptete Thatsache nur genügen, wenn der Agent in seinem Vertragsverhältnis nur diejenige Sorgfalt zu leisten brauchte, welche er auf seine eigenen Angelegenheiten zu verwenden pflegt. Dies ist aber nicht der Fall. Der Agent hat vielmehr der Firma gegenüber die Sorgfalt eines ordentlichen Kaufmanns aufzuwenden und haftet für jede Nachlässigkeit."

Hat der Agent aber seiner Erkundigungspflicht genügt, und es gilt in dieser Beziehung von ihm dasselbe wie vom Handlungsreisenden (vgl. dritte Abteilung II § 2 S. 115), so ist er von der Haftung für etwaige Verluste aus dem Geschäftsabschluß befreit. Er hat dann seine Pflicht erfüllt, denn eine Garantie für die Zahlungsfähigkeit der seinem Hause zugeführten Kunden kann dem Agenten, wenn er ein Delkredere nicht übernommen hat, nicht zugemutet werden. Er hat vielmehr für den Erfolg seiner an sich ausreichenden Erkundigungen nach der Kreditwürdigkeit nicht einzustehen, was sich schon aus der in der Natur der Sache liegenden objektiven Unsicherheit aller Erkundigungsmittel in Betreff der Kreditwürdigkeit eines Kaufmanns rechtfertigt. Denn der kaufmännische Verkehr bringt es mit sich, daß in der Regel bei Eingehung von Geschäften eine Aufdeckung der Vermögens- und Geschäftsverhältnisse behufs der Erteilung eines Kredits weder verlangt noch gewährt werden kann, und der kaufmännische Kredit beruht daher im allgemeinen auf bloßen Schlußfolgerungen aus demjenigen, was über die Persönlichkeit und den Charakter des Kaufmanns, inbesondere über seine größere oder geringere Geschäftstüchtigkeit und Solidität, über die Art und das Ergebnis seines bisherigen Geschäftsbetriebes einem größeren oder kleinerem Kreis dritter Personen in die äußere Erscheinung tritt. Schon diese thatsächliche Grundlage ist aber eine mehr oder weniger trügerische und die aus derselben zu ziehenden Schlußfolgerungen gewähren ein absolut sicheres Resultat um so weniger, als dieselbe je nach der subjektiven Persönlichkeit des Beurteilenden eine verschiedenartige sein wird oder kann (Entsch. des R.O.H.G. XXII. 118—130).

Die Kreditwürdigkeit muß zur Zeit der Übermittelung der Kaufofferte oder des Abschlusses des Geschäftes bestanden haben. Für nachträglich entstehende Kreditunwürdigkeit haftet der Agent nicht.

Bei der Berechnung des Schadens, welchen der säumige Agent seinem Hause zu ersetzen hat, ist sowohl der positive Schaden, wie der entgangene Gewinn in Ansatz zu bringen (Entsch. des R.O.H.G. XXII. 129. 130). Der Anspruch auf Schadensersatz gegen den Agenten erlischt nicht durch den Beitritt des Geschäftsherrn zu einem außergerichtlichen Akkorde des Käufers, kann vielmehr wegen des Restguthabens aufrecht erhalten werden. Nur wenn der Geschäftsherr durch einen vorschnellen Beitritt zum Akkord den Schaden schuldvoller Weise vergrößert hätte, braucht der Agent den Schaden, insoweit eine schuldvolle Vergrößerung vorliegt, nicht zu tragen (Entsch. des R. O. H. G. XXII. 119—121).

b) Pflicht zur Berichterstattung und Aufgabe von Kommissionen. Der Agent hat seinem Hause über alle dasselbe betreffenden geschäftlichen Nachrichten, so oft sich das nötig macht, Bericht zu erstatten. „Er hat die erforderlichen Nachrichten zu geben" (§ 84 Abs. 2 des H. G. B.). Seine Verpflichtung geht aber nicht soweit wie die des angestellten Handlungsreisenden, der über Alles, was vorgeht, Bericht erstatten muß. Der Agent hat nur das Erforderliche mitzuteilen, und es ist seinem Ermessen anheimgestellt, was er für erforderlich hält. Zweifellos gehören dahin alle Nachrichten, welche ihm über die Kreditwürdigkeit von Kunden zu Gehör kommen, über Mängel an den gelieferten Waren und dergleichen mehr. Die Berichterstattung muß klar, rechtzeitig, wahrheitsgemäß erfolgen. Andernfalls haftet der Agent dem Geschäftsherrn für allen diesem erwachsenden Schaden.

Die Kommissionen sind in gleicher Weise pünktlich, klar und genau der Wahrheit entsprechend zu überschreiben. Der Agent hat dem Geschäftsherrn pünktlich „von jedem Geschäftsabschluß Anzeige zu machen" (§ 84 Abs. 2 des H. G. B.), soweit es natürlich die geordnete Geschäftsführung desselben zuläßt.

c) Plicht, die Anweisungen des Geschäftsherrn zu befolgen. Der Agent hat, wenn er auch selbständiger Kaufmann ist, doch den Weisungen des Geschäftsherrn nachzukommen. Von diesen Weisungen darf er im einzelnen Falle nur abweichen, wenn er den Umständen nach annehmen darf, daß der Auftraggeber bei Kenntnis der Sachlage die Abweichung billigen würde. Er hat von der Abweichung aber dem Geschäftsherrn Anzeige zu machen, und dessen Entschließung abzuwarten, wenn nicht mit dem Aufschub Gefahr verbunden ist. (§ 665 des Bürgerl. Gesetzb.) Das gilt z. B. von einer Überschreitung des Preislimitums oder von der anderweiten Verwertung zur Verfügung gestellter Waren u. s. w.

d) Inkassobefugnis des Agenten. Für den Agenten besteht keine Verbindlichkeit und auch keine Berechtigung Zahlungen zu fordern und anzunehmen, wenn dazu nicht eine besondere Ermächtigung erteilt worden ist. Der Agent hat also im Gegensatz zum Handlungsreisenden keine gesetzliche Inkassobefugnis.

Davon ist aber eine Ausnahme gesetzlich anerkannt worden. Derjenige Agent nämlich, welcher wie ein Handlungsreisender thätig ist, also Reisen für sein Haus übernimmt, ohne in ein Handlungsgehilfen-Verhältnis zu treten, der sogenannte Provisionsreisende, soll die den Reisenden in § 55 zugesprochene Inkassobefugnis laut § 87 des H. G. B. ebenfalls haben. Dieser ist also berechtigt und verpflichtet, Geldbeträge für sein Haus anzunehmen, soweit die Geschäfte durch ihn selbst abgeschlossen werden. Diese Ausnahme ist geschaffen, weil „Dritten, die mit einem solchen Agenten in Verbindung treten, nicht zugemuthet werden kann, darüber Ermittelungen anzustellen, ob sie es mit einem Reisenden oder Agenten zu thun haben.“ (Denkschrift zur Reichstagsvorlage S. 76.)

Hat ein Agent Geld kassiert und nicht abgeführt, so hat er den Betrag, abgesehen von etwaiger Bestrafung, die ihn wegen Unterschlagung treffen könnte, von dem Tage ab, wo das Geld abzuliefern war, zu verzinsen. (§§ 667. 668 des Bürgerl. Gesetzb.)

Wie es mit der Inkassobefugnis liegt, so liegt es auch mit der Bewilligung von Zahlungsfristen. Nur der Agent, der reist, oder dem besonders dazu Vollmacht gegeben worden ist, kann Zahlungsfristen bewilligen.

e) Entgegennahme von Mängelanzeigen, Dispositionsstellungen und ähnlichen Erklärungen. Der Handlungsagent ist wie der Handlungsreisende verpflichtet, die Anzeige von Mängeln einer Ware, die Erklärung, daß eine Ware zur Verfügung gestellt werde, sowie andere Erklärungen solcher Art, die ihm von Kunden abgegeben werden, entgegenzunehmen und darüber alsbald an sein Haus zu berichten. Bereits abgeschlossene Verträge kann er dagegen weder abändern noch wieder aufheben.

f) Geschäfte für eigne oder fremde Rechnung. Aus der Pflicht des Agenten, das Interesse des Geschäftsherrn zu wahren, ergiebt sich von selbst, daß er diesem nicht durch anderweitige Geschäfte, die er in demselben Handelszweig macht oder vermittelt, eine unmittelbar schädigende Konkurrenz bereiten darf. Eine Beschränkung in der Abschließung von Geschäften für eigne oder fremde Rechnung, wie sie beim Handlungsgehilfen gegeben ist, konnte dem Agenten nicht auferlegt werden. Da der Gehilfe der Regel nach seine ganze Arbeitszeit in den Dienst des Prinzipals zu stellen hat, so kann ihm überhaupt nicht gestattet sein, Handel zu treiben oder in dem Handelszweig des Prinzipals irgendwelche Geschäfte zu machen. Der Agent findet dagegen, wie die Denkschrift hervorhebt, in der Vertretung eines einzigen Hauses nur selten eine ausreichende Beschäftigung und ist deshalb von vornherein auf die Übernahme weiterer Agenturen oder auf einen sonstigen Handelsbetrieb angewiesen.

Der Agent ist also in dem Betrieb eines Handelsgewerbes oder in der Vertretung anderer Firmen in keiner Weise beschränkt. Nur kann er eine Vertretung dann nicht annehmen, wenn er dadurch in eine Kollision der Pflichten hinsichtlich der Wahrung der Interessen seiner Häuser kommt.

g) Konkurrenzverbote und unlauterer Wettbewerb. Alle diejenigen Bestimmungen, welche über die sogenannten Konkurrenzklauseln in Engagementsverträgen zu Gunsten der Handlungsgehilfen getroffen worden sind, erleiden auf die Konkurrenzverbote in den Verträgen, die mit Agenten abgeschlossen werden, keine Anwendung. Es wird also dem Richter überlassen bleiben, im jeweiligen Falle zu entscheiden, ob dem Konkurrenzverbot beim Agenten rechtliche Wirksamkeit beigelegt werden kann. Es wird auch hier Fälle geben, wo in Folge einer gänzlichen Vernichtung der Existenz auf Zeit dem Verbot die Rechtswirksamkeit versagt werden muß.

Die Vorschriften über den unlauteren Wettbewerb erleiden auch auf den Agenten Anwendung und kann in dieser Beziehung auf die Ausführungen der zweiten Abteilung unter II § 3 S. 38 ff. auch hier verwiesen werden.

h) Beweis der ordentlichen Sorgfalt. Der Agent hat bei allen seinen Handlungen die Sorgfalt eines ordentlichen Kaufmannes anzuwenden. Es entsteht noch die Frage, wen die Verpflichtung trifft, im Zweifel den Nachweis in Bezug auf diese Sorgfalt zu führen. Muß der Geschäftsherr beweisen, daß der Agent nicht die ordentliche Sorgfalt geübt, z. B. seine Erkundigungspflicht verletzt hat, oder muß der Agent beweisen, daß er dieser seiner Verpflichtung nachgekommen ist. Die Beweislast trifft den Agenten in solchen Fällen. Er muß beweisen, daß er die Sorgfalt geübt hat, die ihm obliegt. (Entsch. des R. O. H. G. VI. 215, VII. 275. 276, XXII. 123.)

§ 3. Rechte des Handlungsagenten und Pflichten des Geschäftsherrn.

a. Gewährung der Provision und sonstiger Bezüge.

Die Vergütung, welche der Agent für seine Dienstleistungen erhält, besteht in der Regel nur in einer Provision.

Soweit über die dem Agenten zu gewährende Vergütung ein Anderes nicht vereinbart ist, gebührt ihm eine Provision für jedes zur Ausführung gelangte Geschäft, welches durch seine Thätigkeit zu Stande gekommen ist.

Die Höhe der Provision muß zwischen Agent und Geschäftsinhaber vereinbart werden. Ist nichts vereinbart worden, so besteht ein Anspruch auf eine angemessene, bez. ortsübliche Provision.

Wenn es auch Grundsatz ist, daß der Agent nur von den Geschäften eine Provision beanspruchen kann, welche durch seine Thätigkeit zu Stande gekommen sind, so hat der Gesetzgeber doch von dieser Bestimmung eine Ausnahme in dem Falle gemacht, wo der Agent ausdrücklich für einen ganzen bestimmten Bezirk bestellt worden ist (Rayon). Ein solcher Agent soll nämlich im Zweifel die Provision auch für solche Geschäfte beanspruchen können, welche in dem betreffenden Bezirk ohne seine Mitwirkung durch den Geschäftsinhaber oder andere Vertreter für diesen geschlossen worden sind. Es sind dies sogenannte „direkte Ordres."

Streit hat vielfach über die Fälligkeit der Provision geherrscht. Rechtlich ist eigentlich anzunehmen, daß die Provision fällig ist, wenn die Kaufofferte, der Kunde nachgewiesen oder das Geschäft abgeschlossen wurde. Diese rechtliche Anschauung ist jedoch nicht die Anschauung der Handelskreise und namentlich nicht die der Geschäftsinhaber. Das Handelsgesetzbuch macht hinsichtlich der Fälligkeit der Provision zwischen Einkaufs-Agenten und Verkaufs-Agenten einen Unterschied.

„Besteht die Thätigkeit des Handlungsagenten in der Vermittelung oder Abschließung von Verkäufen, so ist im Zweifel der Anspruch auf die Provision erst nach dem Eingange der Zahlung und nur nach dem Verhältnisse des eingegangenen Betrages erworben." (§ 88 Abs. 1 des H. G. B.)

Einer Verkümmerung der Provision des Agenten durch den Geschäftsherrn ist durch den Gesetzgeber vorgebeugt worden.

Wenn der Geschäftsführer nämlich ein vom Agenten vermitteltes oder abgeschlossenes Geschäft nicht zur Ausführung bringt, oder teilweise nicht effektuiert, so hat der Agent seine volle Provision zu fordern, es sei denn, daß dem Geschäftsherrn die Effektuierung des Auftrages nicht angesonnen werden konnte, weil in der Person des Kunden wichtige Gründe vorliegen, welche eine Nichtausführung des Geschäftes rechtfertigen. Letzteres würde der Fall sein, wenn die Vermögenslage des Kunden eine so schlechte geworden ist, daß es gefährlich erscheint, ihm einen Kredit einzuräumen.

Über etwaige sonstige Bezüge des Agenten, Tantieme, Gratifikation u. s. w. ist Besonderes hier nichts zu erwähnen, sondern auf S. 47 ff. zu verweisen.

b. Abrechnung zwischen Geschäftsherrn und Agenten.

Wenn nichts anderes vereinbart worden ist, kann der Agent über die zu zahlenden Provisionen am Schlusse eines jeden Kalenderhalbjahrs vom Geschäftsherrn eine Abrechnung verlangen. Die Abrechnung hat mit der Fälligkeit der Provision nichts zu thun, für welche oben der Zeitpunkt des Eingangs der Kassa als Termin gesetzt worden ist.

In der Abrechnung sind die einzelnen Verkäufe, welche der Agent vermittelt hat oder zum Abschluß gebracht hat, aufzuführen, der Kaufpreis, welcher erzielt wurde, anzugeben und danach die Provision zu berechnen und zu beziffern.

Von welchem Betrage wird dabei die Provision gutgeschrieben? Kurs, Skonto kommt in Abzug und nur vom Nettobetrage ist die Provision zu berechnen. Nachlässe, welche der Geschäftsherr den Kunden ohne zwingende Notwendigkeit, aus persönlicher Rücksichtnahme u. s. w. gewährt hat, kommen bei der Berechnung der Provision nicht in Frage.

Dem Agenten ist es nun überlassen, nach Empfang der Abrechnung zu prüfen, ob dieselbe in Ordnung geht. Dazu wird er nicht immer ohne weiteres imstande sein. Wenn er auch infolge seiner Buchführung natürlich kontrollieren kann, ob alle von ihm vermittelten oder abgeschlossenen Geschäfte Berücksichtigung erfahren haben, so entzieht sich doch das Nähere seiner Wahrnehmung.

Er ist auch nicht orientiert über den Eingang der Zahlungen, bez. über die eingegangenen Teilbeträge, über etwa notwendiger Weise bewirkte Abänderungen der Kommissionen, und vor allem über die Nachbestellungen der Kunden, von denen er ja, da sie auf seine Vermittelung zurückzuführen sind, ebenfalls in den meisten Fällen die Provision zu fordern hat. Ist ihm ein bestimmter Bezirk übertragen und hat er danach die Provision auch von solchen Geschäften zu fordern, die der Geschäftsherr oder ein anderer Vertreter desselben direkt in diesem Bezirke abgeschlossen haben, so wird ihn seine Buchführung überhaupt im Stiche lassen, da er vom Eingang solcher Ordres überhaupt nichts erfährt.

Der ganze direkte Verkehr zwischen dem Geschäftsherrn und dem Kunden entzieht sich seiner Wahrnehmung und dieser Verkehr ist doch von ganz bedeutendem Einfluß auf die Abrechnung zwischen ihm und dem Geschäftsherrn. Darum ist auch dem Agenten das Recht zugesprochen worden, bei der Abrechnung mit dem Geschäftsherrn die Mitteilung eines **Buchauszuges** über die durch seine Thätigkeit zustande gekommenen Geschäfte sowie die direkten Geschäfte aus seinem Bezirk zu verlangen (§ 91 des H. G. B.). Ein Mehreres ist dem Agenten nicht zugebilligt. Das Handelsgesetzbuch spricht ihm nicht das Recht zu, **Vorlegung der Geschäftsbücher und Einsicht in dieselben** zu fordern. Die Denkschrift zur Reichstagsvorlage meint, daß der Agent durch die Mitteilung des Buchauszuges gegen Benachteiligungen von Seiten des Geschäftsherrn in ausreichendem Maße geschützt sei. Ihm außerhalb eines Rechtsstreites den Anspruch auf Vorlegung der Handelsbücher zu gewähren, sei nicht erforderlich. Dem Geschäftsherrn könne auch nicht wohl zugemutet werden, ohne richterliche Anordnung und Mitwirkung dem Agenten seine Bücher zur Einsicht offen zu legen (S. 79).

Diese Ansicht ist nicht richtig. Wenn der Geschäftsherr benachteiligen will, so wird er eben auch den Buchauszug so gestalten, daß der Agent aus ihm die Benachteiligung nicht merkt. Schöpft derselbe Argwohn, so bleibt ihm doch naturgemäß nichts anderes übrig, als sich in das Geschäftslokal seines Hauses zu bemühen und hier Einsicht in die Bücher, natürlich nur soweit seine Konten in Frage kommen und im Beisein des Geschäftsherrn, zu nehmen, um sich von der Richtigkeit des Auszuges zu überzeugen. Warum soll diese Einsicht nur erfolgen, wenn prozessiert wird? Warum soll ein Streit provoziert werden, wenn die angeblichen Differenzen sofort aus einem Einblick in die Bücher erledigt sein könnten? Die Ausführungen der Denkschrift sind aber auch nicht maßgebend für den Richter. Das Handelsgesetzbuch enthält nur eine Vorschrift darüber, was bei der Abrechnung dem Agenten einzuhändigen ist. Wie die Sache gehandhabt werden soll, wenn dem Agenten Zweifel an der Richtigkeit des Buchauszuges entstehen, darüber giebt das Gesetz keine Vorschriften und das freie Ermessen des Richters wird hier entscheiden.

Wichtig ist in dieser Beziehung ein Urteil des Kgl. Landgerichts München in einem Rechtsstreit, den ein Agent gegen seine Firma anstrengte, weil sie ihm die Vorlage des Buches zur Prüfung einiger Posten seines Buchauszuges verweigert hatte. Der Agent klagte auf Vorlage der Bücher und sein Anspruch wurde anerkannt. In dem Urteil heißt es zutreffend:

„Der Klaganspruch auf Vorlage der Geschäftsbücher des Beklagten erscheint gerechtfertigt und hat Beklagter durch die Weigerung, dem diesbezüglichen Ansinnen des Klägers zu entsprechen, Veranlassung zur Klagestellung gegeben.

Es ist richtig, daß, wie Beklagter behauptet, die Vorlage der Handelsbücher nach dem Handelsgesetzbuche nur im Laufe des Rechtsstreites vom Richter angeordnet werden kann, die Vorlage der Bücher erfolgt in diesem Falle lediglich zur Beweisführung und zwar an den Richter, nicht aber an die Partei. Aber diese Bestimmung des Handelsgesetzbuches ist eine keineswegs erschöpfende und will nur den Beweis rechtserheblicher Thatsachen in den Fällen erleichtern, wo eine Partei einen sonstigen rechtlichen Anspruch auf Vorlage der Bücher nicht hat. Im übrigen sind für die Frage nach der Verpflichtung zur Herausgabe oder Vorlage solcher Bücher die Vorschriften des bürgerlichen Rechtes über Herausgabe von Urkunden — und das sind auch die Handelsbücher — maßgebend.

Die Vorlage einer Urkunde kann jedenfalls dann Gegenstand eines selbständigen Anspruches werden, wenn sie durch ein vermögensrechtliches Interesse geboten erscheint.

In vorliegender Sache liegt ein vermögensrechtliches Interesse des Klägers offen zu Tage, denn wird ihm die Einsicht in die Bücher seines Geschäftsherrn nicht gestattet, so fehlt ihm in der That jedes Mittel, die von jenem gestellte Rechnung zu prüfen und seinen Provisionsanspruch ziffernmäßig darzustellen. Der Einwand, es sei seine, des Klägers, Sache gewesen, durch genaue Aufschreibungen über die vermittelten Bestellungen seinen Anspruch zu sichern, erscheint schon deshalb hinfällig, weil ja, wie nicht bestritten, Provisionen für Nachbestellungen und von den Söhnen des Beklagten vermittelte Bestellungen, von welchen er absolut keine Kenntnis haben konnte, zu berechnen waren; auch kann dem Kläger nicht zugemutet werden, bei den Kunden, die überdies zur

Aufschlußerteilung nicht verpflichtet sind, über die ausgeführten Bestellungen oder Nachbestellungen Umfrage zu halten, oder gar ins Blaue hinein mit der Gefahr der Kostentragung eine Klage zu erheben, um die Vorlage der Handelsbücher als Beweismittel beantragen zu können.

Der Anspruch des Klägers auf Ensichtnahme der beklagtischen Geschäftsbücher ist aber auch noch aus folgendem Gesichtspunkte gerechtfertigt:

Darüber, das Beklagter dem Kläger zur Rechnungsstellung verpflichtet ist, besteht zwischen den Streitteilen keine Differenz und Beklagter hat diese Pflicht durch Übersendung der Abrechnung vom 22. März l. J. thatsächlich anerkannt.

Es bringt nun aber diese Verpflichtung mit sich, daß der Rechnungsstellende dem anderen Vertragsteile die Möglichkeit der Prüfung der Rechnung gewähre, weil nur auf diesem Wege die Giltigkeit derselben festgestellt werden kann. Da nun das einzige Mittel zur Prüfung der Rechnung die Einsichtnahme der Bücher des Rechnungsstellers ist, so obliegt diesem ohne weiteres die Verpflichtung zur Gestattung ihrer Einsichtnahme an den anderen Vertragsteil.

Wie über den Bestand des Rechtes auf Einsichtnahme, so kann auch kein Zweifel über den Umfang dieses Rechtes bestehen. Es erstreckt sich eben so weit, als die Einsichtnahme erforderlich ist, um die Richtigkeit der Rechnung prüfen zu können. Dazu gehört selbstredend auch die Feststellung aller jener Posten, welche, obwohl sie dahin gehören, vom Rechnungssteller nicht in Rechnung gesetzt worden sind.

Die sogenannte Gegenrechnung, wie sie in der Klagschrift berührt ist, wird daher immer nur als Richtigstellung oder Ergänzung der zu prüfenden Rechnung zu betrachten sein, da ja der Zweck der Prüfung der gestellten Rechnung immer nur der sein kann, sie erforderlichenfalls, auf Grund der Einsichtnahme der Bücher, in einzelnen Posten abzuändern oder zu ergänzen und zu erhöhen und auf solche Weise richtig zu stellen.

War hiernach dem gestellten Antrage stattzugeben, so erschien es doch genügend, auszusprechen, die Einsichtnahme der Geschäftsbücher des Beklagten sei zur Prüfung der vorgelegten Rechnung im allgemeinen zu gestatten.

Weigert sich Beklagter diesem Anspruche zu entsprechen, so sind dem Kläger im § 774 C. P. O. die erforderlichen Zwangsmittel zur Beugung des beklagtischen Widerstandes in die Hand gegeben."

Diesem Urteil konform geht übrigens auch ein Urteil des Reichsgerichtes (I. Civilsenat vom 23. September 1891), in dem ausgeführt wird: Ein auf Provision angestellter Handelsagent hat seinem Geschäftsherrn gegenüber ein Recht auf Auskunft über die Geschäfte, von denen ihm Provision zusteht, durch Aufstellung und Abrechnung. Auch ist der Geschäftsherr verpflichtet, dem Agenten behufs Prüfung der Richtigkeit und Vollständigkeit der erteilten Aufstellung und Abrechnung die Einsicht seiner Geschäftsbücher insoweit zu gestatten, als sie dazu erforderlich ist. Dagegen darf sich der Agent der erteilten Auskunft gegenüber nicht einfach darauf beschränken, ihre Vollständigkeit zu bestreiten, zu behaupten, es seien noch andere Geschäfte abgeschlossen, ohne Beweis dafür anzutreten, und andere Auskunft und Vorlegung der Geschäftsbücher zu deren Prüfung fordern, ohne die Prüfung der erteilten Auskunft vorher versucht zu haben.

Bei der Abrechnung sind übrigens, wie zum Schlusse noch hervorgehoben sein mag, solche Geschäfte außer Acht zu lassen, bei denen der Agent in das von ihm vermittelte Geschäft als Selbstkontrahent eingetreten ist, da nach Ansicht des Reichsgerichts in solchem Falle die Provision in Wegfall kommt.

c. Kosten und Auslagen.

Der Agent hat im regelmäßigen Geschäftsbetrieb Kosten zu bestreiten und Auslagen zu machen. Er hat Porti beim Briefwechsel mit seinem Hause und mit den Kunden auszugeben. Er hat beim Besuch der Kunden oder seines Hauses für Fortkommen Aufwendungen zu machen und dergleichen mehr.

Wer hat im Zweifel diese Kosten und Auslagen zu bestreiten? Der Geschäftsherr oder der Agent?

Es ist zu unterscheiden zwischen Kosten und Auslagen, die der Agent nur im Interesse seines Hauses bestreitet, und solchen, welche er in seinem eigenen aufwendet.

Hat z. B. eine Firma mangelhaft geliefert, der Kunde stellt die Waren zur Verfügung und zeigt dies dem Agenten an, so wird der Agent im Interesse seines Hauses bemüht sein, die Ware, namentlich wenn sie dem Verderben ausgesetzt ist, schleunigst anderweitig zu placieren. Kosten und Auslagen, die er hierbei hat, können ihm billiger Weise nicht zur Last gelegt werden.

Läßt eine Firma den Agenten außer der üblichen Zeit, in welcher er seinem Hause einen Besuch abzustatten pflegt, nach dem Sitz der Handelsniederlassung kommen, weil sie in ihrem Interesse eine persönliche Aussprache mit dem Agenten für vorteilhaft erachtet, so fallen die dadurch erwachsenden Kosten und Auslagen dem Hause und nicht dem Agenten zur Last.

Anders ist es aber mit den oben schon genannten Kosten und Auslagen beim regelmäßigen Verkehr mit dem Hause einerseits und den Kunden andererseits.

Hinsichtlich dieser Kosten und Auslagen schreibt das Gesetz vor, daß der Handlungsagent, in Ermangelung einer besonderen Vereinbarung oder eines Handelsbrauches, für dieselben Ersatz nicht verlangen kann, sie vielmehr aus seiner Tasche zu bestreiten hat. Diese Regelung entspricht der Stellung des Agenten als eines selbständigen Kaufmanns, wie denn auch dem Mäkler nach § 652 Abs. 2 des Bürgerlichen Gesetzbuches Aufwendungen nur zu ersetzen sind, wenn es vereinbart ist.

Handelsgebräuchlich werden allerdings in vielen Branchen dem Agenten auch die Kosten und Auslagen mit ersetzt, insbesondere die Auslagen für Porti und Depeschen. Wo das der Fall ist, sind sie in der Abrechnung mit zu berücksichtigen und bei der Abrechnung zurückzuzahlen. Die Ansicht, daß Porti und Auslagen sofort zurückzuzahlen seien, würde praktisch zu großen Weiterungen führen. Aber ebensowenig ist die Rückerstattung der Kosten und Auslagen an die Auszahlung der Provision gebunden. Denn die Gründe, welche dafür maßgebend gewesen sind, daß die Provision erst nach erfolgter Anschaffung zu zahlen ist, kommen für die Erstattung von Kosten und Auslagen nicht in Frage.

Das gilt ganz besonders von den im ersten Falle genannten außerordentlichen Kosten und Auslagen, die der Geschäftsherr ohne weiteres zu tragen hat. Man wird bei ihnen sogar sagen können, daß sie sofort zu ersetzen sind. Man kann doch billiger Weise dem Agenten nicht zumuten, wenn er zum Schutze der Waren gegen ungewöhnliche Gefahren hohe Aufwendungen gehabt hat, oder wenn er als Versicherungsagent zur Rettung versicherter Gegenstände Opfer brachte, nun obendrein noch auf die Erstattung des verauslagten Geldbetrages, der unter Umständen ja sehr erheblich sein kann, wartet, das Geld seinem Geschäft entzogen sieht und Zinsen verliert.

§ 4. Beendigung des Agenturverhältnisses.

Das Agenturverhältnis ist bislang einer Kündigung nicht unterworfen. Vielmehr kann bei einem auf unbestimmte Zeit eingetretenen Agenturvertrage von beiden Teilen das Verhältnis jeder Zeit, sofort gelöst werden. Es entspricht das dem Verhältnis zweier selbständiger Kaufleute zu einander, bringt aber dem Geschäftsherrn eine Handhabe, dem Agenten die Früchte seiner vorausgegangenen Bemühungen zu entziehen. Der Agent befindet sich, so lange er jeder Zeit der Lösung des Verhältnisses gewärtig sein muß, in einer unsicheren Lage, aus der ihn das Handelsrecht befreit, indem es in § 90 des H. G. B. eine Kündigungsfrist einführt.

„Das Vertragsverhältnis zwischen dem Geschäftsherrn und dem Handlungsagenten kann, wenn es für unbestimmte Zeit eingegangen ist, von jedem Teile für den Schluß eines Kalendervierteljahres, unter Einhaltung einer Kündigungsfrist von sechs Wochen, gekündigt werden."

Ist es auf bestimmte Zeit eingegangen, so endet es durch Zeitablauf. Tritt der Tod des Agenten ein, so endet das Vertragsverhältnis durch den Tod. Tritt der Tod des Geschäftsherrn ein, so endet das Vertragsverhältnis nicht, wenn nicht besondere Gründe dafür sprechen, daß der Agent nur für die Person des Geschäftsherrn thätig sein wollte. Der Agent hat weiter seine Dienste zu leisten. Es kann aber auch ihm nicht, ohne Einhaltung der Kündigungsfrist, vom Rechtsnachfolger des Geschäftes die Agentur genommen werden.

Die Kündigungsfrist, welche der Gesetzgeber für den Agenturvertrag festgesetzt hat, ist dieselbe, wie beim Handlungsgehilfen. Der Agenturvertrag muß 42 Tage vor Quartalschluß gekündigt werden. Die Kündigung hat also spätestens am 17. Februar (im Schaltjahr 18. Februar), 19. Mai, 19. August und 19. November für 31. März, 30. Juni, 30. September und 31. Dezember zu erfolgen. Bis zum Ablauf des Kündigungstages muß gekündigt sein. Eine frühere Kündigung ist zulässig. Es gilt hier, was bereits in der zweiten Abteilung unter IV A. 2 S. 61 ausgeführt wurde.

Das ist die *ordnungsmäßige Beendigung des Agenturverhältnisses*.

Aber der Gesetzgeber ist bei der Regelung dieser nicht stehen geblieben. Er hat auch eine *außerordentliche Beendigung* des Agenturverhältnisses in das Handelsgesetzbuch aufgenommen, indem er in § 92 Abs. 2 bestimmt, daß das Vertragsverhältnis von jedem Teile ohne Einhaltung einer Kündigungsfrist gekündigt werden kann, wenn ein wichtiger Grund vorliegt.

Der Gesetzgeber hat nicht, wie beim Handlungsgehilfen, selbst einzelne wichtige Gründe namhaft gemacht, sondern es bei der allgemeinen Bestimmung belassen. Aber man wird nicht fehlgehen, wenn man einzelne dort angeführte Gründe auch hier als ausschlaggebend ansieht.

Als wichtige Gründe für den Geschäftsherrn zur sofortigen Lösung des Agenturverhältnisses sind anzusehen:

1. Untreue und Vertrauensmißbrauch (Unterschlagungen kassierter Gelder, Verrat von Geschäftsgeheimnissen, Schädigung durch Konkurrenzmanöver u. s. w.).
2. Vernachlässigung der Agentur, sei es infolge von Krankheit oder sonstiger Unfähigkeit oder infolge von Nachlässigkeit des Agenten.
3. Wiederholte Verletzung der Sorgfalt eines ordentlichen Kaufmanns. (Verspätete Berichterstattung, mangelhafte Aufgabe von Kommissionen, versäumte Erkundigungspflicht u. s. w.)
4. Bestrafung wegen entehrender Verbrechen oder Vergehen, oder Verbüßung längerer Freiheitsstrafe, so daß die Interessen des Geschäftsherrn nicht ordentlich wahrgenommen werden können.
5. Brutales, verletzendes Auftreten bei der Kundschaft u. s. w.

Als wichtige Gründe für den Agenten das Agenturverhältnis sofort zu lösen kommen in Frage:

1. Unfähigkeit, die Thätigkeit fortzusetzen.
2. Nichtgewährung der Provision und sonstiger Bezüge am Fälligkeitstermin.
3. Leistungsunfähigkeit des Hauses, so daß die Aufträge des Agenten nicht oder nur teilweise zur Ausführung kommen können.
4. Bestrafung wegen entehrender Verbrechen und Vergehen, welche dem Agenten ein ferneres Zusammenwirken mit dem Geschäftsherrn unmöglich machen.

§ 5. Ansprüche nach beendigtem Agenturverhältnis.

Der kaufmännische Agent hat wie der Handlungsreisende nach beendigtem Agentenverhältnis alles herauszugeben, was er von Geschäftssachen noch in den Händen hat.

Eine Streitfrage ist es, ob ihm wegen Ansprüchen, die er noch an den Geschäftsherrn hat, insbesondere bei einer vorzeitigen, widerrechtlichen Aufhebung des Agenturverhältnisses, ein Zurückbehaltungsrecht an Waren, Mustern, Briefschaften, Kommissionsbüchern u. s. w. hat, welche Eigentum des Geschäftsherrn sind.

Bei Handlungsreisenden war die Frage, ob ihnen ein Retentionsrecht zustehe, einfach zu verneinen, da das Bürgerliche Gesetzbuch ein solches nicht zuläßt, und § 369 des H. G. B. nur auf selbständige Kaufleute, nicht aber auf Handlungsgehilfen Anwendung erleidet.

Der Agent aber ist ein selbständiger Kaufmann. Und trotzdem muß die Frage, ob ihm ein Retentionsrecht zusteht, verneint werden.

Nach § 369 Abs. 3 der H. G. B. ist das Zurückbehaltungsrecht ausgeschlossen, wenn die Zurückbehaltung des Gegenstandes der von dem Schuldner vor oder bei der Übergabe erteilten Anweisung oder der von dem Gläubiger übernommenen Verpflichtung, in einer bestimmten Weise mit dem Gegenstand zu verfahren, widerstreitet.

Letzteres ist aber ohne Zweifel bei dem kaufmännischen Agenten der Fall. Die in seinem Besitz befindlichen Muster sind ihm nur zum Zwecke der Vorweisung bei Kunden übergeben worden. Sobald er nicht mehr in dieser Weise mit ihnen verfährt, hat er sie zurückzugeben und kann sie nicht wegen etwaiger rückständiger Forderungen an sich behalten. Was von den Mustern gilt, gilt aber auch von anderen Effekten des Hauses und von den Waren, welche dem Agenten zum Zwecke des Verkaufs übergeben werden.

Der kaufmännische Agent hat, wenn das Agenturverhältnis ohne wichtigen Grund vom Geschäftsherr vorzeitig, ohne Einhaltung der Kündigungsfrist, gelöst wird, einen Schadensersatzanspruch an den Geschäftsherrn. Das wird in einem Urteil des Reichsgerichts vom 2. Juli 1893 (I. Zivilsenat) anerkannt, zugleich aber hinzugesetzt, daß dieser Ersatzanspruch dann nicht bestehen soll, wenn die Aufhebung der Agentur aus dem Grunde erfolgt, weil ein lohnender Fortbetrieb des Geschäfts unmöglich ist. Das wird also als wichtiger Grund der Aufhebung des Vertrages angesehen. In dem Urteil heißt es:

„Der Inhalt des Agenturvertrages besteht darin, daß dem Agenten das Recht übertragen wird und er die Pflicht übernimmt, dauernd für den Umsatz der Waren seines Kommittenten in einem mehr oder weniger begrenzten Gebiete zu sorgen und dessen Interesse zu wahren, daß jedoch der Agent in kein Dienstverhältnis zum Kommittenten tritt, daher auch die von diesem zugesagte Vergütung sich nicht als Lohn für bestimmte, dauernde Dienstleistungen darstellt, sondern als nach dem vom Agenten erzielten Erfolge bemessener Gewinn desselben. Hiernach unterscheidet sich dieser Vertrag von der Dienstmiete dadurch, daß er nicht auf bestimmte, nach allgemeiner oder besonderer Weisung des Kommittenten als Dienstherrn zu verrichtende Arbeiten gerichtet ist, daß folgeweise auch kein bestimmter Lohn für solche Arbeiten zugesichert wird. Mit dem Werkvertrage besteht die Ähnlichkeit, daß für einen Erfolg bezahlt wird; allein dieser Erfolg ist kein von vornherein bestimmter, abgegrenzter, hängt nicht ausschließlich vom Agenten, sondern von dessen Thätigkeit, von der Leistungsfähigkeit des Kommittenten und außerdem noch von äußeren, von dem Willen beider unabhängigen Umständen ab, so daß auch eine sichere, bestimmte Höhe der zu verdienenden Provision nicht von vornherein in Aussicht genommen werden kann. Dieser Vertrag ist daher nicht nach den Vorschriften über Dienstmiete oder Werkverdingung, sondern nach den aus seinem besonderen Inhalt sich ergebenden Folgerungen, unter Berücksichtigung der im Handelsverkehr geltenden Gebräuche, der Grundsätze vom redlichen Vertragsvollzuge und der Billigkeit zu beurteilen, und es muß danach der Wille der Parteien ermittelt werden. Durch diesen Vertrag wird nun dem Agenten für die bestimmt verabredete oder für angemessene Dauer die Aussicht auf einen Erwerb eröffnet, er wird veranlaßt, seine Geschäftseinrichtungen mit Rücksicht auf seine Stellung zu treffen, sich kollidierender Verabredungen zu enthalten, und es muß daher als Vertragswille beider Teile angenommen werden, daß dem Agenten diese Erwartung nicht durch willkürliche Kündigung entzogen werden dürfe. Deshalb gebührt demselben wegen ungerechtfertigter Aufhebung des Agenturverhältnisses Schadensersatz. Andererseits aber mußte der Agent schon bei Eingehung des Vertrages in Betracht ziehen, daß sein vom Erfolge bedingter Verdienst nicht lediglich von seiner Thätigkeit, sondern an sich und in Bezug auf seine Höhe von äußeren Verhältnissen der verschiedensten Art abhängt, welche Verhältnisse auch für die Leistungsfähigkeit seines Kommittenten bestimmend sind. Er kann nicht darauf rechnen, daß dieser stets in gleichem Umfange und in gleicher Weise produzieren oder anschaffen, daß er die Preise fortdauernd so stellen werde, daß er ohne Rücksicht auf seine eigene Geschäftslage und seinen eigenen Vorteil dem Agenten einen gleichmäßig lohnenden Geschäftsbetrieb ermögliche. Es kann also auch nicht Vertragswille sein, daß der Kommittent zu seinem eigenen Schaden produziere oder anschaffe und verkaufe, und seinen Geschäftsbetrieb selbst dann fortsetze, wenn dies nur mit Aufopferung eigenen Vermögens geschehen konnte. Vielmehr muß der Agent auch die Folgen ungünstiger Konjunkturen tragen, und kann daher auch dann, wenn der Vertrag auf bestimmte Zeit abgeschlossen und für den Fall vorzeitiger Auflösung eine Vertragsstrafe festgesetzt ist, weder Schadensersatz noch Strafe in dem Falle fordern, wenn die vorzeitige Auflösung des Verhältnisses infolge der Unmöglichkeit eines lohnenden Fortbetriebes des Geschäftes erfolgt ist. Bei dem hervorgehobenen Unterschied zwischen dem Agenturvertrage und der Dienstmiete kann der Grundsatz, daß denjenigen allein die Wirkung treffen soll, in dessen Person die Ursache eingetreten ist, um deswillen keine Anwendung finden, weil die Ursache (hier die Möglichkeit lohnenden Weiterbetriebes des Geschäftes) den Kommittenten und den Agenten gleichmäßig trifft, da der letztere keine ausschließlich von seiner eigenen Leistungsfähigkeit abhängigen Dienste, sondern die Mitwirkung zu einem für beide Teile gemeinsamen, von der gleichen Ursache für beide bedingten Erfolge übernommen hat." Die Agenten werden hiernach ihre Verträge mit besonderer Vorsicht zu schließen haben, damit sie nicht einseitig gebunden bleiben, während der Kommittent frei wird, wenn er seine Geschäftsführung für nicht mehr gewinnbringend erachtet. . . . .

Der Schadensersatz wird zu berechnen sein nach dem Erfolge, welchen der Agent sonst in der in Frage kommenden Zeit, dafern das Verhältnis nicht gelöst worden wäre, gehabt hätte. Maßgebend für die Berechnung ist die Thätigkeit in anderen Jahren um dieselbe Zeit, oder wenn der Agent noch nicht so lange die Agentur besitzt, die zuletzt von ihm entwickelte Thätigkeit, unter Berücksichtigung der zeitlichen Verhältnisse.

Natürlich hat andernfalls auch der Geschäftsherr einen Schadensersatzanspruch an den Agenten, wenn dieser grundlos vorzeitig die Agentur aufgiebt. Für die Berechnung des Schadens gilt hier dasselbe.

Findet der Prinzipal alsbald einen neuen Agenten und halten sich dessen Erfolge annähernd in gleichem Maße, so fällt der Schädenanspruch weg. Sind die Erfolge des neuen Agenten, weil er eben einer neuen Kundschaft gegenübersteht, aber geringer, so wird der vertragswidrig seine Agentur aufgebende Agent für einen angemessenen Ausgleich einstehen müssen.

§ 6. Einfluß des Konkurses auf das Agenturverhältnis.

Welchen Einfluß der Konkurs des Geschäftsherrn auf das Agenturverhältnis ausübt, darüber hat sich der Gesetzgeber nicht ausgesprochen.

Da der Agent in keinem Dienstverhältnis zu dem Geschäftsherrn steht, so erleidet auf ihn § 19 der Konkursordnung keine Anwendung. Es muß ihm gegenüber also nicht die gesetzliche oder vertragsmäßige Kündigung eingehalten werden, vielmehr kann das Agenturverhältnis sofort aufgelöst werden, insofern man den Konkurs, wie es auch die Denkschrift zur Reichstagsvorlage Seite 80 thut, als einen wichtigen Grund zur Auflösung des Agenturverhältnisses ansehen kann.

Der Agent ist aber auch hinsichtlich der Geltendmachung seiner Ansprüche im Konkursverfahren schlechter gestellt als der Handlungsgehilfe.

Während der Letztere alle seine Bezüge, die für das letzte Jahr vor der Eröffnung des Verfahrens oder dem Ableben des Gemeinschuldners rückständig sind, als bevorrechtigte Forderung anmelden kann und für seine Forderung an erster Stelle befriedigt wird, rangieren die Ansprüche des Agenten für Provision Tantieme, Kosten und Auslagen erst an 6. Stelle des § 54 der Konkursordnung unter den Ansprüchen der nichtbevorrechtigten Gläubiger.

§ 7. Verkauf des Geschäftes.

Der Agent kann seine Agentur nicht an einen Dritten abgeben. Thut er es, so kann der Geschäftsherr ohne weiteres vom Vertrag zurücktreten, denn es unterliegt gar keinem Zweifel, daß er an Stelle des von ihm engagierten Agenten, bei der hohen Vertrauensstellung, die der Agent einnimmt, sich keine andere Persönlichkeit an dessen Stelle setzen zu lassen braucht.

Für den Agenten ist der Verkauf des Geschäftes, wenn nicht aus den begleitenden Umständen zu folgern ist, daß er sich nur dem früheren Inhaber verpflichten wollte, nicht ohne weiteres Grund zur Aufgabe der Agentur. Er muß, wenn die Verhältnisse dieselben bleiben, seine Thätigkeit unter dem neuen Geschäftsherrn fortsetzen.

Setzt der neue Geschäftsinhaber mit dem Agenten das Agenturverhältnis nicht fort, so kann er sich wegen Nichteinhaltung der Kündigungsfrist nur an den früheren Geschäftsherrn halten, da er zu dem neuen überhaupt in keinem Vertragsverhältnis steht.

Siebente Abteilung.

Der Prinzipal und das Nebenpersonal.

Hinsichtlich der Personen, welche in dem Betriebe eines Handelsgewerbes andere als kaufmännische Dienste leisten, bewendet es bei den für das Arbeitsverhältnis dieser Personen geltenden Vorschriften (§ 83 des H. G. B.).

Das Hauptpersonal eines kaufmännischen Betriebes leistet kaufmännische Dienste.

Das Nebenpersonal leistet zur Unterstützung des Prinzipals und des Hauptpersonals im kaufmännischen Betriebe nichtkaufmännische Dienste. Hierhin gehören:

a. Gesinde-Dienste, wie sie die Aufwartefrauen in den Geschäftsräumen, Ausläuferinnen, Laufburschen, Markthelfer leisten. Hinsichtlich ihrer greifen die Bestimmungen der Gesindeordnung Platz.

b. Gewerbliche Dienste, wie sie gewerbliche Arbeiter im Handelsbetriebe leisten, wenn sie z. B. Gegenstände montieren, reparieren u. s. w. Für solche Arbeiter gelten die Vorschriften der Gewerbeordnung.

c. Kopisten, welche lediglich Abschriften besorgen. Sie fallen weder unter das Gesinde, noch unter die Gewerbetreibenden und ihre Stellung ist daher nach den allgemeinen Vorschriften des bürgerlichen Rechtes über den Dienstvertrag zu beurteilen.

Achte Abteilung.

Rechtsverhältnisse in der Übergangszeit.

(Vom 1. Januar 1898 bis 31. Dezember 1899.)

§ 1. **Allgemeines.** Das Handelsgesetzbuch tritt in seinem ganzen Umfange erst am 1. Januar 1900 in Kraft, zugleich mit dem Bürgerlichen Gesetzbuch für das Deutsche Reich. Nur der sechste Abschnitt des ersten Buches, welcher von den Handlungslehrlingen und Handlungsgehilfen handelt, wird schon am 1. Januar 1898 rechtsverbindlich. Nun nimmt aber dieser Abschnitt mehrfach auf Bestimmungen Bezug, welche sich in anderen Abschnitten des Handelsgesetzbuches vorfinden, die noch keine Rechtskraft haben und desgleichen auf das bürgerliche Gesetzbuch. Wie ist es nun da zu halten? Wir stehen in der Zeit vom 1. Januar 1898 bis 31. Dezember 1899 in einer sogenannten Übergangszeit.

In unserer Sachdarstelluug ist nun bereits auf die Teile des Handelsgesetzbuches Rücksicht genommen, welche erst mit dem Bürgerlichen Gesetzbuch zusammen Rechtskraft erlangen. Das konnte bei den Abschnitten über Prokura und Handlungsvollmacht, sowie über den Handlungsagenten auch ganz unbedenklich geschehen. Was in den Abschnitten über die ersteren im neuen Handelsgesetzbuch bestimmt wird, deckt sich im wesentlichen mit dem, was schon heute geltendes Recht ist, und was über die kaufmännischen Agenten im neuen Handelsgesetzbuch enthalten ist, das entspricht ausnahmslos der heutigen Spruchpraxis, ist also schon heute bei den Gerichten geübtes Recht.

Darum werden auch die dritte, vierte, fünfte und sechste Abteilung unseres Buches schon jetzt dem Prinzipal und seinen Angestellten gute Dienste leisten. Da auf das bürgerliche Recht vielfach Bezug genommen ist, mußte schon das Bürgerliche Gesetzbuch berücksichtigt werden, weil die Berücksichtigung der einzelnen Landesrechte, wenn sie auch vielfach gerade bei den hier zu beantwortenden Fragen übereinstimmen, die Einheitlichkeit und Übersichtlichkeit der Darstellung beeinträchtigt hätte. Übrigens entsprechen die angezogenen Bestimmungen schon jetzt zumeist dem bürgerlichen Recht in Deutschland und werden auch da zur Anwendung kommen, wo freies, richterliches Ermessen entscheidet.

§ 2. **Besondere Regeln.** Im Besonderen ist für die Übergangszeit Folgendes zu beobachten:

1) Soweit das Dienstverhältnis zwischen dem Kaufmann und seinen Angestellten nicht nach dem Handelsgesetzbuch, sondern nach dem bürgerlichen Recht, der Lehre vom Dienstvertrag zu beurteilen ist, kommen in der Zeit vom 1. Januar 1898 bis 1. Januar 1900 neben dem Handelsgesetzbuch die diesbezüglichen Vorschriften der Landrechte und erst vom 1. Januar 1900 ab das Bürgerliche Gesetzbuch in Frage.

2) Wo auf das Dienstverhältnis zwischen Prinzipal und Angestellten neben dem sechsten Abschnitt des neuen Handelsgesetzbuches noch andere Bestimmungen des Handelsrechtes Anwendung erleiden, kommen in der Zwischenzeit nicht die betreffenden Bestimmungen des neuen, sondern noch die des alten Handelsgesetzbuches in Frage. Man wird also immer das alte und das neue nebeneinander in Anwendung zu bringen haben.

3) Wo ein Dienstverhältnis unter den Bestimmungen des alten Handelsgesetzbuches zustande gekommen ist, erleiden auf dasselbe die Bestimmungen des neuen Handelsgesetzbuches, soweit der sechste Abschnitt in Frage kommt, Anwendung, wenn das Verhältnis über den 1. Januar 1898 hinaus fortgesetzt wird und soweit der sechste Abschnitt rückwirkende Kraft hat. Die übrigen Bestimmungen des neuen Handelsgesetzbuches gelten für dasselbe erst, wenn es über den 1. Januar 1900 hinaus erstreckt wird.

4) Der Begriff „Handelsgewerbe" ist bis 1. Januar 1900 noch nach dem alten Handelsgesetzbuch zu beurteilen, so daß bis dahin die Gehilfen eines Bauunternehmers, Ziegeleibesitzers u. s. w. (vergl. S. 3) nicht Handlungsgehilfen sind, wohl aber vom 1. Januar 1900 ab. In der Zwischenzeit sind die Bestimmungen des sechsten Abschnittes des neuen Handelsgesetzbuches auf sie nicht anwendbar.

5) Was das Betreiben von Geschäften für eigene oder fremde Rechnung gilt, so kommt das neue Recht ab 1. Januar 1898 in Geltung, wonach der Gehilfe Handelsgeschäfte nicht im Geschäftszweige des Prinzipals für sich oder Dritte abschließen und kein eignes Handelsgewerbe betreiben darf. Was aber ein Handelsgewerbe ist, ist wie gesagt nach dem alten Gesetzbuch zu bestimmen. Die Bestimmungen über Handlungsbevollmächtige (fünfter Ab-

schnitt) treten erst am 1. Januar 1900 in Kraft. Nun sind aber die meisten Handlungsgehilfen, insbesondere die Reisenden, auch Handlungsbevollmächtigte, sodaß auf sie eigentlich das alte und neue Recht zugleich Anwendung erleidet. Staub meint aber sehr richtig, daß man annehmen muß, daß auch in diesen Fällen die Bestimmungen des neuen Handesgesetzbuches die des alten schon am 1. Januar 1898 überwinden.

6) Die Fürsorgepflicht tritt am 1. Januar 1898 in Kraft und kann vertraglich nicht ausgeschlossen oder eingeengt werden. Die Schadensersatzpflicht richtet sich aber dabei nach § 842 bis § 946 des B. G. B., welche erst am 1. Januar 1900 in Kraft treten. Diese Bestimmungen decken sich indessen zumeist mit denjenigen, welche die Landrechte über die Schadensersatzverbindlichkeit enthalten, und die Richter werden, so weit nicht landrechtliche Bestimmungen direkt entgegenstehen sollten, nach ihrem freien Ermessen schon jetzt sich an diese Vorschriften des Bürgerlichen Gesetzbuches halten können.

§ 3. **Die rückwirkende Kraft.** Da die Bestimmungen des sechsten Abschnittes, soweit Handelsbetrieb und Geschäfte für eigene oder fremde Rechnung ohne Einwilligung des Prinzipals, ferner die Fürsorgepflicht, die Fortgewährung der Bezüge bei unverschuldetem Unglück, der Termin der Gehaltszahlung, die Kündigung, die Konkurrenzklausel oder die Bestimmungen über das Lehrverhältnis in Frage kommen, soziales Recht sind, welches der Gesetzgeber aus wirtschaftlichen und moralischen Gründen geschaffen hat, sind sie auch zwingendes Recht (jus cogens) und haben demgemäß, auch ohne daß es im Gesetz besonders ausgesprochen ist, rückwirkende Kraft. Der Gesetzgeber hat dies schon dadurch angedeutet, daß er bei den meisten dieser Bestimmungen erklärt hat, daß Vereinbarungen, welche ihnen zuwiderlaufen, nichtig sind.

Wenn sich also in einem Lehrvertrage oder in einem Vertrage mit einem Handlungsgehilfen (z. B. über das Konkurrenzverbot) Bestimmungen finden, welche mit denen des neuen Handelsgesetzbuches nicht in Einklang stehen, so werden diese Bestimmungen mit dem 1. Januar 1898 ungiltig und es treten die gesetzlichen in § 60 ff. in Kraft.

Druck von August Pries in Leipzig.

Kolibri 360 GmbH
Ferdinand-Jühlke-Straße 7
99095 Erfurt, Deutschland
produktsicherheit@kolibri360.de